河南师范大学学术专著出版基金资助

基于第三方实施的
劳资契约剩余分配问题研究

孙慧文 段红伟 著

中国社会科学出版社

图书在版编目（CIP）数据

基于第三方实施的劳资契约剩余分配问题研究/孙慧文，段红伟著. —北京：中国社会科学出版社，2020.11
ISBN 978-7-5203-7285-5

Ⅰ.①基… Ⅱ.①孙… ②段… Ⅲ.①劳动合同—研究—中国 Ⅳ.①D922.524

中国版本图书馆 CIP 数据核字（2020）第 180240 号

出 版 人	赵剑英
责任编辑	李庆红
责任校对	赵雪姣
责任印制	王 超

出　　版	中国社会科学出版社
社　　址	北京鼓楼西大街甲 158 号
邮　　编	100720
网　　址	http：//www.csspw.cn
发 行 部	010-84083685
门 市 部	010-84029450
经　　销	新华书店及其他书店
印　　刷	北京君升印刷有限公司
装　　订	廊坊市广阳区广增装订厂
版　　次	2020 年 11 月第 1 版
印　　次	2020 年 11 月第 1 次印刷
开　　本	710×1000　1/16
印　　张	14.5
插　　页	2
字　　数	203 千字
定　　价	79.00 元

凡购买中国社会科学出版社图书，如有质量问题请与本社营销中心联系调换
电话：010-84083683
版权所有　侵权必究

前　言

改革开放以来，我国经济社会取得了长足发展，经济总量跃居世界第二，人民收入水平显著提高。伴随着经济发展阶段的转变和经济改革的逐步深化，党的十九大报告明确提出我国经济已由高速增长阶段转向高质量发展阶段，"创新、协调、绿色、开放、共享"成为社会主义新时代引领中国经济社会建设的新的发展理念。共享意旨发展成果由人民共建共享，要做到人人参与、人人尽力、人人享有。在劳资关系中，劳动要素与资本要素共同参与价值形成过程。但是从分配结果来看，劳动者未能充分共享经济发展成果，我国的劳资关系一直处于失衡状态，劳资双方的关系依然较为紧张。

劳资契约是影响劳动关系的重要因素。尤其是在不完全劳资契约的框架下，契约被预留了许多未被清楚界定其归属的剩余权利，对剩余权利的占有必然带来剩余收益。剩余权利占有的多寡主要取决于劳资双方谈判能力的高低，我国劳资双方之间非均衡的谈判能力配置进一步引发了劳资双方非对称的权利结构，在资强劳弱的谈判能力配置下，非对称的权利结构最终导致契约剩余分配的不均衡，引发了劳资利益冲突。市场力量和制度环境共同影响谈判能力的高低，在市场力量不可逆的条件下，要提高劳动者的谈判能力，保证契约剩余权利和契约剩余分配的均衡，关键是要改善制度环境，重点是要强化不完全劳资契约的第三方实施。基于此，本书从不完全劳资契约入手，在全面论述不完全劳资契约理论的基础上，从契约角度解释了劳资关系失衡的原因，重点分析了谈判能力及其对不完全劳资契约剩余权利配置的作用机制，把增强劳动者谈判能力、提高不完全劳资契约实施效率的基点放到契约的第三方实施上来，从契约的视角为缓和劳资之间的利益冲突、建立和谐均衡的劳资关系提供新的研究思路。

目　录

第一章　导论 ………………………………………………………… 1

　　第一节　研究背景和研究意义 ……………………………………… 1
　　第二节　文献综述 …………………………………………………… 5
　　第三节　研究内容和研究方法 …………………………………… 17

第二章　理论基础 …………………………………………………… 20

　　第一节　制度、契约与产权 ……………………………………… 20
　　第二节　契约与劳资契约 ………………………………………… 27
　　第三节　劳动关系理论 …………………………………………… 46
　　本章小结 ……………………………………………………………… 52

第三章　劳资关系的失衡及其契约解释 ………………………… 54

　　第一节　非均衡的劳资关系 ……………………………………… 55
　　第二节　劳资关系失衡的契约解释 ……………………………… 72
　　本章小结 ……………………………………………………………… 88

第四章　不完全劳资契约与契约剩余 …………………………… 90

　　第一节　不完全劳资契约的成因 ………………………………… 90
　　第二节　不完全劳资契约条件下的契约剩余 ………………… 102
　　本章小结 …………………………………………………………… 113

第五章　基于谈判能力配置的非对称权利结构 …… 115

第一节　劳资双方的谈判能力及其影响因素 …… 115

第二节　谈判能力对契约剩余分配的影响 …… 139

本章小结 …… 145

第六章　劳资契约的自我实施及其效率风险 …… 147

第一节　劳资契约的自我实施机制 …… 147

第二节　不完全劳资契约自我实施的效率缺失 …… 155

本章小结 …… 161

第七章　劳资契约的第三方实施与效率优化 …… 164

第一节　不完全劳资契约的第三方实施 …… 164

第二节　劳资契约剩余分配的第三方实施路径 …… 173

本章小结 …… 184

第八章　构建和谐劳资关系的其他路径 …… 186

第一节　纠正制度的资本偏好 …… 186

第二节　完善各项劳动关系调整制度 …… 192

第三节　弱化劳资契约的不完全程度 …… 197

第四节　加快推动劳资合作 …… 200

本章小结 …… 206

参考文献 …… 208

第一章 导论

本章主要概括介绍本书的研究背景、研究思路、研究方法、主要研究内容等，重点从劳资关系的属性、劳资冲突的原因、不完全劳资契约、调节劳资关系的路径等方面对已有文献进行了梳理。

第一节 研究背景和研究意义

一 研究背景

改革开放以来，我国经济社会取得了长足发展。1978年我国的GDP总量只有0.3645万亿元人民币，2018年我国GDP总量高达91.93万亿元人民币，增长了250多倍，长期的经济高速增长使中国一跃成为世界第二大经济体。经济总量持续扩张的同时，我国居民收入也稳步增长，人均GDP从1978年的区区几百元增加至2018年的66006元，全国居民人均可支配收入也增长至28228.05元，按照世界银行的划分标准，我国已经进入中等偏上收入国家。

伴随着经济发展阶段的转变和经济改革的逐步深化，党的十九大报告明确提出我国已由高速增长阶段转向高质量发展阶段，"创新、协调、绿色、开放、共享"成为社会主义新时代引领中国经济社会建设的新的发展理念。其中共享发展意旨发展成果由人民共建共享，要做到人人参与、人人尽力、人人享有。在劳资关系中，劳动要素与资本要素共同参与价值形成过程。但是从要素分配格局来看，劳动者未能充分共享经济发展成果，我国的劳资关系一直处于失衡状态。具体表现在以下几方面。

第一，我国国民收入分配格局中劳动报酬占比一直较低且持续下降。"人民共建共享"是"新常态"时期我国利益调整的指导方针，它关系到共同富裕目标能否高质量的实现。但是，已有关于国民收入分配格局的研究表明我国劳动者并未能享受经济发展的成果，国民收入分配格局存在明显的偏向性。其一，从变动趋势上看，改革开放以来我国劳动收入份额与企业收入份额完全相反，呈此消彼长的发展态势；其二，近年来，我国劳动收入份额明显偏低，国民收入严重向企业和政府部门倾斜，国民收入分配格局不均衡；其三，我国劳动收入份额的绝对水平远远低于发达国家甚至是部分发展中国家。劳动收入份额偏低的直接后果是收入分配的不公平，同时也不利于居民消费需求的扩张，进而影响到投资、对外关系乃至我国经济增长的动力问题。

第二，改革开放以来，我国收入分配领域的重大制度变革就是打破了分配上的单一的按劳分配原则，允许资本、技术、管理等生产要素参与分配。尽管如此，在较长时间内我国职工工资的增长速度慢于企业利润的增长速度，工资增长与利润增长不同步。

第三，从法律层面上来讲，因为各种原因导致的劳动争议案件数量长期居于高位。而且，自2008年之后，我国群体性劳动冲突事件出现了较快增长，深圳古驰、商洛比亚迪、三一公司、四川剑南春、仙桃市两州中学、华三公司、西铁城精密有限公司等群体性劳资冲突事件的爆发表明现阶段我国劳资双方之间的利益冲突依然较为严重。

劳动关系的本质是劳资双方在经济利益关系基础上的博弈。劳动者之所以采取法律的或者极端的方式维护自身劳动权益，从根本上讲是因为在整个利益分配格局中，资方以强势的姿态占据了绝大部分利润，企业发展的收益并没有实现劳资共享，劳动者成为企业发展中的牺牲品。伴随着劳动者维权意识的不断增强，劳动争议不可避免，如果劳动者缺乏合理的反馈渠道的话，劳动争议便会上升为劳动冲突，这显然不利于构建和谐的劳资关系。

基于法律视角的统计分析表明，劳动合同是导致劳动争议的重要原因。法治社会，劳资双方的行为选择都必须在法律的框架内合法、合规实施。而《劳动合同法》作为规范劳动关系的一部重要法律，从其实施开始就被称为劳动者的"保护伞"。尤其是被认为是有史以来最严格的、2008年开始实施的新《中华人民共和国劳动合同法》的出台，更是大幅提高了我国劳动合同的签订率，改善了劳动合同的短期化和形式化现象，用人单位的用工行为日益规范，劳动者的劳动权益也得到了有效保障。但让人尴尬的是，新《劳动合同法》实施以来，我国的劳动争议案件反而长期保持在高位运行，劳动争议案件已经成为占民事案件数量比例较高的一类案件类型。

劳动合同的签订与执行均与劳动者权益休戚相关。可以说，初次分配中的劳动者报酬就取决于劳资契约，劳资双方之间的纠纷主要集中在契约中未被明确界定清楚的诸多条款上。这些条款的存在意味着劳资契约是不完全的，不完全的劳资契约同时意味着存在边界不清的剩余权利，对剩余权利的占有必然带来剩余收益。在竞争的环境下，剩余权利的配置主要由劳资双方的谈判能力来决定，谈判能力越高，就越有可能占有更多的剩余权利，从而获得更多的剩余收益。然而，在市场和制度环境的共同作用下，我国形成了典型的资强劳弱的谈判能力配置格局，大部分契约剩余被资方所攫取，利益分配的不公必然导致双方基于利益的争夺。在非均衡的谈判能力配置下，劳资契约的有效实施可以借助两种方式：一种是基于惩罚激励机制、声誉机制、信任机制的自我实施，劳资双方在声誉和信任等机制的作用下，形成对契约剩余分配的共识，避免劳动争议甚至劳资冲突的发生。另一种是第三方（政府）干预，即主要借助政府的力量来纠正不均衡的谈判能力配置，通过提高劳动者谈判能力，解决契约剩余分配不均衡的问题。

理论和实践均证明，要想使劳资双方就利益分配达成一致，劳资契约的自我实施完全不够，法律层面上劳资双方针对劳动合同的纠纷持续不断便是最好的证明。此时，政府的第三方实施就变得尤为重要。因此，本书主要强调第三方实施在不完全劳资契约实施中的重要作用，并结合具体的理论和模型分析探讨第三方实施的具体路径。

二 研究意义

劳动关系是生产关系的重要组成部分，是最基本、最重要的社会关系之一。劳动关系是否和谐，事关经济发展与社会和谐。构建和谐劳动关系是加强和创新社会管理、保障和改善民生的重要内容，是建设社会主义和谐社会的重要基础，是经济持续健康发展的重要保证，是增强党的执政基础、巩固党的执政地位的必然要求，如何构建和谐劳资关系是学术界和政府关心的焦点问题。我国的十三五规划中就明确提出要"建立和谐劳动关系，维护职工和企业合法权益"。

以往从劳动契约的角度和制度安排的角度研究劳资关系的研究并不少见，但是这些研究忽略了劳动契约和制度安排的内在一致性。本书认为，劳资契约不完全的框架内，劳资双方针对契约收益的争夺主要体现在劳资契约剩余的分配上。占有剩余权利的多少决定了契约剩余分配份额的大小，而劳资双方究竟能够占有多少剩余权利则主要取决于各自谈判能力的高低。影响谈判能力大小的因素有很多，概括起来有市场因素和制度因素，短期内市场因素不可变更的情况下，制度因素在谈判能力的配置中起着重要作用。我国资方偏向的制度环境形成了谈判能力在劳资双方之间的非均衡配置，进而形成了不完全劳资契约非对称的权利，主要是剩余权利结构，按照权利带来收益的基本原则，劳资双方之间的收益必然是不均衡的。因此，要改善劳资关系，均衡劳资契约剩余分配就要从第三方的制度安排入手，着力于提高劳动者的谈判能力。

至于提高劳动者谈判能力的具体路径，一方面本书从弱化劳资契约的不完全性入手，主张政府通过强制性的制度明确规定劳资契约中所必须涉及的条款，由行业或者产业协会主导，在充分考虑行业特征和劳动者异质性的基础上，推动格式化劳资契约的实施；另一方面，受制于市场因素短期内不会变动的影响，要改变资强劳弱的谈判能力配置格局，就需要从制度入手，通过纠正偏好资本的制度环境来增强劳动者的谈判能力。

综上，本书在综合已有理论研究的基础上，进一步丰富了相关理论的内涵，并结合制度安排的具体实践，提出了较具可行性的对策，本书研究具有一定的理论和应用价值。

第二节　文献综述

一　劳资关系的属性：冲突或合作

国外学术界对劳资关系的研究最早从资产阶级古典政治经济学开始，以亚当·斯密为代表，他指出，在资本主义社会，劳动者与有产者之间的冲突与斗争是经常存在的，因为在存在土地私有和资本累积的情况下，劳动生产物必须在劳动者、地主及资本家之间进行分割。亚当·斯密认为，劳资双方的利益绝对是不一致的，而在发生一般争议的情况下，雇主往往占有优势。但只要劳动者的工资能够满足劳动者及其家庭成员的基本生活，劳动者即愿意与资本家签订契约。因此，在亚当·斯密看来，冲突与合作是劳资关系的基调。马克思劳资关系理论认为，在生产资料私有制的所有制基础上，劳资关系的本质是阶级之间的利益关系，体现为价值形成和增殖过程中资本对劳动的强制与剥削，由此决定了劳资之间必然是一种对立和对抗的关系，劳资双方之间存在着不可调和的阶级矛盾。从经济学的角度看，经济人的假设意味着劳资双方都是追求个人利益最大化的"经济人"，资本追求利润最大化，劳动者追求劳动收入最大化，他们在追求自身利益最大化的同时开展竞争，此时的劳资关系是一种基于经济利益的交换关系。19世纪末期，韦伯夫妇进一步指出，劳资冲突并不只是涉及经济利益，社会因素、政治因素等都需要考虑在内，并首次提出通过产业内民主来解决劳资冲突。到20世纪初期，康芒斯提出了劳资关系的集体行动理论，主张通过国家干预和法律制度来调节劳资之间的矛盾。之后，随着企业管理理论的兴起，在19世纪末20世纪初，查尔斯·巴贝奇（Charles Babbage）、弗雷德里克·泰罗（Frederick Taylor）、乔治·E. 梅奥（George E. Mayo）和约翰·W. 巴德（John W. Bader）等的研究逐渐倾向于从加强组织内部管理、建立良好沟通渠道等方面来对劳资冲突进行控制，强调劳资双方利益的一致性。

从法律、契约的角度看，劳资双方应当是平等的，都应遵循相应的社会规范、履行契约约定的权利和义务、遵循各自的职业道德。从这一点出发，劳资关系应当是合作型的。合作的劳动关系不仅可以增加工人的劳动努力，而且可以使之得到更适当的组织和协调，成为"有效的努力"。诸多实证研究均表明，合作型的劳动关系对于提高国家或地区的劳动生产率、解决就业、促进创新等方面具有积极作用。例如戈登（Gordon, 1998）依据劳动关系的性质，把多个国家划分为两大类型：一类国家的劳动关系是合作型的，另一类国家的劳动关系是非合作型的。在此基础上分析了劳动关系性质差异对不同国家劳动生产率的影响，结果证明：劳动关系是合作型的国家，典型的如德国、日本、挪威、瑞典等，其劳动生产率水平明显比劳动关系是非合作型的国家（如美国、英国、加拿大）要高。[1] Buchele 和 Christiansen（1999）的研究进一步表明，除了劳动生产率之外，合作型劳动关系的国家的资本生产率也要高于非合作型，前者在投资绩效、就业等方面的表现也明显优于后者。[2] 大卫·M. 科茨和刘祥琪（2004）从微观角度的分析认为，劳动关系与企业的技术创新显著相关，相比较而言，合作型的劳动关系更有

---

[1] David, M. Gordon, *Fat and Mean*, New York: The Free Press, 1996, p. 148.
[2] R. Buchele, J. Christiansen, "Labor Relations and Productivity Growth in Advanced Capitalist Ecnomics", *Review of Radical Political Economics*, Vol. 31, No. 1, 1999, pp. 87 – 110.

利于推动企业的技术进步。① 王永乐、李梅香（2006）从博弈理论出发对民营企业的劳动关系进行了研究，结果发现：合作型的劳动关系在解决"囚徒困境"方面具有明显的优势，因此主张在民营企业中建立合作型劳动关系，并将此作为民营企业的发展方向。② 李玲娥（2018）针对山西省的调查研究证明，现阶段我国私营企业中劳资双方是互利合作关系，私营企业主与员工之间的关系在总体上是比较融洽的，劳资关系基本呈现出和谐发展的态势。③

因此，尽管就现阶段而言，劳资冲突广泛存在并不可避免，而且存在着较强的资本控制特点，但是从发展趋势上看，合作型的劳动关系才是我们的发展方向和努力的重点，局部的劳动冲突并不影响劳动关系的整体稳定和我们对合作型劳动关系的追求。吕景春等（2015）直接把合作型劳动关系看作构建和谐劳动关系的前提。④ 孙永生（2018）进一步从两个角度梳理了合作型劳动关系的内涵，其一，合作型劳动关系强调劳资合作；其二，在劳资合作的基础上，劳资双方收益分享也是合作型劳动关系的重要体现。⑤ 徐泽磊等（2019）进一步通过构建以复杂网络理论为基础的相关性网络模型和中心性关联网络模型，分析了影响合作型劳动关系的关联因素，为构建和谐劳动关系提供了参考。⑥

正像张秋惠、于桂兰（2010）分析劳动力产权制度变迁时所指出的那样："物质资本产权和人力资本产权"双产权制度理论下的

---

① ［美］大卫·M. 科茨、刘祥琪：《新自由主义与长期资本积累的社会积累结构理论》，《国外理论动态》2004 年第 4 期。

② 王永乐、李梅香：《民营企业劳动关系影响因素的实证分析》，《中国劳动关系学院学报》2006 年第 2 期。

③ 李玲娥：《中国现阶段私营企业劳资关系的属性及特点》，《政治经济学评论》2018 年第 5 期。

④ 吕景春、王羡、张师岸：《合作型劳动关系：和谐劳动关系的前提》，《光明日报》2015 年 12 月 23 日 15 版。

⑤ 孙永生：《合作分享型劳动关系构念内涵理论探析》，《中国劳动关系学院学报》2018 年第 4 期。

⑥ 徐泽磊、于桂兰、杨欢：《合作型劳动关系影响因素的分类识别与动态分析——基于复杂网络的视角》，《经济纵横》2019 年第 12 期。

劳资关系必是合作型的，从"冲突"到"合作"是社会主义市场经济体制的必然发展路径。①

二 劳资冲突的原因

尽管和谐共赢的劳资关系是社会主义市场经济的发展趋势，但是现阶段劳资冲突的广泛存在不容忽视。诸多学者对劳资冲突的原因进行了探讨，分析成果众多、视角各异，但总体上可以分为经济因素和非经济因素。经济因素方面，戴建中（2001）认为尽管导致劳资冲突的原因有很多，但更多还是有关物质利益分配不公引起的。② 姚先国（2005）在分析我国民营企业的劳资关系时也指出，劳动报酬和保险福利等经济因素是引发劳资冲突的最主要原因。③

然而，劳资关系理论和实践的发展表明，仅仅从经济角度解释已经不足以涵盖现阶段劳资冲突的所有特征，于是更多的学者开始研究非经济因素对劳动关系的影响，包括制度、文化、管理模式，等等。科塞就曾指出，组织内疏导渠道的不足或不畅通、向上流动的机会减少、各种规制的失效、相对剥夺感的加强、不公正感增多、价值观的差异等因素都会导致劳资冲突的产生。Fogler 和 Cropanzano（1998）的研究也指出当雇员拿自己的投入产出比率与他人的投入产出比率进行比较，发现两个比率不相等时，雇员就会产生不公平感，这种不公平感也会成为雇员与雇主间发生冲突的原因。④ 李敏则把私营企业劳资冲突较为严重的原因归结为较为宽松的外部环境，劳动力市场的买方垄断、劳动力市场发展不完善、劳动法规不健全等外部环境均为资方侵害劳方利益提供了条件。李亚雄（2006）则把劳资冲突看作转型经济的产物，在经济转型过程中，由于劳动关系的转变滞后于所有制结构的转变，传统计划经济体制

---

① 张秋惠、于桂兰：《劳资关系的产权理论演化研究》，《南京农业大学学报》（社会科学版）2010 年第 6 期。

② 戴建中：《我国私营企业劳资关系研究》，《北京社会科学》2001 年第 2 期。

③ 姚先国：《民营经济发展与劳资关系调整》，《浙江社会科学》2005 年第 5 期。

④ R. Fogler and R. Cropanzano, *Organizational Justice and Human Resource Management*, Thousand Oaks: Sage Publications, 1998.

下的劳动关系调整制度已经不再适用于市场经济体制下的新的劳动关系，由此引发了劳资冲突。[①] 张维迎（1995）通过大量数学模型和严密的逻辑论证了"资本雇佣劳动"制度的合理性，而劳资冲突正是这一制度不可避免的产物。[②] 晁罡和曹能业（2002）的研究则证明，企业管理模式同样可能导致劳资冲突。我国的私营企业大多是家族式企业，其家族式的管理方法不利于和谐劳资关系的建立。[③] 贺艳秋（2003）则把我国私营企业劳资冲突现象普遍存在的原因归结为企业文化的缺失，这致使企业在处理劳动关系时更加偏爱使用强硬的经济或法律手段，进而激发劳资矛盾。[④] 游正林（2005）则倾向于把劳资冲突看作雇员不公平感的最终表现。[⑤] 袁凌等（2010）把劳资冲突的成因归结为中国劳动力市场的特殊性、政府对劳方权益缺乏有效保障、企业内部劳资力量失衡三个方面。[⑥] 席猛、赵曙明（2014）在文献梳理、总结劳资冲突相关研究的基础上，概括性地将劳资冲突的原因总结为四大类，从产业关系角度来看，宏观原因是制度缺失与虚设、微观原因是权力失衡；从人力资源管理角度来看，宏观原因是企业管理策略与方式、微观原因是心理契约违背。据此提出以"宏观—微观"和"产业关系—人力资源管理"为视角的劳资冲突源矩阵模型，并进一步指出劳资冲突应包含权利冲突、利益冲突和情感冲突三个维度，从新视角分析了劳资冲突问题。[⑦]

---

① 李亚雄：《失范：对当前劳资冲突问题的一种解释》，《社会主义研究》2006年第2期。
② 张维迎：《企业的企业家——契约理论》，上海人民出版社1995年版。
③ 晁罡、曹能业：《论中国私营企业家族管理模式对劳资关系的影响》，《华南理工大学学报》（社会科学版）2002年第9期。
④ 贺艳秋：《现阶段我国私人企业劳资关系的伦理基础》，《社会主义研究》2003年第10期。
⑤ 游正林：《不平则鸣：关于劳资冲突分析的文献综述》，《学海》2005年第8期。
⑥ 袁凌、李健：《中国企业劳资关系内在属性与冲突处理研究》，《华东经济管理》2010年第2期。
⑦ 席猛、赵曙明：《劳资冲突研究述评：定义、前因及研究新视角》，《管理学报》2014年第3期。

三 劳资契约的不完全性：剩余权利的存在

自科斯提出企业的不完全契约问题以来，关于不完全契约问题的研究日益丰富。其中，Simon（1951）最早在不完全契约的框架内分析雇佣关系。沿着 Simon 的思路，包括 Klein（1978）、Williamson（1979）、Grossman 和 Hart（1986）、Hart 和 Moore（1990）等在内的学者均从不完全劳资契约入手研究了企业内部的劳动关系。我国学者赵小仕（2009）、李世英（2004）、郑文智（2010）等学者也从不同的角度对不完全劳动契约进行了研究。总的来看，国内外针对不完全劳资契约的研究主要聚焦三个方面的问题：第一，导致劳资契约不完全的原因是什么？第二，不完全劳资契约的执行效果如何？第三，如何弱化劳资契约的不完全性，提升劳资契约的执行效率？

针对究竟什么原因导致劳资契约是不完全的，不同学者在不完全契约的理论框架内开展了研究。早期学者在研究不完全劳资契约时，强调不可验证对契约不完全的影响，如 Baily（1974）、Gordon（1974）以及 Azariadis（1975）等学者认为劳动者的诸多承诺如"好好干""努力干"和雇主的承诺如"我一定会重用你"等是不可验证的，正是这种不可验证的承诺给劳动关系双方的机会主义行为提供了存在空间，造成了劳资契约的不完全。其后，Grossman 和 Hart（1986）、Hart 和 Moore（1988）等学者的研究进一步丰富了劳资契约不完全的原因，认为事前的不可描述和事后的不可证实都可能导致契约的不完全。而自交易费用概念被提出之后，基于交易费用的不完全契约理论把契约不完全的原因归结为交易费用的存在。以 Williamson（1996）、Klein（1980）等学者为代表的交易费用经济学的基本逻辑是：每一种交易都是一种契约，由于有限理性和机会主义，契约注定是不完全的。遵循这一逻辑思路，Andlini 和 Felli（1994）、Tirole（1999）等人的研究都认为劳资契约之所以不完全，主要是由契约签订和执行过程中存在的成本导致的。Brousseau 和 Fares（2000）继承了交易经济学的思想，指出契约的不完全性根源于经济人的有限理性；Maskin 和 Tirole（1999）、Alan Schwartz（2000）、Anderlini 等（2004）则指出契约中的部分内容是第三方或权威仲裁机构（如法庭）可观察但不可证实的，因此契约只能是不完全的；Al‑Najja（2004）认为契约的不完全性源于"不可描述性"，即难以在事前制定详尽无遗的规则。相较于一般契约而言，劳资契约的不完全有其特殊性。首先，按照马克思雇佣劳动理论的观点，资本家雇佣的虽然是工人，但是实际上参与劳动的是附着在工人身上的劳动力，雇佣劳动合同所规定的报酬针对的也是劳动力的投入，但在雇佣合同签订时，合同所约定的劳动力尚未投入生产过程，劳动力的使用尚未发生。而且，受多种因素的影响，劳动强度这一关键变量无法被确切地写入雇佣合同中，这就导致劳资双方针对劳动强度和其他与劳动有关的因素所签订的合同不可能是完备无遗漏的，资本家只能根据合同签订之后劳动的投入程度来对劳动合同进行适当调整。其次，人力资本的特性也是劳资契约不完全的重要原因。周其仁（1996）、姚先国、郭东杰（2004）均指出人力资本作为一种天然的个人私产，具有只属于个人的特性，人力资本的所有者据此可以实现自我的资源配置，决定自己以什么样的方式来调整自己未来的经济活动，这种资源配置能力是人力资本所特有的、根植于人力资本所有者的，它与人力资本所有者密不可分，能力的高低就代表着人力资本存量水平。而且，人力资本水平的高低并不意味着人力资本所有者会在与其他要素的生产结合中全部投入，究竟投入多少人力资本完全取决于人力资本所有者个人的主观意志，具体投入多少很难从外部对其进行准确测量和控制。因此，任何针对人力资本投入和使用的契约都只能是不完全的。

不完全的劳资契约执行效果如何呢？学者们普遍提出了不完全劳资契约的无效率问题，这种无效率体现在：事前，劳资契约的不完全会导致物质资本或人力资本专用性投资不足，即存在交易费用经济学所提出的"敲竹杠"问题。如 Klein 等（1978）在分析不完全劳资契约无效率问题时，指出雇主所做的投资有可能因为雇员而沉没，出于对沉没成本的担忧，雇主可能会在与雇员的谈判中妥协，此时雇主面临着被雇员"敲竹杠"的风险。为了避免被雇员"敲竹杠"，雇主就有可能会减少事前的专用性投资。反过来，雇员同样存在被雇主"敲竹杠"的风险，因此也有可能出现人力资本事前投资不足的无效率情况。事后，劳资契约的不完全会引发各种机会主义行为。因为劳资契约是不完全的，劳资双方都存在通过机会主义行为获取更大收益的可能性，而对于收益的追逐容易使劳资双方忽略这种行为给对方乃至整个劳资契约执行带来的成本损失，从而导致不完全劳资契约的无效率。

由于劳资契约的不完全带来了劳资契约执行的无效率，那么理论上要提高劳资契约的执行效率，我们应当致力于弱化劳资契约的不完全程度。在具体方法上，学者们分别从信息不对称、薪酬激励和剩余控制权配置等方面进行了研究。其中，针对信息不对称问题的研究着力于解决由于劳资契约不完全可能带来的事前机会主义行为。Azariadis（1983）、Chari（1983）、Green 和 Kahn（1983）、Grossman 和 Hart（1983）等学者主张通过设计适当的信号甄别机制来处理劳资双方之间存在的信息不对称问题。比如，雇主可以通过增加教育程度、工作经验等方面的招聘条件，从众多求职者中甄别出符合雇主要求的求职者，从而规避雇员事前的机会主义行为。与信号甄别机制不同的是，Spence（1973）主张采用信号发送机制来克服信息不对称问题。在诸多信号中，Spence 强调教育这一信号在衡量雇员技能水平和生产力水平方面的重要作用，其基本观点是：相对于低能力的雇员而言，高能力的雇员更愿意接受教育，其学历层次也相对较高。因此，雇主普遍愿意支付给教育程度更高的雇员以更高的工资。对于雇员而言，教育程度的高低就成了可以传递给雇主的信号，以增强雇主对雇员的了解，弱化双方之间的信息不对称。针对剩余控制权问题的研究则着重解决事前专用性投资不足的问题。

至于剩余控制权应当分配给物质资产所有者还是人力资本所有

者，学者的意见并不统一。有学者主张物质资产所有者享有剩余控制权，认为这样有利于保护雇主获得事前专用性投资带来的专用准租金，从而克服事前投资不足的问题。但是近年来，越来越多的研究开始承认，人力资本拥有一定的剩余控制权是"内在之义"和"天然权利"（白永秀，2003；周其仁，1996；张秋惠，2010；吕景春，2009）。

针对激励机制问题的研究则着力于解决由于劳资契约不完全可能带来的事后的机会主义行为。其中，Mirrlees（1976）、Holmstrom（1979）主张把工作报酬与工作绩效相挂钩，设计一定的激励机制鼓励工作绩效较高的员工，同时设计一定的惩罚机制惩罚工作绩效较差的员工，以此解决员工事后的道德风险问题。秉承这一思路，Shapiro 和 Stiglitz（1984）提出了效率工资理论，认为雇主可以把雇员的工资与其生产率水平相挂钩，以此激励雇员更加真实地努力。

四 调整劳资关系的途径

古典经济学的理论框架里，市场是完美无缺的，没有任何外力干预的劳动力市场的自我运行能够保证全社会的生产效率，其最终结果也不会带来劳资双方的利益冲突，所以在古典经济学那里，就没有劳资冲突的存在空间，因而自然反对包括立法在内的一切干预措施。新古典经济学继承了古典经济学的部分假设和观点，认为决定资源配置效率的最重要因素是市场，而市场机制的自我运行能够实现充分就业，因此并不主张包括工会在内的组织干预劳动力市场的运行。我国学者周其仁也曾指出，长期来看，无论是资本雇佣劳动还是劳动雇佣资本，劳动力市场终将趋于均衡。自由改良主义也秉承了劳动力市场趋于均衡的观点，认为从工业化向后工业化过渡的过程中，劳资问题能够得到有效解决。

现代法学和制度学派则强调对劳动力市场进行干预，以解决劳资问题。其中现代法学强调立法的重要性，认为要缓解劳资关系，政府应当致力于构建劳资双方平等的法律体系，以确保在自由雇佣的条件下，劳动者权益得到有效保护。制度学派较现代法学的思路更广一些，在制度学派看来，市场之外的力量（主要是制度）对经济绩效的影响越来越突出，资源配置的有效性越来越多地建立在合理的制度安排基础之上。因此，就劳资关系问题来看，在劳动力市场自我运行有可能使劳动者权益受损、失业等失灵问题时，政府主导的制度安排可以弥补这一失灵。反映在不平等的劳资关系中，政府应当制定相应的制度确保双方在平等交易的基础上自由缔约，一旦自由缔约的执行效率缺失，政府也应当采取适当的措施予以弥补。总之，制度在调解劳资关系中有着重要地位。

制度层面上，国外学者更多从立法和集体谈判的角度研究政府的政策导向。例如，Samuel 和 Edward（1981）侧重研究集体谈判中的技巧问题，Capelli 和 Sherer（1988）、Hebdon 和 Hyatt（1990）以及迪尔凯姆侧重研究集体谈判的主体问题，其中主要关注如何从组织的视角解决工会与管理层之间的冲突。从劳资契约角度来研究劳资关系问题的有 Srinivasan 和 Phansalkar（2003）、Dewatripont 和 Rey（1994）等，他们把劳资契约看作一项公共物品，而作为公共物品而言，由政府来规制劳资契约的签订与执行过程可能会更有效。当然，也有学者指出了制度在调节劳动关系中的消极作用，如 Nirvikar Singh 就认为制度因为容易陷入一种自我强化的路径依赖，这意味着要想从制度变革入手改善劳资关系是一种低效率的、不得已的均衡。

我国许多学者也对集体谈判进行了研究，如刘继臣（1995）、常凯（2002）、石美遐（1996）、佘云霞（1999）、王守志（2004）、程延园（2004）等分别从不同角度对我国的集体谈判、集体合同制度进行了深入研究，他们一致认为，相对于其他劳动关系调整制度而言，集体谈判制度和集体合同制度具有不可替代的功能，他们对于调整我国社会主义市场经济体制中的劳动关系具有重大意义。但是现阶段，我国真正意义上的集体谈判制度和集体合同制度尚未完全建立起来，其在调整我国劳动关系方面的作用还有较大的提升空间。另外，部分国内学者把集体谈判制度与劳动力产权结合起来，认为只有提升劳动者在集体谈判中的谈判能力，使其获取一定的剩余权利，劳动力产权才能得到真正实现（范省伟，2003；叶迎，2009）。但是劳资双方自发的集体谈判过程并不一定能够带来劳动契约的有效履行，因此，我们应该从劳方维权的角度来认识，并从政府第三方的作为来解释。张妮（2018）的研究就指出，可借鉴美国集体谈判中的强制性条款建立我国强制协商制度，并对谈判不成的集体协商提交利益仲裁，将利益争议的群体劳动争议引入制度化轨道。①

综上，导致劳资冲突的原因是多元化的，但是现阶段我国的劳动市场中，劳资冲突更多地表现为经济利益上的争夺。已有研究或多或少地都承认劳资契约的不完全性会影响劳资关系，但是具体的影响机理却没有提及。而在解决劳资契约不完全所带来的种种问题时，也过度地关注企业组织和契约本身，忽视了外部环境尤其是制度环境与契约以及契约执行的内在联系。劳资契约的不完全为分析劳动关系问题提供了一个基本分析视角，而无论是在事前不完全劳资契约的签订还是事后不完全劳资契约的执行过程中，第三方的制度环境均发挥着重要作用，那么不完全契约影响劳动关系的机制是什么？不完全契约条件下化解劳资冲突与矛盾的途径有哪些？第三方实施在不完全劳资契约的治理中有什么作用等问题便成为调整劳资关系进行时需要考虑的重点问题。

从契约的角度看，劳资关系最直接地体现在劳资契约的建立、履行和协调等环节，普通劳动者的收益就建立在劳资契约基础上。而劳资契约作为双方谈判能力的集中体现，其具体的条款规定决定了劳动者对契约收益的获取能力。然而作为契约的一种，劳资契约也天然地具备不完全性，这一特性使劳动合约的订立过程十分复杂，不可避免地会出现未能明确列出的各种或然状态，存在独立于

---

① 张妮：《群体劳动争议处置中的强制协商问题探讨——兼谈美国集体谈判中强制性条款的借鉴》，《山东社会科学》2018 年第 8 期。

契约条款之外的公共权利，劳资契约剩余的占有便来源于对于公共权利的谈判与争夺。在自由雇佣环境下，博弈均衡结果取决于契约双方的相对议价能力，而劳资契约的不完全性引发的结果便是劳资双方谈判能力和地位的差异。而谈判能力的差异导致劳资双方在契约剩余权利的占有上是不均衡的，对权利占有的不均衡必然造成双方在收益上的差异和争夺。

结合上述理论框架，本书拟在不完全劳资契约的框架内研究第三方作用于劳动关系的路径，针对第三方如何提高不完全劳资契约的实施效率进行分析。

本书基本思路是把谈判能力作为第三方（政府）通过不完全劳资契约的签订和执行影响劳动关系的路径。劳资契约不完全的原因有很多，事前劳资契约的签订过程中，诸多因素使劳资双方之间的谈判能力呈现出资强劳弱的特点，劳动者较弱的谈判能力导致其只能接受不完全程度较高的契约。理论上，包括声誉和信任机制的作用可以有效地约束劳资双方的机会主义行为，保证劳资契约在不完全的情况下依然能够得到有效的实施。然而现实中，上述劳资契约的自我实施并不总是有效的，劳资双方总是更加容易陷入契约利益的争夺中。此时要提高不完全劳资契约的实施效率，就需要第三方（政府）的干预。事实上，事前不完全劳资契约的签订和事后不完全劳资契约的执行过程都离不开第三方的作用，它通过作用于劳资双方的谈判能力来影响劳动关系。

要素稀缺性、经济增长贡献程度、技术进步偏向、资产专用性等市场因素导致劳动者的谈判能力相对较低，而工会制度、低工资制度、低效的劳动关系调整制度等第三方的制度环境则进一步强化了资强劳弱的谈判能力。较低的谈判能力使劳动者在事前只能被动地接受资方单方制定的不完全程度较高的劳资契约，在事后针对契约剩余的争夺过程中也只能处于被动地位，导致不完全劳资契约的执行总是缺乏效率。因此，要改善劳动关系，就要改变谈判能力在劳资双方之间的非均衡配置，在市场力量不可逆的条件下，提升劳动者谈判能力必然要依靠第三方的强大作用,通过事前和事后的双方面干预解决谈判能力配置不均衡的条件下劳资契约自我执行缺乏效率的问题。

第三节 研究内容和研究方法

一 研究的主要内容

本书共包括八章内容。

第一章主要介绍了本书的研究背景、研究思路、研究方法和主要的研究内容。重点从劳资关系的性质、劳资冲突的原因、不完全劳资契约、调整劳资关系的路径四个方面对相关文献进行了梳理。

第二章在厘清制度、契约与产权关系的基础上,系统梳理了完全契约理论和包括马克思的不完全劳资契约理论、交易费用的不完全劳资契约理论、GHM 的不完全劳资契约理论、基于人力资本的不完全劳资契约理论、基于信息不对称的不完全劳资契约理论和基于资产专用性理论的不完全劳资契约理论等在内的不完全契约理论的基础上,构建了不完全劳资契约的理论分析框架。同时,本章梳理了马克思主义劳动关系理论和包括新保守学派的劳动关系理论、管理主义学派的劳动关系理论、正统多元论学派的劳动关系理论、自由改革主义学派的劳动关系理论、激进学派的劳动关系理论等在内的其他劳动关系理论的基本内容和核心观点,为后续研究提供了理论借鉴和支撑。

第三章在分析我国劳动关系现状的基础上,进一步分析了导致劳资冲突的原因,并把这一原因与劳资契约相结合,分析了劳资契约框架内劳资冲突的发生机制。分析表明,劳资契约签约环节的"资方强权"、劳资契约履约环节的"资方侵权"以及劳资契约政府干预环节的制度失灵使劳动者在劳资关系中居于弱势地位,其契约权益得不到相应的保护。其中,资方强权是导致契约签订环节劳资契约不完全进而引发劳资关系失衡的重要原因,而发生在不完全劳资契约履约环节的"资方侵权"则进一步强化了劳资关系失衡的可能性,事后第三方制度安排的失灵进一步强化了劳资关系失衡的现状。

第四章重点从狭义和广义的视角分析了不完全劳资契约的成因,从信息不对称、资产专用性等方面揭示了劳资契约不完全的一般性,从人力资本产权等方面揭示了劳资契约不完全的特殊性。在此基础上,本章探讨了不完全劳资契约剩余的存在及其生产过程,揭示了劳资双方共同参与剩余生产的本质。

第五章着重分析了不完全劳资契约框架下谈判能力配置对契约剩余权利的影响。在不完全劳资契约的框架内,存在着未能被契约界定清楚的剩余权利,占有越多的剩余权利,便能获取更多的契约剩余。剩余权利如何在劳资双方之间进行分配主要取决于双方谈判能力的高低。市场力量和制度环境的共同作用形成了资强劳弱的谈判能力非均衡配置,这导致劳资双方之间在剩余权利乃至契约剩余的占有上也呈现出明显的不对称特征,在这样的格局下,劳动者的契约权益无法得到有力保障。而在市场因素短时间内无法改变的状况下,要均衡劳资契约剩余分配,缓解劳资关系,关键是要改变我国的制度环境,即强调劳资契约的第三方实施。

第六章重点分析了不完全劳资契约的自我实施机制以及在资强劳弱的谈判能力配置下,劳资契约自我实施的无效率风险。契约的实施有两种方式:自我实施和第三方实施。劳资契约的不完全性以及非均衡的谈判能力配置决定了劳资契约自我实施存在着无效率风险,然而惩罚激励机制、声誉效用机制和信任机制可以把劳资双方的非均衡关系控制在合理的限度之内,劳资契约的自我实施依然是可能有效的。然而上述机制效应的发挥有着严苛的前提条件,一旦条件无法全部满足,惩罚激励机制、声誉机制、信任机制就不能完全保证不完全劳资契约的自我执行,尤其是在劳资双方遭遇目标不一致、信息不对称、高昂的交易费用、第三方无法证实等因素时,劳资契约自我执行的效率将大打折扣。此时，不完全劳资契约的实施主要依赖于第三方。

第七章主要分析了不完全劳资契约第三方实施的具体路径。事前即劳资契约签订环节，政府可以通过提供格式化的劳资契约来把更多的可被观测到的信号写入劳资契约中，通过降低劳资契约的不完全程度来降低劳资双方的谈判空间，减少不完全劳资契约中的剩余权利，从而减少劳动者因为较低的谈判能力带来的谈判损失；事后的劳资契约执行阶段，如果针对剩余权利的分配不可避免，那么在劳资双方发生争议时，政府通过制定偏向性的劳动关系调整制度来强力界定剩余权利的归属，借此来提高劳动者的谈判能力，保证劳动者的契约权益。

第八章在前述各章基础上，提出了相关对策建议，包括纠正制度的资本偏好、完善各项劳动关系调整制度、弱化劳资契约的不完全程度、加快推动劳资合作，等等。

二 主要研究方法

本书主要采取以下几种研究方法。

第一，抽象研究方法。该方法主要在探讨不完全劳资契约、契约剩余权利分配与劳资关系的内在联系时使用，通过该研究方法，揭示了契约剩余权利占有不公是不完全劳资契约框架内劳资冲突发生的主要原因，并据此从理论上分析了如何均衡契约剩余分配。

第二，动态研究方法。该方法主要在分析我国劳资关系现状时使用，本书分别研究了我国国民收入分配格局、利润总额、工资总额、劳动争议案件的动态变动，从中揭示我国劳动关系现状。

第三，数理模型分析方法。在研究谈判能力配置对劳资契约剩余分配的影响、制度偏好对劳资契约剩余分配的影响、劳资契约剩余分配第三方实施的效率优化以及第三方实施的具体路径时，本书均采用了此方法。

第二章 理论基础

本章是全书研究的理论基础，主要从制度、契约与产权的关系入手，通过构建不完全劳资契约的理论分析框架为后续研究提供理论借鉴和支撑。

第一节 制度、契约与产权

一 制度与契约

康芒斯最早将交易的思想引入制度分析，在他看来，交易的本质是人与人之间的社会关系，它是经济活动的基本单位，是交易双方所有权的转移。因此，康芒斯认为契约的实质就是一种交易。另外，康芒斯还指出了制度与交易的关系，即制度是由不同行业、不同市场、不同种类的交易一起构成的，它是交易活动的有规则的载体，与交易是经济活动的基本单位不同，制度是经济研究中的最大单位。由此可以推断，制度是多种契约规则的集合。

诺斯从整个社会经济发展的大背景中考察了契约，并明确指出，制度也是一种契约安排。在诺斯看来，制度是委托人和代理人为了实现彼此所有权转移的交易收益，并促使这种交易收益最大化的一种契约安排。诺斯进一步从一般意义上解释了制度和契约之间的关系，他认为，任何一种形式的制度安排都是一种契约关系，这一契约关系不仅存在于人与人之间，也存在于人与组织之间。制度安排可以是正式的，也可以是非正式的，相对应的，契约可以是正式的，也可以是非正式的。契约的形成使契约当事人的外部行为内部化，大大减少了当事人之间的不确定性和交易费用。而无论契约采取哪一种形式，其减少交易费用的本质不变，对实现资源有效配置的追求不变。而制度安排本身就是在市场失灵的情况下才介入经济运行的，它的本质就是强制性地减少市场不确定性以及由于市场失灵带来的交易费用的增加。正是在这一意义上，我们说制度安排就是一种契约。而从狭义的角度来看，契约是界定当事人产权及其收益的一种利益结构，是资源由价值低的地方向价值高的地方转移的媒介。现实经济生活中，多种形式的契约安排带来了交易方式的多样化，人们对交易方式的选择取决于交易成本的多少以及资源能否实现有效配置。

从诺斯的制度理论来看，无论对于制度怎样理解，把制度看成人类社会交往互动的架构或者是一个社会的游戏规则，制度调整人们交易关系、形成交易规范、激励与约束人们交易行为的功能不变，其减少不确定性风险和节省交易费用的本质不变。诺斯直接指出，制度变迁背后的推动力量来自人们为减少交易活动中的成本所做出的努力。

总而言之，制度经济学把制度看成契约关系在意识形态上的反映，制度和契约都既是人们选择的结果，同时又界定人们选择的范围。无论是制度还是契约都是对交易各方权利和义务的规定，界定人们的交易行为应该符合的行为规则，如果不符合，应该受到何种惩罚，以及违反行为规则的标准和界限。如果制度表现为正式的契约关系，它多数会以文字的形式出现，并对人们在经济活动中的权利和义务进行明确界定，同时以强制的方式保证契约关系的履行。正式的契约大多包括法律规则、经济协议以及政府章程等。如果制度表现为非正式的契约关系，它则多数是以口头承诺的形式出现，并规范人们的交易行为，这时的契约主要通过自愿的方式来履行。非正式的契约大多包括群体共识、社会惯例、道德原则、价值观念等。契约关系层面上的制度是广义的制度，与狭义的制度或者说契约关系比起来，它存在以下几个特征：首先，制度是由政府决定的，契约关系的自由和平等是由政府强制权力形成的，而不是契约当事人自由意志的结果；其次，非正式制度或者非正式规则同正式制度或正式规则一样，对经济社会的交易活动有着重要的影响，非正式制度或非正式规则条件下，契约或交易的履行完全取决于交易双方的个体意愿；最后，非正式制度或非正式规则和正式制度或正式规则交互作用于经济社会的交易活动，使制度约束框架下的契约关系也变得比较复杂，外部环境充满了不确定性，此种情况下交易双方的选择不一定是最优选择。而当已有制度安排的框架下不再有任何获利机会的时候，便会产生一种新的制度。新制度的形成将改变或调整已有制度安排框架下的产权结构，降低交易费用，从而改善资源配置现状，改变原有的利益分配格局，为经济发展提供内生增长动力。同样的，当原有的契约关系不再能为当事人带来利益或者其执行所耗费的交易费用过大的话，便会形成新的契约关系，相应的，原有契约所界定的产权结构也会随之发生改变。

二　契约、制度与交易费用

契约是制度安排的一部分，制度的产生便是契约的起源。制度的产生源于市场交易中的交易费用，如诺斯所说，交易成本包括了衡量交易事物之价值成本及权利、监督与履行契约的成本。而这些成本是社会、政治与经济制度与契约出现的根源。也即只有在交易费用不为零的情况下，制度对资源的配置才有存在的必要；当交易费用为零时，企业组织内部就可以实现资源的有效配置，而无须制度安排。由此，制度经济学把契约的起源同样归结为交易费用不为零。

根据科斯定理，在零交易费用的世界里，无论产权如何安排，资源配置的效率都是相同的。然而，无交易费用的交易仅仅存在于理论的假想中，正是交易费用的存在丰富了契约的选择形式。而不同的契约安排对应于不同的产权配置结构，人们根据效用最大化原则选择不同的契约形式。这些契约的有效履行最终是存在正的外部效应的，它可以有效地减少经济运行中的交易费用，降低交易行为的社会成本。

对交易费用的内涵，学术界有着不同的认识。张五常认为广义上的交易费用包括在任何一人经济之外的成本，因为，在一人经济中不存在交易行为，也不形成组织，这时产权的配置无关紧要，而包括二人经济在内的复杂经济结构中，只要有交易便产生成本，它包括信息成本、谈判成本、签订和实施契约的成本、界定和保障产权的成本、实施产权的成本、监督成本和改变制度等一系列的制度成本。张五常把契约看作交易各方当事人之间承诺的集合，它最基本的内容是规定了不同产权主体所拥有的产权的买卖和流转。他进一步指出，契约便是在提高经济效率的前提下不同生产要素的组合，契约的形成是通过不同的资源流转或组合来实现资源的有效配置的。而实现资源有效配置的关键在于如何降低交易过程中产生的种种交易费用。交易方式的不同，契约的选择便也不同，从而导致降低交易费用的方式也不尽相同。交易行为的各方当事人在利益最大化的动机驱动下，尽一切可能设计各种不同的契约，这些契约囊括所有可能的所有要素的组合方式，交易各方当事人通过这些组合方式的选择最终降低契约交易过程中的交易费用。

搜集信息的过程中存在着交易费用。现实的交易活动中，交易各方当事人所掌握的信息是不完全的，信息在不同成员之间的分布是不对称的。如果要想获取较为完全的信息，就需要付出一定的成本。在信息不完全且不对称的情况下，契约交易各方当事人只能根据自己所掌握的信息、结合实际的契约运行情况来选择自己执行契约的成本能够最小化的契约形式。其前提是，契约安排必须是可以自由选择的，在不完全信息的框架下，契约安排的选择不自由会增加契约各方当事人搜集完全信息的成本，也会由于当事人各方的机会主义行为增加契约谈判和契约执行的成本。

对契约执行情况的监督同样会产生费用，因此为了减少契约监督过程中产生的交易费用，人们更加倾向于选择执行起来较为简单的契约形式，或者用其他契约替代，以保证交易费用的最小化。

古典经济学主张清晰地界定并保护私人产权是政府的首要任务，对私人产权的保护以及私人产权的顺利实现是实现经济长期增长的动力。然而，我们需要认清的是，政府在界定和保护私人产权时存在着交易费用。为了降低政府界定权利的成本，政府首先应该促进各种自发式的讨价还价，此时政府要做的仅仅是保证这些自发的讨价还价以合法的形式进行。因此，古典经济学认为，如果政府只能够做一件事，那就是强化法治以保障自发市场的自由。

然而，自发的谈判与交易契约形式是多种多样的，而制度则较为固定，由于制度的这种局限性，自发的谈判与交易并不总是能够顺利且有效地实现，这时，如何促进制度变迁以适应交易方式的变化，以及如何在不同的制度之间进行选择，确保交易费用的最小化就成为必然。

追求自身效用最大化是经济人行为选择的根本动机，然而经济人的理性却是有限的，而且占有的信息不一定是完全的，信息在经济人之间的分布也是不对称的。制度可以对人们之间大量的合作与冲突加以控制和引导，从而扩展人的有限理性和提高信息分布的对称度，即制度可以降低交易费用。交易表现为供求，价格是供求的杠杆，交易费用也是市场供求最终价格的一部分，所以可以将制度融入供求体系中，进而探寻制度如何帮助市场完成资源最优配置、实现效用最大化的终极目标。

三 契约与产权

对契约的研究是产权研究的核心。无论契约采取何种形式，它都是在签约双方之间进行的权利再分配。从本质上说，契约是关于产权分配的约束，签订契约、执行契约的过程实际上是契约各方当事人明确产权配置的过程。契约安排不同，相应的产权配置结构也不同。现实经济活动中，无论是长期的市场交易还是短期的市场交易都是一种契约关系，契约的选择、设计和安排直接关乎市场交易是否能够顺利进行。

不同的学者对产权的内涵有着不一样的认识。阿尔钦等把产权置于稀缺经济的大环境下，在他看来，产权"是一种通过社会强制而实现的对某种经济物品的多种用途进行选择的权利"①。它不是某种单一的权利，而是一组权利的组合，即权利束，它包括对经济要素的使用权、收益权、处置权，等等。其中，使用权以所有权为基础，收益权是指人们因为拥有对某一经济要素的产权所能实现的某种经济利益，而处置权是指人们对经济要素的事实上的最终处置的权利，是否拥有处置权，是人们能够自由参与或退出产权交易的决定性因素。在科斯看来，产权是一种行为权利，它赋予人们采取某种行为以获取收益的权利。德姆塞茨把产权看作一组权利束，而菲吕博腾则把产权看作一种行为规则。

现代产权理论中，承载产权的客体十分广泛，它不仅包括有形的物质资料，还包括无形资产，以及抽象的人的行为。作为个人使用资源的权利，产权可以被分为三种权利，即使用一项资产的权利，是否拥有使用权是判定经济人对合法使用资产的标志；经济人因为占有某一资产而从其使用中获取收益的权利；经济人因为拥有某一资产并将其所有权予以转让的权利。对特定资产的一组权利，它不是单一的权利，而是一组权利束，它不仅包括狭义的所有权即归属权，还包括由资产的归属权所决定的对特定资产的占有权、支配权、使用权、收益权和转让权等。同时，在产权这一权利束内，每个单项的权利都可以进一步细分或者重新组合，而单一权利的每一次重新组合都可以形成不同的产权结构，从而产生不同的生产要素配置结构。事实上，每种产权结构都是建立在相应的不同生产要素的资源配置结构上的，它反映的是一种相应的社会经济关系。

作为一种比较具体的经济制度，产权的界定对经济绩效的影响十分重要。诺斯在研究制度与产权时，始终贯穿着这样一个观点：

---

① [美] R. 科斯、A. 阿尔钦、D. 诺斯等：《财产权利与制度变迁——产权学派与新制度学派译文集》，刘守英等译，上海人民出版社1994年版，第16页。

制度变迁对经济绩效的影响主要作用在产权安排上。

具体而言，对产权的界定、划分与保护首先能够减少交易活动的不确定性。信息的不完全及其不对称分布给交易当事人带来了不确定性，增加了交易活动所耗费的成本，为此，人们不断设计出制约交易活动的规则以减少产权的交易费用。其次，产权的界定不明确，会造成"公地悲剧"，使得对产权的保护落空。只有产权界定清晰了，才能够明确人们收益、受损以及如何补偿的边界，政府制定规则才能更具有针对性。从根本上说，政府所拥有的清晰界定产权的功能是由其相应的制度安排实现的，硬性的制度安排对产权的清晰界定有着明显的规范和制约作用。制度安排可以是正式的也可以是非正式的，非正式制度安排对产权的明确界定实际上是正式制度界定产权的派生功能。最后，产权能够激励并约束经济人的行为，从而将经济人行为的外部效应内部化。一旦拥有了针对特定资产的产权，那就意味着拥有了获取相应收益的依据和保证，此时，经济人就会形成对于未来收益的稳定预期，在实行对特定资产的产权的过程中，经济人便也拥有了采取相应行为选择的动力。但是，有一点需要明确，即产权的收益是有限的，只能建立在针对特定资产的占有上，它只有在既定的产权配置结构下才能获取合法的权益，如果产权主体的行为选择超出了对于某些特定资产的占有、使用和转让等，获取了超出权力约束规定外的利益，就构成侵权。

产权对资源的优化配置能够提高资源的使用效率。不同主体间不同的产权结构对于资源的配置有着不同的效率。高度集中的产权状况决定了资源配置更加适用于计划调节，而分散的多元产权主体状况决定了市场调节对资源配置的有效性。

产权在不同主体之间的配置能够影响和决定收入分配的结果。资源配置状况决定相应的收入分配格局，反过来，收入分配格局又在一定程度上影响资源的配置状况，包括资源的流向以及流量。获取收入的前提在于拥有相应的产权，而产权的配置具有各种可能性，针对不同的产权主体，产权的配置方式也不尽相同，每一种产权的配置方式都界定了产权主体获取合法产权收益的手段以及范围，也对应形成了不同的收入分配形式。如在按照生产要素贡献进行分配的收入格局中，技术人员因为拥有对自身所具备的技术知识的产权，因此，他可以通过对技术知识的使用或转让等手段获取相应的收入，同时，技术人员也只能以技术知识为依据来参与收入的分配。同时，产权的配置结构是形成一定收入分配格局的基础，市场经济要求按各种生产要素的贡献进行分配，生产要素的产权主体才能获得相应收入。

第二节　契约与劳资契约

一　完全契约与不完全契约

契约理论的催生源自科斯的经典著作《企业的性质》，在该书问世之前，学术界一致认为企业交易行为是不存在成本和费用的，这一阶段将企业看作一种只是生产产品的转换器，不存在任何制度问题，也不考虑企业人员的分配、利益的协调及企业内部的组织结构问题。科斯的理论将企业的形成解读为一种交易契约，一种完全不同于市场化的标准的交易契约，在此之后，对契约理论的研究开始广泛展开。契约理论的发展主要沿着两个方向，一个方向是以格罗斯曼、阿尔钦和张五常等为代表提出的委托—代理理论，该理论着重研究针对代理人的激励机制的设计，其目的是解决委托—代理问题。在这个机制下，契约完全涵盖了所有或然的或可预见的事件，是不需要再进行任何变动的完全合同，因而将这一方向的研究称为"完全契约理论"；当然，与之相对应的另一个方向的研究被称为"不完全契约理论"。

（一）完全契约理论

完全契约是指签约当事人将交易过程中的一系列权利和义务都完全载入协议中，而完全载入的实现需具备严格的假设。假设一，缔约双方的理性人假设，即缔约当事人是完全理性的，在契约有关规定的约束下，理性经济人的行为原则建立在效用最大化的基础上。假设二，契约对签约当事人之外的任何第三方不产生负的影响，即契约的实施不存在负的外部性，只对当事人具有束缚作用。假设三，信息是完全的，即签约各方均掌握其他当事人进行选择的所有信息，信息是完全对称的，不存在隐藏信息或虚假信息的问题，签约各方都是在已知其他各方的行为的基础上做出的行为选择。假设四，与契约有关的各种活动都是无成本的，包括契约前期准备阶段、实施阶段及最后的谈判过程中，交易成本均为零。在这些假设条件下，契约各方的权利和义务都能够界定得很清晰，同时也能预见契约期内可能发生的情况，即便契约在具体的执行过程中存在争议，也会有第三方来保证契约的有效执行。

完全契约理论的有关假设是很苛刻，甚至脱离实际的，特别是上述第三个假设，认为信息是完全且对称的，因而任何当事人都没有机会采取机会主义的行为选择。随着完全契约理论的发展，这一假设得到一定程度的放宽，即信息是不完全且不对称的，这自然会产生道德风险和逆向选择问题，但完全契约理论回避了这些问题，并且辩称信息是可观察的，因而信息在一定程度上也可认为是完全的。

完全契约理论认为存在一个最佳的契约，能使契约各方的权益得到保障不受侵害，且能够长期持久地存续，因而产权配置对企业的影响也被认为无关紧要。即使信息是不完全不对称的，但基于契约当事人的完全理性假设，当事人完全能通过对信息的观察，设计出一个有效的契约，并在第三方零成本抑或是在很低的成本下控制契约的执行，从而保证契约的长久存续。

（二）不完全契约理论

传统契约理论的若干假设得出可签订完全有效的契约，但其却忽略了契约在执行过程中可能遇到的未预见到的未知的问题，忽视了契约的不完全性，也就忽视了因为契约不完全所带来的财产权利的配置问题。因此,在完全契约理论的框架内,权利配置是一个外生变量,对劳动关系不起任何作用。但是在不完全契约的理论框架内,权威、控制权或权力等有了存在的空间,财产权的配置成为我们理解现实问题的关键。

不完全契约这个概念是相对于完全契约而言的。完全契约是指缔约双方都能完全预见契约期内可能发生的重要事件,愿意遵守双方所签订的契约条款,当缔约方对契约条款产生争议时,第三方比如说法院能够强制其执行。在经济主体具有完全信息和完全理性、经济运行的交易费用为零、产权界定清晰的环境中,交易者明确交易各方在各种或然状态下的策略集合,并且明确交易各方将采取的行动,从而使交易者之间不需要通过谈判达成契约,不需要监督契约的执行,没有违约行为,即使发生违约行为也会由具有完全信息和完全理性的第三方强制执行,此时,契约是完全的。可这显然是不现实的,因为缔约方在事前对未来所做的预期仅仅是基于双方的主观评估,未来所面临的不确定性在本质上是不可预期的,因此,真实世界里的契约绝大部分是不完全契约,需要设计不同的机制以对付契约条款的不完全性,并处理由不确定性事件引发的有关契约条款带来的问题。

Coase(1937)最早提出了契约的不完全性,他认为人的预测能力是有限的,特别是契约期限越长,就存在越多的不确定性,因而契约被完全执行的可能性就越小。其后,诸多学者针对不完全契约问题开展研究,有关契约不完全的原因也越来越丰富,契约当事人无法预见的偶然事件、契约准备阶段的高成本、契约执行阶段的高成本、复杂的环境等因素都可能造成契约的不完全,影响契约执行的效率。概括起来,对不完全契约的研究主要遵循以下脉络。

1. 交易费用经济学的不完全契约理论

交易费用经济学派对于不完全契约的研究建立在交易费用不为零的假设前提下。该学派在科斯定理的基础上提出现实世界中处处存在交易费用,比如在市场中寻找合适的交易伙伴需要费用、交易伙伴之间为了达成交易而进行谈判的费用、交易契约执行过程中的诸多费用，等等。因为存在着交易费用，财产权的配置就不再像科斯定理中描述的那样，无论配置给谁都是有效率的。不同的权利配置方式会带来不同的市场交易效率，所以权利的配置非常重要。

　　至于交易费用的来源，以威廉姆森为代表的学者认为交易费用的产生主要源于有限理性和机会主义倾向。因为有限理性导致交易双方不能准确预期所有可能发生的事件，因此也就无法针对如何应对这些事件做出合理的应对。所以，面对外界环境较强的不确定性，交易双方倾向于给交易契约留下一定的缺口，以便日后根据外界环境的变动对契约进行适时的调整，以适应环境变化的需要。除了外界环境之外，交易双方的机会主义倾向也是不确定性的重要来源，因此如何抑制交易双方的机会主义行为动机也非常重要。按照交易费用经济学的契约研究思路，合理的契约设计能够预防机会主义行为动机。契约具体如何设计，威廉姆森等认为主要应考虑三大因素：专用性投资水平、交易频率和不确定性。这三大因素决定了每一个交易都具有自身的独特特征，不同特征的交易适用于不同的治理结构，从而对契约的设计提出了差异性的需求。

　　而无论契约如何设计，因为交易费用的存在，交易双方不可能就未来可能发生的一切或然情况进行无休止的谈判，从而导致契约存在着遗漏条款，并不能完全涵盖未来可能发生的一切情况，即契约是不完全的。

2. GHM 的不完全契约理论

　　GHM 理论是由 Grossman、Hart、Moore 开创的一种分析思路，其主要研究内容就是不完全契约。在 GHM 理论看来，交易费用经济学针对不完全契约的研究强调交易费用与契约不完全之间的关系，承认了契约的不完全性，但是两者在分析造成契约不完全的原因时存在较大差异。对于有限理性，GHM 和交易费用经济学的观点基本一致，他们都把有限理性带来的不确定性看作契约不完全的重要原因。在此基础上，GHM 进一步丰富了针对契约不完全原因的研究，把"第三方的可观察但不可证实性"作为契约不完全的重要原因。即许多关键的变量，比如交易费用经济学所强调的专用性投资水平等信息很难被第三方证实，这必将导致契约的不完全，并进一步影响契约的执行及其产生的后果。但交易费用经济学却忽视了契约不完全条件下权利配置的重要性。正如哈特所言，"它对权利是重要的观点或者制度安排是对经济主体之间权利配置设计的观点却未能给予足够的关注"[1]。因此，与交易费用经济学在研究不完全契约时不同，GHM 理论对于不完全契约研究的核心内容就是权利的配置问题。

在哈特等人的理论体系中，契约不完全就意味着契约未能明确列出未来所有的偶然事件，也无法就这些事件发生时的责任和权利进行明确界定，这就容易产生这样的问题，即在这些未被契约明确规定的情况出现时谁有权做决定，这就是 GHM 研究的核心内容，即剩余控制权的配置问题，这直接关系到契约执行的效率。在 GHM 理论看来，要有效保证事前的专用性投资水平、抑制事后可能出现的机会主义行为，剩余控制权天然的应当归属物质资产的所有者。因为"在合同不完全时，所有权是权利的来源"[2]，而且"对物质资产的控制权能够导致对人力资产的控制：雇员将倾向于按照他的老板的利益行动"[3]。

3. 基于参照点效应的不完全契约理论

因为理论基础及过度依赖资产专用性等问题，GHM 的不完全契约理论遭到了完全契约理论学派的猛烈批评。在此背景下，Hart 等学者进一步引用行为经济学的假设，并利用实验经济学的方法重新定位了不完全契约理论的发展方向，提出了参照点理论。Hart 和

---

[1] [美]哈特：《企业、合同与财务结构》，费方域译，上海人民出版社 2006 年版，第 5 页。

[2] Oliver D. Hart, *Firms, Contracts and Financial Structure*, Oxford：OxfordUniversityPress, 1995, p. 35.

[3] Oliver D. Hart, John Moore, "Property Rights and the Nature of the Firm", *Journal of Political Economy*, Vol. 98, No. 6, January 1990, pp. 1119–1158.

Moore（2008）将契约看作一种参照点，认为"在竞争性环境下签订的契约为双方的交易关系提供了一种关于各自权利感受的参照点"①。在事后，双方的权利感受影响了履约行为的粗细，并进而决定了最佳的事前契约形式。具体地说，相对于事前的参照点，如果一方感到自己的权利被侵占了，那么就会利用粗糙的履约条款实施投机行为，这样会造成无谓损失。为了减少投机行为，可以制定刚性的契约（例如固定价格契约），但是这种刚性契约将会导致事后灵活性的丧失，从而减少可交易的机会。而如果制定灵活的契约，虽然增加了交易机会，但又容易带来过多的事后投机行为。因此，最佳的契约形式在保护权利感受的刚性与促进事后效率的灵活性之间进行权衡取舍。在行为主义范式下，契约的不完全性不再依赖于事前的专用性投资，而可以是一种单纯的时间约束。重要的是，此时事后的任何谈判都是无效率的。因为自利偏见使买卖双方都选择对自己最有利的价格作为参照点，两者之间的利益是不可调和的，所以有效率的交易无法达成。因此，根据行为经济学的假设，由于参照点效应会引发投机行为，固定价格契约可能优于灵活价格契约。

总的来讲，不完全契约理论认为现实中并不存在契合完全契约假设的情况，并且现实是复杂且存在诸多不确定性的，主客观因素的影响导致契约的不完全性。在不完全契约框架内，剩余权利的配置尤为重要。

二 完全劳资契约理论

现代社会是由人际间的契约性交换关系所建构起来的。借黑格尔对社会关系的三重划分来看——家庭、市民社会和国家全都被推定为建立在契约的基础上，企业也是建立在契约的基础之上。科斯就把企业看作各种要素所有者为了节约交易费用而达成的契约，指出企业的形成就是用一个契约代替一系列契约，用一个长期契约代

---

① 聂辉华：《不完全契约理论的转变》，《教学与研究》2011 年第 1 期。

替一些短期契约。而关于企业契约的实质，学者们争论不休。从马克思主义的观点来看，企业契约实际上是工人通过同资本家签约，将自己的财产卖给后者而形成的契约，这种契约正是古典资本主义企业产生的前提。

亚当·斯密在其古典经济学巨著《国富论》中已经意识到了雇主与雇员之间的经济契约关系。他在讨论雇员工资的确定时指出，"劳动者的普通工资，到处都取决于劳资两方所订的契约。这两方的利害关系绝不一致。劳动者盼望多得，雇主盼望少给。劳动者都想为提高工资而结合，雇主却想为减低工资而联合"[1]。但是，"雇主的人数较少，团结较易。……在争议当中，雇主总比劳动者较能持久"[2]。而且，"就长时期说，雇主需要劳动者的程度，也许和劳动者需要雇主的程度相同，但雇主的需要没有劳动者那样迫切"[3]。显然，在古典经济学看来，虽然雇员与雇主在劳动过程中相互依赖，但他们之间的谈判能力是非对称分布，雇佣关系当事人之间主要是冲突式的经济利益关系。新古典主义经济学抽象掉古典契约中的伦理道德因素，认为雇主和雇员具有完全信息，劳动契约是完备的，有关劳动的所有条款在事前都能够明确地写出，在事后都能够得到完全地执行，劳动契约签订和执行成本为零，劳动契约是劳动关系双方进行市场交易达到均衡的结果。在新古典主义经济学看来，劳动契约强调市场的自然秩序和经济交换，并且认为劳动契约是帕累托最优的，能解决劳动市场和企业内部的效率问题，企业管理和员工激励因而是不必要的。

按照新古典经济学的完全理性、完美信息和交易成本为零等基本假设，劳资契约属于完全契约。新古典主义认为，在市场中，"素昧平生的买者和卖者……相遇……只是为了以均衡价格交换标

---

[1] ［英］亚当·斯密：《国富论》，唐日松译，华夏出版社2005年版，第29页。
[2] 同上书，第30页。
[3] 同上。

准物品"①，以此来推论，劳动力市场中的标准物品即劳动的价格也是均衡的，是完全竞争的，不受任何其他因素的影响。在这一价格水平上，投入实际生产过程中的劳动总是能够实现劳动者劳动报酬的最大化和企业利润的最大化。因此，企业不存在度量劳动投入强度的动机，劳动者也不存在偷懒、"搭便车"等机会主义行为。在这样的假设前提下，劳资双方之间的信息是对称的，劳资双方是完全理性的，劳资契约是完全的，所有可能发生的或然情况都能被准确地写进契约条款中，劳资契约在事后也能得到完美的执行，且签订契约和执行契约的成本为零。即使劳资双方发生纠纷，第三者的强制执行也能够导致契约被有效率地执行；即使未来发生了不确定性事件，劳资双方的完全理性和完全信息也能够使劳资双方在完全自由、充分竞争的市场环境中达成关于契约规则变更的一致意见，契约在长期是可调整的，非常灵活。

综上，在三大假设和不确定性的基础上，新古典经济学把劳资契约看作动态的、可随环境变化适时调整的充满灵活性的完全契约，这种契约的执行是有效率的，因此可以长期持续。交易费用经济学所强调的不确定性风险可以在长期中通过对劳资契约的适时调整来避免。

问题的关键在于，新古典经济学的三大假设与现实的偏离使完全劳资契约理论的基础显得不堪一击。更多学者把契约看作不完全的，关于劳资契约的研究也更多地围绕不完全契约理论展开。

三　不完全劳资契约理论

在反思古典和新古典经济学契约理论的基础上，以威廉姆森为代表的学者开展了不完全劳资契约理论的研究。在这一理论范畴内，雇员的产权属性是导致劳动契约不完全的直接原因，不完全劳动契约的执行过程中，交易成本也显著不为零，这就不可避免地会出现交易成本经济学中所描述的因为交易成本为正带来的道德风险

---

① 赵小仕：《不完全劳动契约的属性研究》，《社会保障研究》2009年第3期。

和逆向选择问题。因此，以威廉姆森为代表的学者主张通过完善劳动契约中的激励机制来避免因为劳动契约不完全带来的效率损失问题。科斯在《企业的性质》一文中的观点也反映了其关于劳动契约不完全的理解，在科斯看来，劳动契约的期限越长，雇主越不愿意对雇员的职责做出明确规定，由此造成了劳动契约的不完全。杨小凯也形象地给出了不完全劳动契约的解释，认为劳动合同是雇员把劳动卖给老板，老板让他做什么他就做什么，不写明他具体做什么，这充分体现了劳动合同双方不对称的控制权以及由此产生的雇主对于不完全劳动合同的偏好。周其仁（1996）则把不完全性看作劳资契约的内在属性，其原因主要在于人力资本产权的特殊性，在治理不完全劳资契约的问题上，周其仁也强调激励机制的重要性。[1]总之，对于劳资契约而言，不完全是一种常态，完全的劳资契约理论只是一种理论抽象。不同的理论，其在分析导致劳资契约不完全性的原因方面也有所不同。这里我们主要总结了马克思的不完全劳资契约理论、基于交易费用的不完全劳资契约、基于 GHM 的不完全劳资契约、基于人力资本的不完全劳资契约、基于信息不对称的不完全劳资契约和基于资产专用性理论的不完全劳资契约。

（一）马克思的不完全劳资契约理论

马克思的劳资契约理论是从分析企业内部分工开始的。在马克思看来，企业的出现使企业的内部分工替代了社会分工，并由此出现了劳动力市场。"社会内部的分工和工场内部的分工，尽管有许多相似点和联系，但二者不仅有程度上的差别，而且有本质的区别。"[2] "牧人生产毛皮，皮匠把毛皮变成皮革，鞋匠把皮革变成皮靴。在这里，每个人所生产的只是一种中间制品，而最后的完成的形态是他们的特殊劳动的结合产品。"[3] "使牧人、皮匠和鞋匠的独

---

[1] 周其仁：《市场里的企业：一个人力资本与非人力资本的特别合约》，《经济研究》1996 年第 6 期。
[2] 马克思：《资本论》（第一卷），人民出版社 2007 年版，第 410 页。
[3] 同上。

立劳动发生联系的是什么呢？那就是他们各自的产品都是作为商品而存在。反过来，工场手工业分工的特点是什么呢？那就是局部工人不生产商品。变成商品的只是局部工人的共同产品。"①"工场手工业分工以生产资料集中在一个资本家手中为前提；社会分工则以生产资料分散在许多互不依赖的商品生产者中间为前提"②，"工场手工业分工的前提是资本家对于只是作为他所拥有的总机构的各个肢体的人们享有绝对的权威；社会分工则使独立的商品生产者互相对立，他们不承认任何别的权威，只承认竞争的权威"③。

进一步地，马克思详细比较了工厂手工业内部分工和社会内部分工的差异，并据此提出了三个有关企业性质的重要命题，这些命题构成了马克思劳资契约理论的基本内容。

在马克思的分析框架中，资本和劳动天生是不平等的，在签订劳动契约时资本处于强权位置。首先，小商品生产者间的竞争必然导致优胜劣汰。处于劣势的"劳动力占有者没有可能出卖有自己的劳动对象化在其中的商品，而不得不把只存在于他的活的身体中的劳动力本身当作商品出卖"④，而在竞争中取得胜利的人则掌握了生产资料，可以雇用工人进行生产。其次，资本主义原始积累的过程中，"大量的人突然被强制地同自己的生存资料分离，被当作不受法律保护的无产者抛向劳动市场"⑤。可以说，资本积累的历史就是生产者和生产资料被强制分离的历史，是剥夺的历史。"劳动者没有任何实现自己的劳动力所必需的东西"⑥，他也"没有可能出卖有自己的劳动对象化在其中的商品"⑦，劳动者"自由得一无所有"⑧，

---

① 马克思：《资本论》（第一卷），人民出版社 2007 年版，第 411 页。
② 同上书，第 412 页。
③ 同上。
④ 同上书，第 196 页。
⑤ 同上书，第 823 页。
⑥ 同上书，第 197 页。
⑦ 同上书，第 196 页。
⑧ 同上书，第 197 页。

他的自由变成了只有将自己的劳动力出卖给任何一个资本家的自由，否则就无法生存。因此，资本相对于劳动的强权位置在签约前就已经确定，劳动者与雇主所代表的资产所有者从一开始就处于不平等的地位。现实中的劳动关系是一种形式上的财产关系和实际上的人身关系、形式上的平等关系和实际上的隶属关系，也正是因为这种强权特征，资本家完全操纵契约的相关条例，劳动者只能被动地接受或拒绝，而没有任何讨价还价的余地。

在劳动价值论的理论体系中，马克思区分了劳动和劳动力，认为劳动不是商品，劳动力是商品。劳动是货币所有者消费劳动力的过程，这一过程无法成为契约的约定物，因此，劳动者和货币所有者只能就劳动力进行交易，又因劳动力天生的归劳动力所有者所有，所以进行交易的只能是劳动力的使用权，而不是劳动力的所有权。在签约前的劳动力市场上，劳动力产权唯一的归劳动力所有者所有，资本产权也唯一的归货币所有者所有，"劳动力的买和卖是在流通领域或商品交换领域的界限以内进行的，……那里占统治地位的只是自由、平等、所有权……劳动力的买者和卖者，只取决于自己的自由意志"①，"劳动者占者和货币占有者在市场上相遇，彼此作为身份平等的商品占有者发生关系，所不同的只是一个是买者，一个是卖者，因此双方是在法律上平等的人"②，"他们是作为自由的、在法律上平等的人缔结契约的。契约是他们的意志借以得到共同的法律表现的最后结果"③，这种关系要保持下去，劳动力所有者就"必须始终让买者只是在一定期限内暂时支配他的劳动力，……就是说，他在让渡自己的劳动力时不放弃自己劳动力的所有权"④。因此，劳资契约通常是有期限的，契约的标的物是劳动力的使用权。但是残酷的现实是，劳动能力如果找不到买主，它就毫

---

① 马克思：《资本论》（第一卷），人民出版社 2007 年版，第 204 页。
② 同上书，第 195 页。
③ 同上书，第 204 页。
④ 同上书，第 195—196 页。

无价值，劳动力商品的这种特殊性质，使得"劳动力的使用价值在卖者和买者缔结契约时还没有在实际上转到买者手中。和其他任何商品的价值一样，它的价值在它进入流通之前就已确定，……但它的使用价值只是在以后的力的表现中才实现"①，这也就意味着，"力的让渡和力的实际表现即力作为使用价值的存在，在时间上是互相分开的……给劳动力支付报酬，是在劳动力按购买契约所规定的时间发挥作用以后……因此，到处都是工人把劳动力的使用价值预付给资本家；工人在得到买者支付他的劳动力价格以前，就让买者消费他的劳动力，因此，到处都是工人给资本家以信贷"②。

劳动力买卖的上述特征导致在契约签订以后的有限的劳动过程中，劳动什么、如何劳动以及为谁而劳动都可能出现变化，劳动者和资本家只能在劳动者从事什么工种、计酬方式与工资数量等问题达成初步一致，却无法规定劳动者的体力和脑力支出，双方也无法事无巨细地考虑到所有或然情况。因此，劳动力购买契约是一个不完全契约，这种不完全性使在事后出现或然情况时决策权的空置，在资本雇佣劳动的关系框架中，这一决策权具体归货币资本所有者所有。这是因为：

第一，货币资本所有者不仅掌握生产资料，而且掌控最终产品的分配。尽管劳动力所有者与货币所有者是在平等的条件下签订的劳动力购买契约，签约双方也都实现了各自利益最大化的结果，工人追求工资，资本家追求利润。但是，正如詹姆斯·穆勒所言，"当工人是为工资而劳动时，资本家不仅是资本的所有者，而且也是劳动的所有者"③。资本所有者消费劳动力的过程即劳动过程，其最终产品在占有关系上属于资本家，而不是直接生产者工人的所有物。"无产者为换取一定量的生活资料出卖自己的劳动，也就完全

---

① 马克思：《资本论》（第一卷），人民出版社2007年版，第202页。
② 同上。
③ ［英］詹姆斯·穆勒：《政治经济学原理》（上），金镝等译，华夏出版社2009年版，第70页。

放弃了对产品的任何分享,产品的占有还是和以前一样,并不因契约而发生变化。产品完全归提供原料和生活资料的资本家所有"①。显然,这与占有规律的基本原则相违背,即"每个劳动者对自己产品拥有专有权"②。而掌握最终产品的资本家自然也就掌控了工人的生活资料。

第二,资本的强权地位。劳动力商品的买卖发生在流通领域,该领域内商品买卖双方是在平等的条件下签订的契约,两者处于平等的法律地位,"权利同权利相对抗,而这两种权利都同样是商品交换规律所承认的。在平等的权利之间,力量就起决定作用"③。资本家占有全部的生产资料,并通过签订契约占有了劳动力的使用权,而劳动者除了拥有劳动力之外一无所有,"在资本主义条件下,工人没有生产资料,他们不能自己组织生产,因此他们不能自由地不进入交换,……这就是强制"④。两者在生产资料占有上的不对称性导致了非均衡的力量对比,资本所有者可以凭借其对生产资料和劳动力使用权的占有强力界定产权。另外,如前文所述,资本所有者的这种强权在签约前就已经存在。

第三,资本有机构成提高的一般规律。关于资本主义积累的一般规律,马克思提到了两点:(1)在资本构成不变时,对劳动力的需求随积累的增长而增长;(2)在积累和伴随积累的积聚的进程中资本可变部分相对减少。"从在生产过程中发挥作用的物质方面来看,每一个资本都分为生产资料和活的劳动力;这种构成是由所使用的生产资料量和为使用这些生产资料而必需的劳动量之间的比率来决定的……前一种构成叫作资本的价值构成,后一种构成叫作资本的技术构成……由资本技术构成决定并且反映技术构成变化的资

---

① 马克思:《资本论》(第一卷),人民出版社2007年版,第217页。
② 同上。
③ 同上书,第272页。
④ Crawford B. Macphenson, *Democratic Theory*, Oxford: Clarendon Press, 1973, p. 146.

本价值构成，叫作资本的有机构成。"① 因此，资本可变部分相对减少的过程就是资本有机构成不断提高的过程，这就意味着"积累不断地并且同它的能力和规模成比例地生产出相对的，即超过资本增殖的平均需要的，因而是过剩的或追加的工人人口"②。劳动力的相对过剩，使资本家解雇工人的威胁是可置信的，"对于资本家来说，同工人竞争，只是利润问题，对于工人来说，则是生存问题"③。

综上，无论是在签约前还是签约后，资本所有者和劳动力所有者之间都是一种非均衡的权力结构，资本所有者始终处于强权位置，这种强权导致签订的契约和具体的契约制定过程中，所有或然的或契约中未规定的情况发生时，所有的控制权均归资本所有者所有。在这点上，韦伯与马克思有着极其相似的观点。在韦伯看来，"雇佣劳动市场的存在对于企业是一种不可或缺的制度条件，并且该市场像其他市场一样实行的是明显附属于法权的自由和正式平等，但是这对被迫出卖自身劳动力的雇佣劳动者来说，仍然是一种强制的力量，是一种实质非理性的存在。至于雇佣劳动者进入企业后则更明显地受到雇主以及他借助的科层管理制度的命令和约束。"④ 之后的制度经济学早期代表人物康芒斯则更清楚地看到了市场上买卖交易与企业内部管理交易的本质差别，他认为"管理的交易起因于一个法律上的上级和一个法律上的下级之间的关系。那心理的关系在法律上是命令和服从。可是，买卖的交易起因于那些在法律上平等的人们的关系。（它的）心理的关系是劝说和压迫"⑤。也就是说，以法律上平等关系为基础的交易并没有带来事实上的平等，反而使交易陷入"劝说"和"压迫"的程序里，形成了"上

---

① 马克思：《资本论》（第一卷），人民出版社2007年版，第707页。
② 同上书，第726页。
③ 马克思、恩格斯：《马克思恩格斯全集》（第六卷），人民出版社2016年版，第643页。
④ 汪和建：《迈向中国的新经济社会学——交易秩序的结构研究》，中央编译出版社1999年版，第335页。
⑤ [美]康芒斯：《制度经济学》，于树生译，商务印书馆1998年版，第334页。

级"和"下级"的管理层级,并最终造成了"命令"和"服从"的社会心理。因此,企业内部的权力结构实际上是非对称的,劳动者与企业之间也是一种非均衡的劳动力购买关系。

在马克思的劳资契约理论中,导致契约不完全的原因可以归结为两点:第一,事前的不确定性。这种不确定性主要来自劳动力使用强度的无法确定,致使契约只能就劳动力所有者具体劳动地点、条件和方式等、工作时间和劳动报酬有关的内容做出详细规定,却无法针对劳动强度即劳动力的实际支出进行详细规定,因此劳资契约是不完全的;第二,权利的不对等。无论在签约前,还是在签约后,资本都处于强权位置,为了获取生活资料,工人只有选择将劳动力出卖给某一个资本家的自由,而没有不出卖给任何一个资本家的自由,这种有限制的自由本身就不是一种平等交换。正如麦克弗森(C. B. Macpherson,1973)指出的那样:保证充分自愿交换的背景条件"不是自由地不进入某种特殊的交换,而是自由地不进入所有的交换"①。

(二)基于交易费用的不完全劳资契约分析框架

张五常将交易费用定义为"在最广泛的意义上,交易成本包括那些不可能存在于一个克鲁梭·鲁滨逊一个人经济中的所有成本"②。交易费用是不完全契约的又一根源。在交易费用为正的情况下,契约当事人没有任何动机去披露形成契约责任所需的需求信息。所以在交易费用为正的情况下,契约总是不完全的。根据哈特的观点,交易费用的来源在于(1)在复杂的、无法预测的世界中,人们很难预测未来事件,无法根据未来情况做出计划,往往是计划不如变化。(2)即使能够对单个事件做出计划,缔约各方也很难对这些计划达成一致协议,因为他们很难找到一种共同的背景来理解、描述各种情况和行为,过去的经验往往不起作用。(3)即使签

---

① Crawford B. Macphenson, *Democratic Theory*, Oxford: Clarendon Press, 1973, p. 146.
② [美]科斯、哈特、斯蒂格利茨等:《契约经济学》,李风圣主译,经济科学出版社 2000 年版,第 65 页。

约各方能对未来计划达成一致协议，也很难将其写清楚。对于劳动契约的缔约双方来说，由于交易费用的存在，他们同样无法也不会对未来的所有或然事件及其相关的责任权利做出明确的规定，这也是造成劳动契约不完全的原因之一。

在交易费用经济学看来，有限理性是导致交易费用的重要来源之一。经济学上的理性应该是在社会实践基础上的有限性与无限性、工具性与价值性、抽象性与现实性的统一。它要求行为人以最大化和公认的伦理观念为出发点而形成合理的预期。完全的理性，就是指行为人具备关于其所处环境的各方面的知识，而且这些知识即使不是绝对完备的，至少也是相当丰富和透彻的。同时他还具备一个很有序的、稳定的偏好体系，并拥有很强的计算技能，他靠这些技能计算出，在他的备选方案中，哪个方案能在其偏好上达到最高点。然而，这种统一却不是绝对的、完全的，因为不同的人在不同的时期、不同的环境，其理性是有差异的，因此，人的理性是相对的和有限的。正如西蒙所指出的那样，"人的行为即是有意识的理性选择，但这种理性又是有限的"[1]。正是由于人的理性是有限的，对外在环境的不确定性是无法完全预期的，不可能把所有可能发生的未来事件都写入契约条款之中，更不可能制定好处理未来事件的所有具体条款，因而导致了契约是不完全的。劳动契约的主体——劳动者与代表企业方的雇主的有限理性，也必然导致劳资契约是不完全的。

此外，诺斯还把群体合作和经济人的有限理性也纳入契约起源的模型中。在诺斯看来，契约安排一方面主要产生于非人情式的群体交易，此时的交易存在重重障碍，实现交易关系的交易费用也大增，契约正是在此种情况下产生的，它反映了这一群体为了节约交易费用、克服交易障碍的合作意愿。

---

[1] [美]赫伯特·西蒙：《现代决策理论的基石》，杨砾等译，北京经济学院出版社1989年版，第20页。

（三）基于 GHM 的不完全劳资契约分析框架

如前所述，GHM 理论主张契约是不完全的，强调不完全契约条件下剩余控制权的配置，具体剩余控制权配置给谁，主要依据要素的稀缺程度而定。在企业内部由物质资产所有者和人力资本所有者构成的契约关系中，基于 GHM 的不完全劳资契约理论认为物质资产更稀缺，物质资产所有者理应占有剩余控制权，这种权利配置方式是有效率的，因为它有利于保护物质资产事前的专用性投资水平，确保契约的执行效率。

（四）基于人力资本的不完全劳资契约

人力资本包括人的健康、容貌、体力、干劲、技能、知识、才能和其他一切有经济含义的精神能量，天然归属于自然的个人，个人完全控制着人力资本的开发和利用，这就决定了人力资本所有权与其载体的不可分离的特性。因此，即使在劳动契约中详细规定了劳动者的劳动量，但是由于人力资本产权的这种特殊性，使劳动者在劳动过程中无法按照契约所规定的那样完全履行。巴泽尔（1977）通过对奴隶制的研究，认为奴隶是一种"主动的财产"，不但会跑，而且事实上控制着劳动努力的供给。奴隶主要在强制条件下调度奴隶的体力和劳动努力，即使支付极其高昂的"监控和管制成本"，也不能尽如其意。[①] 与此同时，由于人力资本是体现在人身上的，而各人的天生素质是不同的，所以造成了人力资本的异质性和多样性的特征，再加上人力资本在团队中工作所形成的社会形态上的专用性特征，也使对于人力资本的计量变得相当困难。所以，人力资本及其产权的特殊性也同样造成了劳动契约的不完全性。

在人力资本理论看来，劳动契约是雇佣双方就劳动者人力资本使用权的协议，受人力资本特性的限制，雇主通过劳动契约只能获得人力资本的使用权，而其所有权依然归劳动者自身所有。而劳动

[①] 周其仁：《市场里的企业：一个人力资本与非人力资本的特别合约》，《经济研究》1996 年第 6 期。

契约的长期性意味着人力资本的使用过程充满了不确定性风险，这使我们无法在事前完全界定清楚人力资本使用权的边界，也无法规定清楚劳动关系双方的所有权利和义务。正如罗森所说，"在自由社会里，人力资本所有权仅限于体现它的人"[①]。劳动者的健康、体力、经验、生产知识、技能等不可分地属于劳动者个人，尽管企业拥有人力资本的使用权，但是人力资本具体的使用过程完全受控于人力资本所有者自己的意志，外界约束无法准确测量或者控制人力资本的投入。

（五）基于信息不对称的不完全劳资契约

詹姆斯·米尔利斯、威廉·维克里、乔治·阿克洛夫、迈克尔·斯彭斯、约瑟夫·斯蒂格利茨等学者都是信息不对称理论的代表人物。信息不对称意即信息在契约双方之间的分布是不对称的，当事人一方可能掌握比另一方更多的信息，而这些信息对于另一方而言是不知道的或者不可证实的。在信息不对称的条件下，占据信息更多的一方就可能利用自己的信息优势想尽办法通过制定更利于自己的合同条款或者隐藏某些可能对自己不利的条款，去降低自己执行契约的风险或提高契约执行的收益，由此导致契约对于对方而言总是不完全的，他们极有可能因为这种信息上的弱势地位，在契约交易中处于被动地位，最终不得不陷入事后无休止的再谈判之中。

对于劳动者而言，人力资本的能动性意味着劳动者实际控制人力资本的投入和使用程度，也就是说劳动者可以准确衡量自身人力资本在生产过程中的投入数量和质量，能明确知道自己是"努力"还是"偷懒"。而企业由于缺乏对人力资本水平的准确认识，并不能准确衡量劳动者在实际生产过程中的劳动投入，也就无法判断劳动者是"努力"还是"偷懒"，这种信息不对称典型地存在于人力资本使用权拥有者和劳动者之间。此时，除非雇主能够有效地约束

---

① 《新帕尔格雷夫经济学大辞典》（第二卷），经济科学出版社1996年版，第736页。

并监督劳动者，否则劳动者的机会主义行为便存在发生的可能，即产生劳动者事后的道德风险问题。同时，信息不对称也有可能带来雇主事后的道德风险。相对于劳动者而言，雇主拥有对工作职位更多的信息，而在与劳动者签约的过程中，雇主可以通过隐瞒这些信息或者弱化工作强度和难度要求来制造"契约陷阱"，实现对人力资本的过度使用，从而为侵占人力资本使用过程中劳动者创造的契约剩余提供空间。综上，信息不对称带来的不完全劳资契约充满了机会主义风险，正如蒂斯所说，"尽管所有的相关细节都在契约中界定，但契约仍存在永远不被兑现的严重风险"[1]，只要存在某一方的机会主义行为，都无法使雇佣契约达到最优状态，从而引发雇主与雇员间的冲突。

另外，相较于其他契约而言，劳资契约具有显著的长期性，只要劳资契约所约定的解除劳动关系的各种情况没有发生，劳动关系就会一直延续下去。而长期契约具备短期契约所不具备的激励功能，这种长期性的劳资契约有利于劳动者在劳动权益得到长期保障的前提下增加工作的积极性。但同时劳动关系的长期动态延续过程也是人力资本与物质资本不断结合的过程，这一过程中，一旦人力资本所有者与物质资本所有者发生任何分歧，双方的重复谈判就不可避免。而且劳资契约的持续时间越长，劳资双方所面临的外部环境的不确定性就可能越强，劳资契约的不完全程度可能就会越高。而且从成本的角度来看，劳资契约的长期性意味着劳资双方具有充分的重复谈判的空间，因此在签订初始契约时，即使契约的各项条款不完备，也不影响劳动关系的存续，反而能够节约契约的签订成本。[2]

---

[1] 陈郁编：《企业制度与市场组织——交易费用经济学文选》，格致出版社2000年版，第110页。

[2] 当然，不完全契约的签订也可能带来契约执行成本的上升，因为在不完全的条件下，劳资双方事后的再谈判就不可避免，那么劳资双方就存在机会主义行为的可能性动机，从而提高契约执行成本。

(六) 基于资产专用性理论的不完全劳资契约

不同于静态的、一次性的市场交易契约，劳资契约的实施是一个动态的、充满不确定性的过程，在这一动态变动过程中，劳资契约的具体内容也不断发生着改变，否则就可能发生阻碍劳资契约实施的情况。因此，出于提高劳资契约执行效率的考虑，契约双方主观上也会有意识地保持劳资契约一定程度的不完全性，选择签订更具弹性化的契约条款，以此来应对劳动关系存续期间的各种不确定情况。而契约双方签订不完全契约的意愿程度主要取决于各自的专用性投资水平。按照 Hart 和 Moore（2004）对契约不完全程度的理解，契约的不完全程度部分取决于契约各方的专用性投资水平，如果契约各方的专用性投资水平较高，双方偏向于选择不完全程度较小的契约，如果契约各方的专用性投资水平较低，双方可以选择不完全程度较高的契约。这里我们可以用机会成本进行解释，关系专用性投资同时也是契约各方履约的机会成本，在其专用性投资水平较高的情况下，如果契约正常履行，双方的收益也都较高，一旦任何一方选择放弃契约，双方履约的机会成本会非常昂贵。因此，为了保证契约的有效履行，契约各方都希望能够执行对契约履行过程有较为明确规定的契约。而当双方的专用性投资水平都较低时，如果选择不完全程度较小的契约反而会增加双方的履约成本，给契约履行带来不必要的效益损失。反映在我国的劳资关系上，由于资本的通用资产特性、劳动力的无限供给以及劳动力的同质性，劳动力资产与资本资产的专用性投资程度都不高，因此，劳资双方选择的结果倾向于不完全程度较高的劳资契约。

第三节 劳动关系理论

对劳动关系理论的研究始于 19 世纪中期，经过半个多世纪的发展和演变，主要形成了三大理论体系，第一是资本主义劳动关系理论，该理论将社会经济发展和劳动关系的属性归结为资本的内在作用；第二是工业主义劳动关系理论，该理论将劳动关系的形成归结为工业化的发展；第三是工业资本主义理论，该理论认为劳动关系是资本和工业化发展二者的共同结果。这三种理论分别源自马克思、埃迪尔凯姆和马克斯·韦伯的相关著作，距今已有上百年的历史，但其却对劳动关系思想理念后续的发展产生了重要影响，本节接下来将分析马克思主义的劳动关系理论和其他劳动关系理论的最新进展。

一　马克思主义的劳动关系理论

马克思的政治经济理论最核心的部分就是劳动关系理论，其在阐述自己的观点时，主要分析了劳动和资本的关系，并将其看作资本主义社会的基础，所以马克思主义的劳动关系理论又可称为劳资关系理论，该理论的内核在其巨著《资本论》中得到了全面的论述。

马克思主义劳资关系理论的形成主要经历了三个阶段：第一阶段（19世纪40年代）是萌芽时期，其中恩格斯在1844年发表的《政治经济学批判大纲》和1845年出版的《英国工人阶级状况》中都考察了资本和劳动的关系，并通过英国大量的事实论证了这一关系，马克思在此基础上又进行了深入的分析，在其《1844年经济学哲学手稿》中，深刻揭示了资本主义社会工人阶级和资产阶级的对抗本质，并提出异化劳动理论，随后又在《哲学的贫困》《雇佣劳动与资本》中得出资本对劳动的支配及劳动对资本的依赖关系。第二阶段（19世纪40年代末到19世纪60年代初）为形成时期，马克思在资本主义的生产过程中考察资本和劳动的关系，并系统地动态地阐述了劳动对资本的从属关系，发现在资本主义社会形成初期，劳动对资本只是形式从属，即只表现为买卖关系，然而当资本主义社会发展成熟，劳动对资本则转化成实际从属，即当社会生产了大量的相对剩余价值后，资本主义生产方式发生变化，是资本力量增强的结果。第三阶段（19世纪60年代到19世纪90年代）为成熟时期，这一时期的标志是1867年《资本论》（第一卷）的出版，随后其他几卷又陆续出版，劳资关系理论得到了进一步发展和完善。

从以上形成过程可以看出，马克思主义的劳资关系是一种阶级对立关系，体现了资本家与劳动者之间剥削与被剥削的关系，随着资本主义社会的进一步发展，这种对立关系不可能得到弱化，反而会有所增强。马克思指出，资本主义的发展会使劳资双方的对立关系更加突出，一方面资本的积累会使资本家积聚更多的财富，而工人阶级的财富则相对恶化；另一方面，由于劳动条件以越来越庞大的形成，越来越作为社会力量出现在单个工人面前，所以工人自己占有劳动条件的可能性已经不存在，使得劳动者的被雇佣地位越来越永恒化。工人阶级和资产阶级的对抗会使社会矛盾被激化，最后的结果是，工人阶级通过暴力的方式来消灭剥削这种私有制度。

二 其他劳动关系理论

其他劳动关系理论与马克思主义的劳资关系理论差别很大，其主要研究如何调整劳动关系以实现经济发展的目标，这个问题经过长期的探索和研究，形成了现代劳动关系理论，这一理论对公司和行业的发展乃至经济的增长和社会的稳定都产生了深远的影响。学者们从不同立场和不同角度对劳动关系进行分析，形成了不同的研究派系，具有代表性的有以下五大学派：新保守学派、管理主义学派、正统多元论学派、自由改革主义学派及激进学派。这几大学派的区别主要集中在以下方面：（1）都认同员工和管理者之间存在目标和利益的不同，但对这些不同的重要程度看法不一；（2）对如何解决目标和利益的不同有不同的解决方法；（3）对员工和管理者之间双方力量的强弱，及给劳动关系带来的冲击的重要程度存在较大分歧；（4）对工会的作用持不同观点。

（一）新保守学派关于劳动关系的观点

新保守学派的代表人物有米尔顿·弗里德曼、约翰·穆斯、乔治·吉尔德等。该学派秉承萨伊定律，认为市场能自发调节劳动供求，使劳动市场回归到均衡状态。其关于劳动关系的理论观点主要表现为：

观点一：劳动关系的协议双方是完全平等自由的交易关系，如若一方不满，可自由解除协议。如雇员对工资待遇不满，可辞职找寻新的工作；如雇主对员工不满，可将其开除。

观点二：在长期来讲，劳动市场中，劳动力供给方和需求方的力量是均等的，劳动供求对价格的调整最后总能实现劳动市场的出清，即实现供求均衡。这表明，劳动关系双方是势均力敌的。

观点三："效率工资"会使劳动关系双方目标和利益一致，从而实现双赢。"效率工资"是指雇主为了提高劳动者的工作效率，给员工支付超出其他雇主所支付的工资和福利待遇，也会设置一些奖金来激励员工努力工作，提高工作效率。"效率工资"的存在打破了雇主与员工之间目标不一致的局面，雇员努力工作会带来更高的收入，雇主也会因此获得更高的利润。

观点四：工会对劳动力市场产生负的影响。工会的存在影响了雇主对雇员的处置，使雇主方处于劣势，破坏了劳动力市场要素的自由流动，这样会导致一方面雇主给员工支付更高的工资，另一方面雇主会提升产品的市场价格，进而对产品市场带来一定的影响。因此，新保守学派认为工会的存在是没有任何意义的，是不被劳动力市场所需要的。

观点五：市场化发展能够有效解决公平和效率的问题。在市场经济条件下，参与各方都会为了实现自身利益的最大化而进行选择，市场无形中发挥了"看不见的手"的作用，引导资源实现帕累托最优配置。在市场机制的作用下，生产效率高的劳动者会获得较高的工资待遇，生产效率低的劳动者会获得较低的工资报酬，从而能够很好地解决公平与效率的问题。

（二）管理主义学派关于劳动关系的观点

管理主义学派的代表人物主要由组织行为学和人力资源管理学方面的专家组成，如赫伯特·A.西蒙、彼得·德鲁克、弗里德里克·泰罗，该学派的劳动关系理论主要是从人力资源管理的角度来进行的研究，其理论假设劳动关系双方不存在本质上的利益冲突，冲突都是局部的、暂时的，他们都希望企业能繁荣发展，在此假设下，该学派形成了相应的理论观点。

观点一：解决公平与效率问题的最佳途径是增强员工对企业的认同感和相关信任。从本质来讲，管理者和员工的利益是基本一致的，冲突的根源主要集中在员工对其被管制、服从的地位感到不满，因此管理方可通过"高认同感"的管理模式减轻员工的不满，避免冲突的发生，从而也带来公平与效率的提升。

观点二：重视员工的需求，加强对员工的人文关怀，提升员工的满足感。著名的"霍桑实验"论证了员工的满足感对其生产效率具有重要的影响，所以企业应建立起重视员工需求的管理模式。

观点三：对工会的态度相对模糊。一方面反对工会的存在，另一方面又提倡与工会展开合作。该理论认为，企业可通过制订员工收入发展计划、员工职业规划、加强企业的信息合作等手段来削弱乃至消除工会的力量。

（三）正统多元论学派关于劳动关系的观点

正统多元论学派即为新制度经济学派，该学派是在旧制度学派的基础上演变而来，代表人物为约翰·R. 康芒斯、加尔布雷思等，其劳动关系理论主要是在康芒斯的劳工运动理论的基础上发展和完善的。

观点一：工会在保障工人权利方面起着重要的作用。单个工人的力量是薄弱难以与雇主抗衡的，而工会能够集合工人的力量，使其能与雇主抗衡，以抵抗雇主不合理的规定和不公正的待遇，工会是工人开展劳工运动的重要组织，对劳动关系产生举足轻重的影响。

观点二：劳动关系中公平和效率问题的解决需要借助一些制度设计措施。为实现公平和效率两者的稳态，可设置相应的劳动法制度、工会谈判制度等，通过制度手段来实现。

观点三：管理者和员工之间具有相同的利益，但也存在冲突，冲突主要在于双方效率和公平目标的不一致，而这又回归到效率和公平的问题，这可依据双方的共同利益，通过相应的渠道来解决，即通过利益的捆绑将冲突转化为双方共同遵守的制度。

观点四：该学派将劳动关系的研究不仅局限在雇主和雇员之间，还扩展到政府和工会，深入分析了政府相关政策的发展及其影响、工会的集体谈判及劳资双方争议的处理等诸多领域，因而成为劳动关系理论的主流思想，同时为劳动法律体系的建设提供理论基础。

（四）自由改革主义学派关于劳动关系的观点

自由改革主义学派的宗旨在于在不改变资本主义制度的条件下，对资本主义社会存在的弊端进行批判和改革，以实现社会的进步和经济的发展，其代表人物主要是凯恩斯主义者，如约翰·L. 希克斯、保罗·A. 萨缪尔森、阿瑟·奥肯等，其劳动关系的理论研究表现在以下方面。

观点一：在劳动关系中，管理方凭借其所拥有的管理权力而占据优势地位，工人处于劣势地位，即便是劳动法和就业促进法等相关法律法规的存在，也不可能改变这一事实，管理方出于自身利益的考量也不会有动机去改变这一形势。

观点二：不同部门劳动关系的表现也不尽相同。该学派将经济社会划分为两个部门，一个是在市场上处于垄断地位的、规模较大的且属于资本密集型的核心部门；另一个是在市场上处于竞争地位的、规模较小的且属于劳动密集型的边缘部门。核心部门经济实力较强，资源较为丰富，管理方式较为先进，能为员工提供更好的待遇，而边缘部门的经济实力和管理方式相对落后，与核心部门的员工相比，待遇存在差距。

观点三：肯定工会的存在对于保障雇员的权益具有重要作用，但当前工会并未很好地发挥其职能，表现差强人意，特别是身处边缘部门的雇员，没有得到工会有效的帮助。

观点四：在效率和公平方面，该学派认为效率只是一种对更多财富的追求，不应该也不适合将其作为最关键的判断依据，他们认为应更加关注员工是否得到公平的对待，并提出政府应该在解决管理方和员工的冲突方面发挥重要的协调和干预作用。

（五）激进学派关于劳动关系的观点

激进学派主要是在马克思主义学派的基础上继承和发展起来的，因而又被称为新马克思主义学派，该学派的代表人物有保罗·巴兰、杰弗·霍奇森、霍华德·谢尔曼等，其劳动关系理论也是马克思主义劳工关系理论的继承和完善。

观点一：作为工人的劳动的利益与作为管理者的资本的利益是完全对立的，工人不可能从管理者手中获得公正、合理的待遇，除非建立一种新的体制，使工人能够作为企业的主人，参与到企业的经营和利润分配中。

观点二：批判其他学派的观点，认为不存在和谐的劳动关系。批判新制度学派关于工会和集体谈判重要性的观点，认为在现有市场条件下，其重要性并不能有效地发挥；批判管理学派人力资源管理的观点，认为其"效率工资"和激励措施等都是为了控制和压制工人对管理者的不满；批判自由改革主义的观点，认为其改革不触及现有的体制，因而无法实现劳动关系的和谐发展。

观点三：在资本主义制度下，工会的作用是极其有限的。工会只能在某种程度上帮助工人改善工资待遇，但这种改善是极其微弱的，不足以改变工人被剥削的本质。

本章小结

本章在简单梳理完全契约理论和不完全契约理论的基础上，着重介绍了马克思的不完全劳资契约理论、交易费用的不完全劳资契约理论、GHM的不完全劳资契约理论、基于人力资本的不完全劳资契约理论、基于信息不对称的不完全劳资契约理论和基于资产专用性理论的不完全劳资契约理论,揭示了导致劳资契约不完全的原因,构建了不完全劳资契约的理论分析框架。同时,本章梳理了马克思主义劳动关系理论和包括新保守学派劳动关系理论、管理主义学派劳动关系理论、正统多元论学派劳动关系理论、自由改革主义学派劳动关系理论、激进学派劳动关系理论等在内的其他劳动关系理论的基本内容和核心观点。

第三章 劳资关系的失衡及其契约解释

在决胜全面建成小康社会和开启全面建设社会主义现代化国家的过程中，坚持在"同时"和"同步"中提高人民收入，既是更加注重协调发展和共享发展理念的题中应有之义，也是保持经济可持续增长的现实要求。[①] 要提高人民收入就要构建和谐的劳动关系。劳动关系是生产关系的重要组成部分，是最基本、最重要的社会关系之一。[②] 党的十八大报告中强调，要健全劳动标准体系和劳动关系协调机制，加强劳动保障监察和争议调解仲裁，提出了构建和谐劳动关系的目标。党的十九大也提出了要提高就业质量和人民收入水平，完善政府、工会和企业共同参与的协商协调机制，构建和谐劳动关系。

这些目标的提出均来源于对我国劳资关系的清醒认识。现阶段，我国正处于经济社会深度转型时期，劳动关系的主体及其利益诉求越来越多元化，劳动关系矛盾也已进入凸显期和多发期，国民收入分配更加偏向于资本、工资与利润增长不同步、劳动争议案件屡见不鲜、集体冲突事件频发，这些都证明了我国依然面临着紧张的劳动关系。

影响劳动关系的因素有很多，从契约的角度来分析，劳资契约是劳资双方关于权利义务关系的一个集合，所有影响劳动关系的因素都可以纳入劳资契约的分析框架内。理论上，劳资双方签订的劳

---

① 详见党的十九大报告。
② 详见2015年3月21日中共中央、国务院印发的《关于构建和谐劳动关系的意见》。

动合同、劳动基准与劳动监察制度、集体协商与集体合同制度、劳动争议处理制度都属于契约的内涵范畴，其中劳动合同因为直接规定了劳资双方的权利和义务，我们称之为狭义的劳资契约。制度同时也是一种契约安排，劳动基准与劳动监察制度、集体协商与集体合同制度、劳动争议处理制度在更广义的范围内定义了劳资双方所必须遵守的行为准则、权利和义务等，因此，我们称之为广义的劳资契约。从这点上来讲，劳资关系与劳资契约完全相关。

第一节　非均衡的劳资关系

在国民收入分配领域，我国存在着明显的资本偏向；在微观生产领域，利润侵蚀工资的现象不仅没有消失还日趋凸显；在法律层面上，劳动争议案件层出不穷。这些都说明现阶段我国的劳动关系依然处于非均衡时期。

一　国民收入分配格局的资本偏向

在国民收入初次分配中，通常在宏观意义上将国民经济划分为政府、居民和企业三大部门，三部门的收入比例构成了国民收入初次分配的格局。新常态时期是我国的利益重构时期，"人民共建共享"是这一时期利益调整的指导方针，它攸关共同富裕目标能否高质量的实现。但是，已有关于国民收入分配格局的研究表明，我国劳动者并未能充分享受经济发展的成果，国民收入分配格局存在明显的偏向性。白重恩、钱震杰（2009），罗长远（2008），常兴华、李伟（2009），田卫民（2010），李清华（2011），李扬、任保平（2013），李实（2013），何晶、王宇鹏（2014）等学者的研究表明，我国国民收入分配格局存在明显的企业偏向，我国的劳动收入份额并没有伴随着人均 GDP 的提高而上升，反而呈下降趋势，其绝对水平远远低于发达国家甚至是部分发展中国家。

按照收入法核算的 GDP 数据反映了我国国民收入的分配格局，

计算结果显示，1978年以来我国劳动收入份额与企业收入份额两者的变动趋势完全相反。1978—1999年，劳动收入份额在小幅波动中基本稳定，企业份额明显下降，政府份额明显上升，国民收入初次分配格局的调整主要发生在政府与企业之间。具体看，在这一阶段的前期和后期，劳动收入份额较为稳定，一直保持在50%—53%，最高值为1984年的53.87%。企业份额则震荡下降，其中1991年降至最低水平，只有33%左右。与企业份额波动下降相对应的是，这一阶段的政府份额出现了持续上升的趋势，由初期的12%上升到15%，尤其在1991年达到最高值17.4%。2004—2007年，劳动收入份额持续下降，企业份额显著提升，政府份额基本稳定但略有下降，国民收入初次分配格局发生明显变动。与上一阶段相比，2004—2007年，劳动收入份额都处于40%左右的低水平状态，而企业份额高达46%，劳动收入份额下降了13个百分点，企业份额则提升了14个百分点。2008年以来，劳动收入份额和企业份额呈相反变动趋势，劳动收入份额在2008年大幅度提升后逐年下降，与此对应，企业份额在2008年迅速下降后稳步上升，政府份额则一直稳定在13%的水平，该阶段国民收入初次分配格局的调整全部在居民部门和企业部门之间进行。2014年以来，劳动份额稳定上升，而企业份额有所下降。但是从总体水平来看，我国劳动者报酬占比依然不高，2017年为47.5%，不足50%。[①]

为了更加客观地反映我国的劳动收入份额，国内学者进一步选取其他国家作为对象进行比较研究。国内学者在选取比较研究的对象时，主要考虑中国与两类国家劳动收入份额的差异：一类是中国与发达国家比较，另一类是中国与其他金砖国家的比较。中国与发达国家劳动收入份额的比较研究主要集中在中美、中日劳动收入份额的比较上。周国强（2011）比较了中美两国国民收入中的要素份

---

① 本章有关国民收入核算的相关数据均来源于国家统计局颁布的《中国统计年鉴》和其他统计数据。

额,发现中国的资本收入占比显著高于美国,但是包括中国三大产业在内的整体和分产业劳动收入份额却显著低于美国。肖红叶、郝枫(2009)在对比分析发达国家和发展中国家劳动收入份额变动的基础上得出结论,即发达国家与发展中国家的国民收入分配格局呈现出截然不同的特征,发展中国家劳动收入份额相对较低,而发达国家劳动收入份额明显较高。曾国安、黄浩、胡晶晶(2008)对于中日国民收入分配格局的研究表明:相对于日本而言,我国的企业和政府部门收入占比相对偏高,而居民收入占比则显著偏低,我国的国民收入分配格局严重失衡。

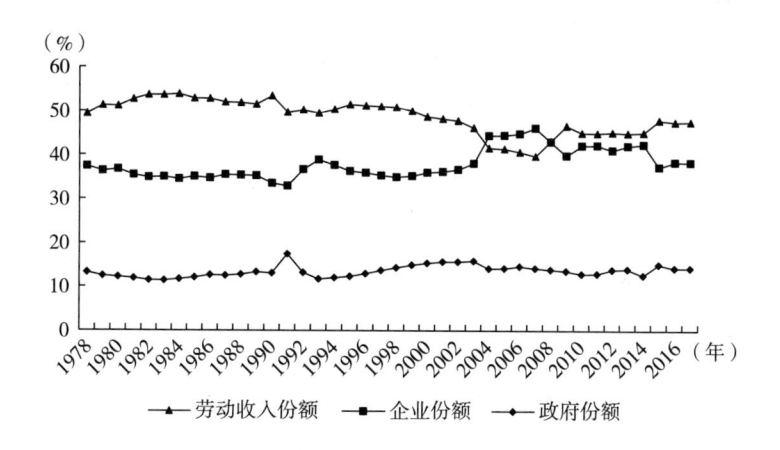

图 3-1　中国 1978—2017 年国民收入初次分配格局

资料来源:1978—1992 年收入法核算 GDP 的四项构成数据,即劳动报酬、生产税净额、固定资产折旧和营业盈余源自《中国国民史生产总值历史核算资料:1952—1995》,1993—2004 年的四项数据来自《中国国民史生产总值历史核算资料:1952—2004》,2005—2017 年的数据来自历年《中国统计年鉴》中的现金流量表。由于 2008 年数据缺失,因此我们用 2007 年和 2009 年的平均值来代替。

国内关于中国与其他金砖国家在劳动收入份额方面的比较研究并不多见,少量的研究主要集中在中印、中俄的比较上。黄泰岩、梁兆国(2010)的研究证实印度的政府收入所占份额相对稳定,一直保持在 10% 左右的水平,而居民收入占比和劳动收入占比则呈现出完全的镜像关系，企业份额总体保持上升，劳动收入份额呈下降态势。任太增、喻璐（2014）比较了中俄、中印的国民收入分配格局，并对印度的相关数据进行了调整，发现发展中大国都存在劳动收入份额偏低的现象，但与相同发展阶段的俄罗斯、印度相比，中国的劳动收入份额仍然略低。

实证分析中，发达国家与发展中国家发展水平差距较大，经济所处的发展阶段也不尽相同，为了更加科学地表示国家与国家之间劳动收入份额的差异，任太增等（2014）撤除发展水平和发展阶段对劳动收入份额的影响，通过比较同一经济发展水平条件下的劳动收入份额来揭示国家之间的真实差异。这里我们借用其研究成果分别考察不同国家人均 GDP 在 3000 美元和 5000 美元时的劳动收入份额。其计算结果如表 3-1 所示，从表中数据不难看出，在同一经济发展水平下，我国的劳动收入份额不仅低于 20 世纪六七十年代的美国和 20 世纪 70 年代的日本，同时也低于 21 世纪初的俄罗斯。而且动态的变动结果显示，我国与美国、日本等国家劳动收入份额的差距在逐步扩大。

表 3-1　　　　不同国家人均 GDP 突破 3000 美元和
5000 美元时的劳动收入份额

人均 GDP（美元）	美国	日本	中国	俄罗斯
3000	55.9%（1962 年）	47.08%（1973 年）	43.18%（2008 年）	46.65%（1989 年）
5000	59.2%（1971 年）	53.02%（1976 年）	44.94%（2011 年）	43.84%（1962 年）

资料来源：任太增、喻璐：《金砖国家国民收入初次分配格局的演变趋势与基本特征》，《经济问题探索》2014 年第 3 期。

综上，无论是从国内还是国际比较来看，我国劳动收入份额偏低都是不争的事实，劳动收入占比较低已经成为我国国民收入分配格局的典型特征。而劳动者报酬不高会大大挫伤劳动者的生产积极性和创造性，不利于劳动要素生产效率的提高，不利于劳动力的再生产，不利于劳动者素质的提高，会抑制经济增长的内生动力，也可能会引发劳动要素与非劳动要素间的摩擦和对立，给经济社会发展埋下长期隐患。因此，我国政府一直把提高劳动者报酬占初次分配的比重作为经济社会发展的重大目标，在党的十七大、十八大、十九大报告中都重点强调了此目标任务的重要性。比如党的十七大报告中明确指出，要"逐步提高居民收入在国民收入分配中的比重，提高劳动报酬在初次分配中的比重"①。

党的十八大报告强调，"实现发展成果由人民共享，必须深化收入分配制度改革，努力实现居民收入增长和经济发展同步、劳动报酬增长和劳动生产率提高同步，提高居民收入在国民收入分配中的比重，提高劳动报酬在初次分配中的比重"②。

党的十九大报告重申了上述要求，提出要"坚持在经济增长的同时实现居民收入同步增长、在劳动生产率提高的同时实现劳动报酬同步提高"③。

二 工资与利润增长不同步

改革开放以来，我国收入分配领域的重大制度变革就是打破了分配上单一的按劳分配原则，允许资本、技术、管理等生产要素参与分配。尽管如此，在较长时间内我国职工工资总额的增长速度均慢于企业利润总额的增长速度，存在着利润侵蚀工资现象。表3-2列出了2000年以来我国城镇单位就业人员工资与规模以上企业利润的变动情况。从总量上来看，城镇单位就业人员工资总额明显高于

---

① 《高举中国特色社会主义伟大旗帜 为夺取全面建设小康社会新胜利而奋斗——在中国共产党第十七次全国代表大会上的报告》，人民网，http://cpc.people.com.cn/GB/64162/64168/106155/106156/6430009.html。

② 《习近平在中国共产党第十九次全国代表大会上的报告》，人民网，http://cpc.people.com.cn/n1/2017/1028/c64094-29613660.html。

③ 《胡锦涛在中国共产党第十八次全国代表大会上的报告》，人民网，http://cpc.people.com.cn/n/2012/1118/c64094-19612151.html。

规模以上企业利润总额，但从增长率上来看，两者之间的差距较大。2000—2018年，全国城镇单位就业人员工资总额的年均增长率为15.44%，规模以上企业利润总额的年均增长率则明显高于职工工资总额的增长率，其年均增长率为17.59%。从增长率的变动趋势来看，两者的发展可以分为两个阶段：

第一阶段，2001—2007年。这一阶段，除2001年之外，其他各年份全国规模以上企业利润总额的年增长率均高于城镇单位就业人员工资总额的年增长率，也就是说这一时期内，全国规模以上企业利润总额的增长明显快于城镇单位就业人员工资总额的增长，两者明显不同步。其间，两者增长率的差异在2003年达到最高值，全国规模以上企业利润总额的年增长率高于城镇单位就业人员工资总额31.73个百分点，2005年两者之间的差距最小，全国规模以上企业利润总额的年增长率高于城镇单位就业人员工资总额6.99个百分点。这一阶段，利润侵蚀工资的现象非常明显。正如《中国企业竞争力报告（2007）》中所指出的，1990—2005年，企业利润增长速度非常快，其原因部分是由于我国企业竞争力有所提升，绝大部分企业利润的增长是以职工的低收入为代价的。①

第二阶段，2008—2018年。该时期受金融危机的影响，我国规模以上工业企业利润总额的增速明显下滑，除了2010年增速高达53.58%之外，其他所有年份的增长率均不足20%，2014年以来全国规模以上工业企业利润总额更是呈现出负增长的态势，2015年的增长率为-2.89%，达到2000年以来的最低水平。相反，同时期，全国城镇单位就业人员工资总额则保持了良好的上涨态势，2013年其增长率达到2001—2015年的最高水平，较2012年增长了31.14个百分点，不过2014年以来，全国城镇单位就业人员工资总额的上涨态势有所减缓，其增长率分别从2013年的31.14%持续下降至

---

① 金碚主编：《中国企业竞争力报告（2007）——盈利能力与竞争力》，社会科学文献出版社2007年版。

2018年的8.92%。该时期内,全国规模以上企业利润总额的年均增速为9.49%,城镇单位就业人员工资总额的年均增速为15.57%,全国城镇单位就业人员工资总额的增长速度明显快于规模以上工业企业利润总额的增长速度。

但是,从平均水平来看,2008年以来我国城镇单位就业人员平均工资的增长率从16.90%下降至10.89%,平均年增长率为11.59%,远远低于同时期工资总额的增长水平。由此可见,工资总额的上涨速度较快的原因并不是因为工资水平的上涨,相反,2008年以来我国城镇单位就业人员平均工资的增长速度明显下降。尽管部分年份规模以上企业平均利润水平下降严重,但2008年以来我国规模以上企业平均利润的年均增长率仍达到了11.37%,与城镇单位就业人员平均工资的增长水平相差不大。另外,受金融危机的影响,我国对外出口大幅度下滑,发达国家的制造业回流计划也使我国企业面临的国际竞争日益加剧,加上国内经济下行的压力,这些才是本阶段我国工业企业利润总额增长大幅下降甚至呈现负增长的主要原因。

表3-2 2000年以来就业人员工资和规模以上企业利润变动情况

年份	城镇单位就业人员工资总额（亿元）	城镇单位就业人员平均工资（元）	规模以上企业利润总额（亿元）	规模以上企业平均利润（万元）
2000	10954.7	9333	4393	269.7
2001	12205.4	10834	4733	276.8
2002	13638.1	12373	5784.5	317.8
2003	15329.6	13969	8337.2	425.4
2004	17615.0	15920	11929.3	431.5
2005	20627.1	18200	14802.5	544.5
2006	24262.3	20856	19504.4	645.9
2007	29471.5	24721	27155.2	806.3
2008	35289.5	28898	30562.4	717.2
2009	40288.2	32244	34542.2	795.2

续表

年份	城镇单位就业人员工资总额（亿元）	城镇单位就业人员平均工资（元）	规模以上企业利润总额（亿元）	规模以上企业平均利润（万元）
2010	47269.8	36539	53050.0	1171.4
2011	59954.7	41799	61396.3	1885.6
2012	70914.2	46769	61910.0	1800.9
2013	92995.5	51483	68378.9	1849.0
2014	102817.2	56360	68154.9	1803.6
2015	112007.8	62029	66187.1	1727.5
2016	120074.8	67569	71921.4	1899.7
2017	129889.1	74318	74916.3	2009.9
2018	141480	82413	66351.4	1753.3

资料来源：国家统计局历年《中国统计年鉴》。

近年来，职工工资的上涨在很大程度上提高了我国工业企业的生产成本，降低了我国企业的全球竞争力。楼继伟2016年就曾指出，2008年以来我国的劳动生产率增速明显慢于工资增速，我国竞争力尤其是制造业的竞争力越来越不足。在"中国经济50人论坛2016年年会"上，楼继伟进一步指出，现阶段我国劳动合同法呈过度保护劳动者的发展趋势，这导致我国劳动力市场越来越不灵活，企业的用工成本越来越高，抑制了生产的扩张。还有部分学者甚至认为，在经济减速的形势下，劳动者应当承受更多损失，以减少企业的损失。

我们不得不承认的客观事实是，近年来我国工资水平的快速持续上升极大地增加了企业的劳动力成本，削减了企业利润的上升空间，并在一定程度上制约了企业的发展，部分企业甚至难以为继。但若以此为据，认为要通过抑制工资的过快上涨来稳定企业的竞争力则不是明智之举。从企业的角度来看，工资构成企业的生产成本，工资上涨过快必然导致成本增加。但从经济系统的循环机制来看，工资上涨的同时增加了劳动者收入，有利于推动需求的扩张，而需求的扩张则可以刺激供给同步增加，有利于企业扩大生产，这并不是坏事。

在经济高速增长时期，"人口红利"不断释放，在此基础上，我国形成了偏向企业的国民收入分配格局。初次分配领域，劳动报酬占比长期低于资本收益占比，尽管近年来有所上升，但相对于同一发展水平的发展中国家和发达国家而言，我国劳动收入份额依然偏低。此时，如果要通过抑制劳动者工资和福利的增长来刺激资本利润的增长无疑会进一步加剧劳动收入份额偏低的事实。而劳动收入份额偏低的直接后果是收入分配的不公平，它使广大劳动者无法分享经济增长的成果，使中国的贫富差距不断拉大。同时，失衡的国民收入分配格局抑制了居民消费需求的扩张，并通过消费影响到投资乃至我国经济的可持续增长。从社会影响来看，劳动收入份额偏低会激发社会的仇富心理，加剧深层社会矛盾，影响社会稳定。因此，为企业减负不能以牺牲劳动者利益为代价，我们在为企业减负的同时，也应该保障劳动者工资和福利的适度增长。

事实上，我们应当理性地认识到，工资只是构成企业生产成本的一部分，企业生产成本还包括能源成本、材料成本、税负、资金成本、土地成本等多个方面。如果综合测算制造业企业生产成本的话，不难发现导致我国制造业成本上涨的因素中，工资上涨只是其中一个原因。这也是为什么我国政府力推供给侧结构性改革，多举措降低企业成本的缘由。

三　劳动争议不断加剧

劳动关系是生产关系的重要组成部分，是最基本、最重要的社会关系之一。现阶段，我国正处于经济社会深度转型时期，劳动关系的主体及其利益诉求越来越多元化，劳动关系矛盾也已进入凸显期和多发期，劳动争议案件居高不下。

表 3-3 的数据显示，2000 年以来，全国各级劳动争议仲裁机构受理的劳动争议案件数量从 135206 件增长到 2018 年的 894053 件，增长了 5 倍还多，劳动者当事人数也从 422617 人增加到

1110175 人，其间 2008 年最高曾达到 1214328 人。涉及 10 人以上的集体性争议案件也大幅增加，由 2000 年的 8247 件增加到 2008 年的 21880 件，其后有所减少，2018 年我国集体性劳动争议案件为 8699 件。

表 3-3　　2000 年以来我国劳动争议案件相关数据

年份	劳动争议案件（件）	劳动者当事人数（人）	集体争议案件（件）
2000	135206	422617	8247
2001	154621	467150	9847
2002	184116	608396	11024
2003	226391	801042	10823
2004	260471	764981	19241
2005	313773	744195	16217
2006	317162	679312	13977
2007	350182	653472	12784
2008	693465	1214328	21880
2009	684379	1016922	13779
2010	600865	815121	9314
2011	589244	779490	6592
2012	641202	882487	7252
2013	665760	888430	6783
2014	715163	997807	8041
2015	813859	1159687	10466
2016	828410	1112408	9745
2017	785323	979016	7513
2018	894053	1110175	8699

《中国劳动统计年鉴》在统计劳动争议案件时，主要把劳动争议案件的原因归结为三大类：劳动报酬、社会福利和劳动合同。

2000 年以来具体原因分布如表 3-4 所示。劳动合同是劳动者获得劳动报酬的重要依据，如果把涉嫌追诉劳动报酬的案件也归结为劳动合同纠纷的话，那么因为劳动合同纠纷引发的劳动争议案件平均占到所有劳动争议案件总量的 50% 以上，最低时的 2010 年也占到 40%。2010 年以来，因为劳动合同纠纷导致的劳动争议案件数量占比一直从 40.26% 持续上升至 2018 年的 79.93%。

表 3-4　　　　2000 年以来我国劳动争议的原因分布　　　单位：件

年份	劳动争议原因		
	劳动报酬	社会保险	劳动合同
2000	41671	31350	35794
2001	45172	31158	43590
2002	59144	56558	47613
2003	76774	76181	57554
2004	85132	88119	61486
2005	103183	97519	76440
2006	103887	100342	71324
2007	108953	97731	84956
2008	225061	125702	139702
2009	247330	—	—
2010	209968	145399	31915
2011	200550	149944	118684
2012	225981	159649	129108
2013	223351	165665	147977
2014	258716	160961	155870
2015	321179	158002	182396
2016	345685	145671	188642
2017	331463	135211	169456
2018	380751	144533	195063

资料来源：表中数据均来自历年《中国劳动统计年鉴》，其中 2009 年的部分数据缺失。

而大成律师事务所劳动法与人力资源管理专业委员会通过对全国各级法院在中国裁判文书网上公开的 2014 年 1 月 1 日至 2016 年 12 月 31 日期间审结的共计 622044 份劳动争议案件裁判文书进行分类、整理和分析，发布了《2014—2016 年度全国劳动争议纠纷大数据报告》。

自 2008 年《中华人民共和国劳动合同法》实施以来，劳动争议纠纷逐渐成为社会各界的关注热点。近年来，社会经济不断发展，劳动争议案件数量持续居高不下，影响广度和范围在不断扩大、加宽。中国经济进入"新常态"后，劳动关系面临新的复杂态势，对进一步构建和谐劳动关系提出了新的挑战和要求。

在经济"新常态"下，企业与劳动者之间的劳动纠纷主要有哪些类型？企业在劳动用工中应当特别留意哪些法律问题？如何有效避免劳动争议发生？针对上述问题，大成律师事务所劳动法与人力资源管理专业委员会通过对全国各级法院在中国裁判文书网上公开的 2014 年 1 月 1 日至 2016 年 12 月 31 日期间审结的共计 622044 份劳动争议案件裁判文书进行分类、整理和分析，对劳动争议纠纷案件的产生原因进行了总结，并在此基础上形成《2014—2016 年度全国劳动争议纠纷大数据报告》。[1] 按照报告中所述，劳动争议案由包括劳动合同纠纷、社会保险纠纷、福利待遇纠纷。报告期内，上述案由包括的劳动争议案件共计 251074 件。其中，因劳动合同导致的劳动争议案件最多，占到案件总数的 35.4%，其数量达到 220213 件；因社会保险导致的劳动争议案件共计 29586 件，其占比尚不及 5%，数量相对较少。而因福利待遇导致的劳动争议案件共计 1275 件，仅占案件总数的 0.2%（详见表 3-5）。由以上数据统计可知，劳动合同纠纷是导致劳动争议的主要原因。

---

[1] 《2014—2016 年度全国劳动争议纠纷大数据报告》，威科先行·人力资源信息库，http://hr.wkinfo.com.cn/topic/61000000365/2.HTML。

表 3-5　　　　　　　劳动争议案件的年度分布　　　　　　单位：件

年份	劳动合同纠纷	社会保险纠纷	福利待遇纠纷
2014	70709	10259	429
2015	58080	7997	290
2016	91424	11330	556

资料来源：《2014—2016 年度全国劳动争议纠纷大数据报告》。

关于劳动合同纠纷导致的劳动争议案件，该报告进一步进行了细分，将劳动合同纠纷的下级案由定为追索劳动报酬、经济补偿纠纷、确认劳动关系纠纷、劳务派遣合同纠纷、竞业限制纠纷五种类型。在所有的劳动合同纠纷案件中，因为追索劳动报酬导致的劳动合同纠纷案件数最多，其占比达到了 51.1%，其次是因为劳动关系纠纷导致的劳动合同纠纷，其占比不足 10%。因为经济补偿导致的劳动合同纠纷案件占 5.9%，因劳务派遣合同和竞业限制纠纷导致的劳动合同纠纷案件相对较少，其占比分别为 0.5% 和 0.2%（详见图 3-2）。

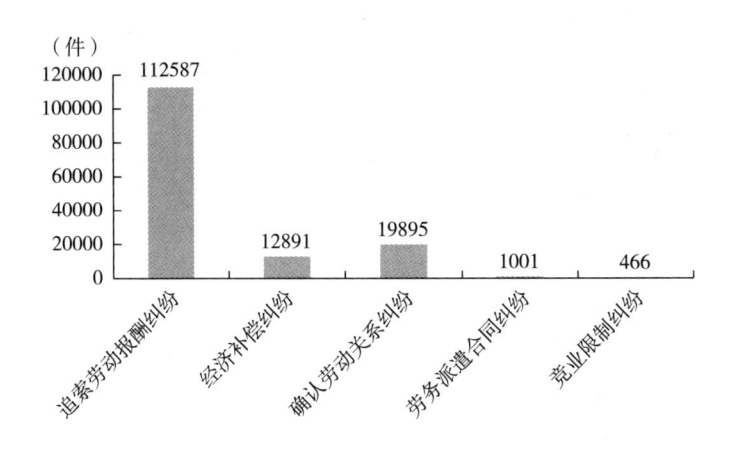

图 3-2　劳动合同纠纷的案由分类

从年度分布来看，2014 年、2015 年、2016 年因为追索劳动报酬导致劳动合同纠纷的案件数量分别为 32113 件、29345 件和 51129 件，因为经济补偿纠纷导致劳动合同纠纷的案件数量分别为 5049 件、3083 件和 4759 件，因为确认劳动关系纠纷导致劳动合同纠纷的案件数量分别为 8088 件、5241 件和 6566 件，因为劳务派遣合同纠纷导致劳动合同纠纷的案件数量分别为 297 件、270 件和 434 件，因为竞业限制纠纷导致劳动合同纠纷的案件数量则分别为 176 件、118 件和 172 件。从数量上看，因为追索劳动报酬、经济补偿纠纷和确认劳动关系纠纷导致的劳动合同纠纷案件相对较多，从变动趋势来看，相较于 2015 年，2016 年因为追索劳动报酬导致的劳动合同纠纷案件增长最多，较 2015 年增长了 74.2%，其次为经济补偿纠纷的 54.4%、确认劳动关系纠纷的 25.3%（详见表 3-6）。

表 3-6　　　　　　　　劳动合同纠纷的案由分类　　　　　　　单位：件

案由＼年份	2014	2015	2016
追索劳动报酬纠纷	32113	29345	51129
经济补偿纠纷	5049	3083	4759
确认劳动关系纠纷	8088	5241	6566
劳务派遣合同纠纷	297	270	434
竞业限制纠纷	176	118	172

资料来源：《2014—2016 年度全国劳动争议纠纷大数据报告》。

从法律上看，工资待遇问题属于劳动合同纠纷，但由于这一问题较为突出，因此研究报告对其做了专门统计，并把和工资待遇相关的缘由分为拖欠或克扣工资、加班费、年休假工资、工资标准、高温津贴、奖金六大类。报告数据显示，2014—2016 年，因为拖欠工资或克扣工资导致的工资纠纷案件数量最多，占全部案件总数的 36.0%，因为工资标准导致的工资纠纷案件数量第二，其占比为 18.3%，因为奖金、加班费、年休假工资、高温津贴导致的工资纠纷案件数量相对较少，其占比分别为5.9%、4.7%、4.6%和2.2%（见图3-3）。可见，对于工资标准、加班工资等相关内容，劳动者与用人单位并没能在劳动合同中约定清楚，或者是在事后的谈判中没能达成双方一致的意见，双方由此产生了分歧。

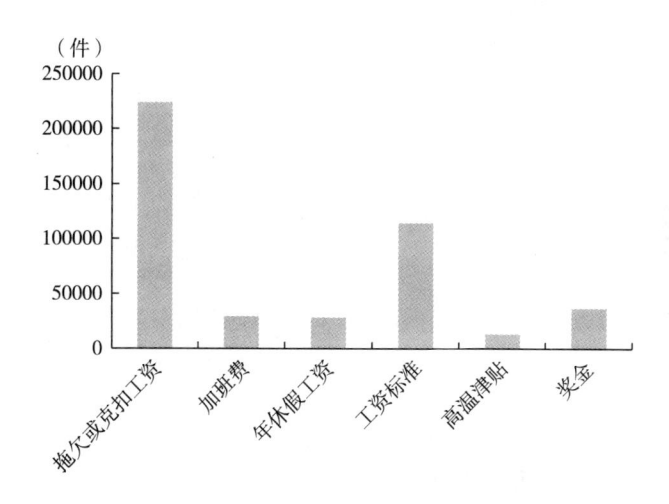

图3-3 工资待遇纠纷的劳动争议案件分类

鉴于劳动合同解除、未签劳动合同问题在劳动争议中较为突出，研究报告特别对这两类问题专门做出数据分析。统计数据显示，报告期内，解除劳动合同纠纷共191498件，占案件总数的30.79%；未签劳动合同纠纷共119866件，占案件总数的19.27%。至于缘何要解除劳动合同，研究报告也进行了相应的原因分析，用人单位以下列事由单方解除劳动合同的案件共计109247件，分别是：以试用期内不符合录用条件解除1902件，以严重违反用人单位规章制度解除21562件，以严重失职、营私舞弊解除2443件，以与其他用人单位建立劳动关系解除17092件，以医疗期满无法从事原工作4333件，以劳动者不胜任工作解除56028件，以客观情况发生重大变化解除5887件（详见图3-4）。

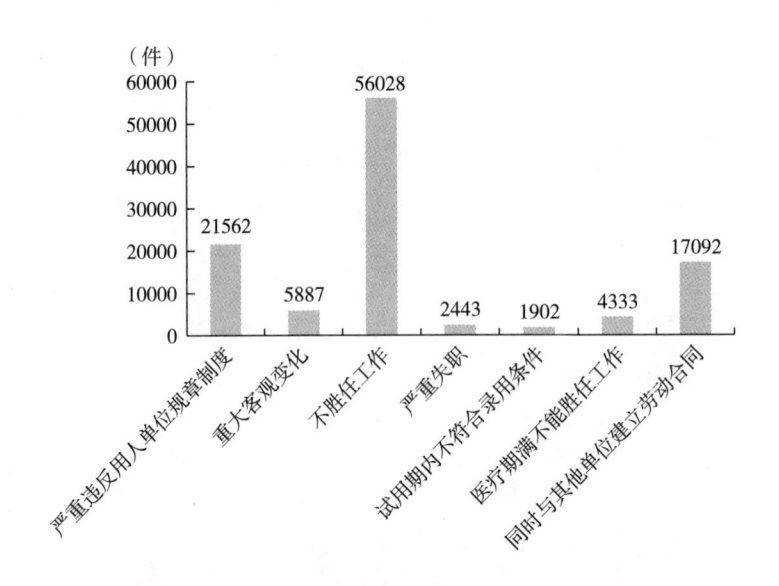

图 3-4　用人单位解除劳动合同的原因分类

四　集体性劳动冲突事件频发

中华人民共和国成立以来，群体性劳动冲突事件不断，总结来看，规模较大的冲突迄今为止共发生过三次。第一次发生在1952年，1956—1957年社会主义改造完成前后发生了第二次较大规模的群体性劳动冲突，第三次则发生在1984年城市经济体制改革以后。伴随着城市经济体制改革的不断深入，我国逐步从计划经济时代转入市场经济时代，传统的计划经济时代的劳动关系也转型为市场经济时代的劳动关系。两者相比，在计划经济时代，个人利益、企业利益与国家利益完全融为一体，个人与企业之间不存在利益冲突的问题，而过渡到市场经济时代之后，伴随着个人利益与企业利益相分离，劳资冲突也开始集中爆发。尤其是20世纪80年代中后期开始，我国的群体性劳动冲突急剧增加，90年代初期紧张的劳动关系有所缓解，但是20世纪90年代后期进一步爆发。在我国加入WTO之后，全球化背景下的激烈竞争进一步加剧了劳资双方之间的利益冲突，而在当时我国调整劳资关系的机制尚未健全，工会和相应的制度安排在解决劳资冲突问题方面作用还不明显，致使劳动者群体性维权事件频频爆发，进入了一段新的高潮期，中国劳资冲突导致劳方和资方矛盾进一步凸显。比如2009年爆发的"通钢事件"、2010年爆发的"本田停工事件"都是劳资矛盾激化的标志。而且，这一时期劳资矛盾不仅发生在外资企业，也发生在国有企业，这既反映了全球化竞争的影响，也反映了我国国有企业改革转型带来的种种困境和问题。从这一时期开始，我国劳动者集体维权事件有增无减。如周晓光、王美艳（2015）深入剖析了我国279个群体性事件数据，结果显示，2008年之后，我国群体性劳动冲突事件出现了较快增长，尤其是在东部沿海地区的外资企业中，劳资双方之间的利益冲突表现得更为显著。李艳等（2019）的研究也认为近年来我国劳资冲突显性频发，尤其是在劳动者目标多元化的当下，劳资关系日趋紧张。

典型事件有：2011年10月深圳古驰员工因为对企业苛刻的管理制度、较低的工资水平和较长的工作时间，而与企业发生了较为严重的冲突；2012年4月，由于商洛比亚迪公司之前涨工资的承诺最终未能付诸实践，近千名公司员工采取"堵路"等较为极端的维权行为；2012年7月，三一公司把部分具有研究生学历的员工从管理岗位安置到基层岗位，这种变相裁员的行为引发了企业内部较为严重的风波；2012年8月，四川剑南春集团员工因为不满集团擅自更改员工所持股份的性质而进行了长达77天的集体维权行动；2012年12月，仙桃市两州中学教师因为不满学校的工资改革方案而"罢课"；2015年1月，华三公司近3000名员工因为不满惠普公司关于毛渝南的最新任命而举行罢工；2015年2月，西铁城精密有限公司解散，并突然通知全体员工终止劳动合同，最终导致数千名工人围堵厂房。种种事件表明，我国劳动冲突的涉及面越来越广，劳资冲突已成为我国转型期最突出的社会问题之一。

第二节 劳资关系失衡的契约解释

导致劳资冲突的原因有很多,但是从劳动关系来看,劳资契约是劳资双方关于权利义务关系的一个集合,所有导致劳资冲突的原因都可以纳入劳资契约的分析框架内。

一 劳资关系失衡的原因

劳动关系失衡即劳资冲突具有多种表现形式,从规模来看,有10人以上劳动者与雇主在权利、利益等方面的分歧而导致的集体性劳资冲突,也有因权利、利益等方面的分歧导致的劳动者个人与其雇主之间的个人劳资冲突,既有以罢工形式表现的显性冲突,也有难以被感知、需通过日常人力资源管理予以化解和消除的隐性冲突。Devinatz(2007)进一步把劳资冲突分为权利冲突和利益冲突,认为两者的不同之处在于权利冲突主要表现为对现有法律和规则的应用和解释存在冲突,利益冲突则是指工资水平和待遇上的差别和不公平。我国学者黄锐波(2016)则把权利冲突看作发生在法律、合同的解释和应用过程中的冲突,把利益冲突看作劳资双方在利益分配过程中发生的冲突。

对于劳资关系失衡的原因,诸多国内外学者分别从不同的理论视角进行了分析与解释,制度学派认为,外在于企业组织的不完善的市场体制是导致劳资冲突的重要原因。这种体制导致劳工遭遇不公平的竞争,而且这种体制所建立的劳资关系具有专制性质,使工人无法享受民主权利,利益得不到有效保护。因此,制度学派主张通过建立劳资之间的平等谈判权、建立独立工会等方式保证工人利益,通过制度化方法消除冲突,降低劳资双方的敌对程度。产业关系学派则认为相较于雇员而言,雇主在权利上具有先天的优势,导致劳资双方权利的不对等,而劳资双方的权利失衡或冲突是劳资冲突的根本原因,劳资冲突本质上是一种权利冲突,因而其解决的途径是制度改革。人力资源学派则认为管理不善是劳资冲突的根本原因，劳资冲突源于资方管理方式上的不足。可以通过提高管理效率，使劳资双方利益趋于一致，进而缓解劳资冲突。

公平理论则把劳资冲突看作不公平的结果，这种不公平既包括企业中的不公平，也包括社会中的不公平。从企业角度来说，雇员和雇主之间存在着一种相互关系，即雇员付出劳动，雇主支付薪酬，当这种相互关系在雇员中存在不一致时，就会导致不公平感的产生，进而引发劳资冲突。就现阶段我国薪酬制度而言，企业中普遍存在同工不同酬的现象，正是由于雇员中存在的不公平导致了劳资冲突的多发。同样的，在社会交往中产生的不公平感也会导致劳资冲突的产生。游正林（2005）对劳资冲突产生的原因及其表现形式的解释就是基于公平理论原则，他认为雇主（资方或其代理者）对不同雇员的不公平行为是组织（企业）层次上劳资冲突发生的根本原因，而雇员对不公平行为的反应正是劳资冲突的表现形式，并在此基础上提出分析劳资冲突的理论框架，主要包括五点：其一，在企业内部，雇员会以自身的心理契约作为标准来衡量他是否受到公平的对待，当雇员感到其心理契约未受到满足时，便会产生一种不公平感。其二，雇员的不公平感主要来自三个方面，一是雇员对于结果的不公平感，二是雇员对于用人单位程序上的不公平感，三是雇员在人际互动方面的不公平感。其三，这种不公平感会影响雇员在工作时候的表现，而针对这种不公平感不同雇员之间的表现方式也是不一样的。其四，鉴于工作中的不公平感，雇员有可能采取各种行为，而无论哪种行为都是雇员理性选择的结果。其五，雇员的不公平感并不是一成不变的，它会随着社会、经济、政治等宏观环境的变化而发生变化。

心理契约理论认为，劳资冲突源于组织和员工之间的心理契约没有得到满足。心理契约是一种未书面化的契约，该契约主要用来描述雇佣劳动者和雇主之间的相互期望，是劳资双方关系中一种隐性的、未明文表达的契约。Robinson 等（1994）指出，心理契约主要有交易型和关系型心理契约两种类型,其理论基础主要有社会交换理论和公平理论,该理论以经济人假设为基础,说明人类在衡量自身付出和收获是否公平的依据是成本和收益的比较。Millward 和 Hopkins（1998）认为心理契约是雇佣劳动者与雇主相互间存在的一些未明文表达的期望,主要包括两个部分:一是雇佣劳动者对工厂雇主的期望部分,二是雇主对雇佣劳动者的期望部分。从企业角度出发,心理契约就是组织和员工相互之间没有明确说明的对对方的各种期望。Vincent 和 Briner（2009）认为,心理契约的不满足会导致诸如降低组织承诺与工作满意度、降低工作效率、减少组织公民行为等事件的大量发生,进而引发劳资冲突。

劳动过程理论把对劳资冲突产生过程的深层次体验看作理解劳动关系的关键（Ngai，2016）。劳动过程分析起源于马克思的阶级理论,但真正开创劳动过程理论的是布雷弗曼（Braverman，1978）的《劳动与垄断资本》一书。而后又在理查德·埃德沃兹、弗雷德曼、布若威、保罗·埃德沃兹等人的笔下得到继承和发展。劳动过程理论目前已经成为研究劳动关系最重要的理论视角。相对于其他理论而言,在研究劳资冲突方面,劳动过程理论的分析视角具有以下几个优势:第一,劳动过程理论认为劳资双方的你来我往使劳动关系表现为一个冲突与和谐的往复循环过程,对工作场所冲突的观察更加有利于揭示劳动关系主体围绕权力关系的博弈;第二,劳动过程分析有利于理解工人的主体性与制度的矛盾;第三,劳动过程研究更能体现关系化。比如,Littler 和 Craig（1990）将劳动过程分为技术分工、控制结构和雇佣关系,其中他们专门强调了雇佣关系是指工人之间的关系以及雇主和工人之间的依赖关系;Gough（2013）也着重指出了"人与人的关系"是劳动过程分析的一个重要方面。

除了上述理论外,也有学者构建了系统的劳动关系模型,并揭示了导致劳资冲突的原因。如邓洛普模型是最早对劳资关系进行系统研究的模型。该模型认为劳资关系是一个在整个社会体系中与经济和政治体系相重叠的次级体系,并把劳资关系体系看作由"一定的行为者、一定的环境、一种融合劳资关系体系的意识形态及一套管理工作场所行为者的规则所组成"①,该模型是一种静态模型,主要强调内部因素,如工人受教育程度和经历、管理层的管理风格和经历、公司的使命或远景、财务资源及实物资源等对劳资关系的影响。克雷格模型在邓洛普模型的基础上进一步加入了企业外部因素,认为除了内部因素之外,包括通货膨胀、产品市场、失业、资本和技术、货币市场等宏观环境因素也会影响劳资关系,同时也间接阐释了导致劳资冲突的原因。②而动态系统模型则从投入—产出的视角研究劳资关系,把影响劳资契约的因素看作投入,把工资、福利、安全等看作产出,把仲裁、争议等看作投入的转化过程,进而把劳资关系看作所有投入、投入转化的过程以及产出的动态集合。③

此外,考虑到我国经济社会转型期的发展实际,转型期间制度和机制的改革或缺失也是导致劳资冲突的重要原因。基于失范的理论视角,李亚雄(2006)认为失范是我国社会经济体制转型期劳资冲突产生的根本原因之一,即正是由于转型期我国没有形成具有约束力、明确的制度和规范,导致劳动关系发生重大变化,进而引起劳资纷争,当出现劳资纷争时又没有有效的规范和制度去解决这一问题,最终就会导致劳资冲突问题的出现。王小军(2009)指出,转型期工人群体性事件的深层次原因主要有两个,一是体制转轨导致部分工人利益受损;二是在以市场模式推进工业化的进程中,工人在劳动关系中处于弱势地位。在转轨和市场经济不可逆的情况下,工会和政府在工人群体性事件的治理中起着不可替代的作用。罗宁(2010)也对转型期劳资冲突产生的原因进行了分析,并指出由于转型期体制改革对利益的再分配使得劳动者利益受到损害,而

---

① 赵薇:《劳资关系系统模型及其在我国的适用性》,《管理世界》2002年第7期。
② 同上。
③ 同上。

这正是劳资冲突问题产生的根本所在。

另外，根据研究对象的不同，对导致劳资冲突原因的解释也不尽相同。已有研究对我国外资企业、私营企业以及国有企业罢工情况的分析表明，国有企业和外资企业、私营企业员工罢工的原因是不同的。因为国有企业与私营企业劳动关系的特点大不相同，与私营企业相比，国有企业劳动关系具有市场经济转型期所特有的复杂性和过渡性，因此影响两者劳动关系的因素也不尽相同。如刘洋（2018）认为现有用工制度不利于劳动者的就业公平、工资收入差距扩大加剧工人阶级群体分化，以及政府未能充分发挥劳动关系协调治理的引导作用三个因素是引发现阶段国有企业劳动关系紧张的主要原因。杨清涛、张文彩（2013）针对私营企业中劳资冲突问题的研究中指出，就目前而言，我国私营企业劳资冲突问题发生的原因在于劳资双方利益的对立以及责任意识和法律意识的缺乏、工会角色缺位和职能缺失、劳动立法和执法不健全、地方政府不作为等，而劳资双方利益的对立是私营企业劳资冲突发展的根本原因。

二 劳资关系失衡的契约解释

（一）狭义的劳资契约与劳资关系失衡

狭义的契约概念就是法律意义上的合同、合约。就一般意义上来讲，契约是指在市场交易过程中，交易各方依照自愿、平等的原则达成的某种协定，表现出交易主体之间的权利让渡关系。从契约理论的角度看，狭义的劳资契约就是指劳动合同。劳资契约签订率低、具体条款不完善、劳动合同短期化、形式化现象突出等劳动合同本身的问题使劳动者在劳资关系中处于弱势地位，劳资关系失衡也就成为必然。

2008年1月1日起，《中华人民共和国劳动合同法》开始施行，诸多学者对新劳动合同法的实施效果进行了深入调查。如北京市总工会会同市政协于2008年5月至7月，选取了具有代表性的国有、外资和民营各类型的大、中、小企业35家，涉及职工32850人，通过发放企业调查问卷和职工调查问卷调查了北京市劳动合同法的实施情况。刘彩凤（2008）以企业态度调查为依据，探讨了《劳动合同法》对我国企业解雇成本及雇佣行为的影响。程延园、杨柳（2015）通过对全国近600家企业人力资源经理的调查，考察了《劳动合同法》实施前后企业在劳动合同签订率和合同期限、招聘、用人成本、解雇和经济补偿、用工灵活性等方面的变化情况。屈小博（2017）使用有代表性的"中国企业—员工匹配调查（CEES）"微观数据，从企业和劳动者两方面实证分析了《劳动合同法》实施效果的企业异质性特征及对劳动者就业保护的影响。章元等（2019）利用CHIP 2002、CHIP2007、CHIP2013的数据检验了2008年新劳动合同法的实施对企业简单劳动力用工成本和企业劳均利润的影响。

总体上看，相关调查分析表明，新《劳动合同法》的出台与实施，对企业劳动关系有了一定的改善，在一定程度上约束了劳资行为，使劳资双方依法签订劳动合同的情况有所改善，增强了劳动者的就业保护，有效保障了劳动者权益。但是，我国劳动合同签订中依然存在以下显著问题。

第一，劳动合同签订率不高。我国的劳动合同签订率具有典型的所有制特征，国有企业劳动合同签订率较高，以民营企业为主的中小企业劳动合同签订率并不高，2005年全国人大常委会的调查数据显示中小型企业和非国有企业的劳动合同签订率还不足20%。近年来，伴随着新《劳动合同法》的颁布与实施，我国的劳动合同签订率明显上升，2016年以来，全国企业劳动合同签订率一直保持在90%以上，但是分行业和企业性质来看，农民工较为集中的建筑业、制造业和采矿业的劳动合同签订率并不高，而民营企业的劳动合同签订率依然低于国有企业。自2008年开始，我国实施新的《劳动合同法》，致力于规制劳动力市场，但对农民工而言，《劳动合同法》的效力却逐年衰减。据国家统计局的调查数据显示，2009年我国农民工群体的劳动合同签订率为42.80%，其后缓慢上升至2012年的43.9%，但随后却逐渐降低，到2016年，签订劳动合同的农民工比例仅占 35.1%，不仅低于 2012 年的峰值，更是达到了 2009 年以来的最低水平。① 劳动合同是雇主在违反履行劳动保护义务时，确定农民工和雇主法律责任义务关系的最重要法律文件，是农民工维权的最直接、最有力的证据。与农民工劳动合同签订率不断下降相对应的是，农民工被拖欠工资的比例也自 2012 年开始明显增加。2012 年，外出受雇农民工被雇主或单位拖欠工资的占 0.5%，为 2008 年以来的最低值，2013 年外出农民工被拖欠工资的比重快速上升至 0.8%，2016 年被拖欠工资的农民工人数为 236.9 万人，被拖欠工资的农民工比重达到 0.84%。②

第二，劳动合同中的权利和义务不对称。劳动合同双方当事人之间依然存在严重的不对等性，具体表现为用人单位单方面对劳动合同内容制定上的权威性和控制权，劳动者仍然处在弱势地位。全国总工会的调研报告指出，部分劳动合同的内容只有企业或雇主的权利和劳动者的义务，没有规定劳动者的权利和与企业或雇主的义务，在权利和义务上存在严重的不对称；还有一些劳动合同则是对相关条款的说明表述不清，缺乏法律规定的一些必备内容；甚至有些合同的内容直接包括了一些违法的行为。以上情况均表明，新《劳动合同法》的实施并没有从根本上解决在合同签订和执行过程中劳动者和用人单位之间存在的不对等问题，用人单位在用工条款、劳动者报酬等劳动合同的内容制定上依然享有主导权，劳动者缺乏和用人单位谈判的力量，导致合同内容对双方权利和义务规定的不对称性。

第三，劳动合同的形式化。湖北总工会在对新《劳动合同法》实施效果的调查中发现，有些企业中存在多个劳动者共用一个劳动合同的情况，即原本该人手一份的劳动合同上出现多个人签字的情

---

① 此处数据源于历年国家统计局发布的《农民工监测调查报告》，2017 年和 2018 年的报告中无农民工合同签订率的相关数据。
② 此处数据源于历年国家统计局发布的《农民工监测调查报告》，2017 年和 2018 年的报告中无农民工工资拖欠情况的相关数据。

况，甚至有些企业编制统一的劳动合同并找人直接代签。相关民间团体的调研报告中也指出，一半的劳动者在签订劳动协议后无法获得自己的书面劳动合同，致使用人单位不执行劳动合同的规定。这些情况的发生都表明，签订和执行劳动合同过程中，当事人双方权利不对等，企业利用这种不对等性在签订劳动合同时侵犯和滥用劳动者的签约权，致使劳动合同成为一种形式，无法真正保障劳动者的权益。

由于以上原因，我国新《劳动合同法》在增加用人单位成本的同时，并没有提高劳动者的权益，其实施效果并不显著。一个民间社会团体对长江三角洲和珠江三角洲区域相关研究的调研报告指出，目前我国针对劳动合同的调查以官方机构为主，调查内容多集中为一些指标性的数据，比如社保的参保率、劳动合同签约率，等等。而这些指标性的数据不能衡量企业为规避《劳动合同法》所规定的义务而采用的不同手段和方法对劳动者权益的损害。该报告还指出，在签订就业劳动合同时，由于签订双方权利的不对等导致某些条款不经过双方的相互商议直接被迫签订，这一举措会引起大量违法行为的发生。比如一些利益联合者为了规避地方法规约束、逃避法律责任，用软手段逼退员工，而这些行为对员工权益的侵犯更为严重，这些现象也无法用量化的指标来反映。因此该报告认为，实施《劳动合同法》并没有实现其在制定时的政策意图，即明晰签订劳动合同双方的权利和义务，保障劳动者的合法权益不受侵害，建立和谐稳定的劳动关系。同时由于新《劳动合同法》支持和鼓励劳动者对一些侵权现象采取维权行为，致使劳动合同双方之间劳资纠纷增加，进而导致交易成本增加。

为什么一项法案的实施效果会与最初预期目标相去甚远，甚至出现相悖的情况呢？究其原因，新《劳动合同法》在制定时没有考虑到它的实施对合约政策环境的影响以及这种影响对合同双方当事人行为的改变，导致其实施效果与预期目标的不一致。新《劳动合同法》的实施会给合同双方当事人附加更多的约束条件，导致双方出于理性考虑会选择重新签订和执行合同，使其自身效用得到最大化，而这一行为会导致租值消散问题的发生。譬如，从企业角度来看，为了规避新《劳动合同法》对用工规定的各种约束条件，企业会采取各种措施降低这些约束条件所带来的用工成本；从劳动者角度来看，新《劳动合同法》对维权行为的支持会激励劳动者采取更多的维权行为，而这会加剧劳资关系的紧张。以最受争议的无固定期限劳动合同为例进行说明，新《劳动合同法》规定，在满足一定条件下，即劳动者在同一企业连续工作满十年，或者劳动者和同一企业连续签订了两个固定合约，用人单位应与劳动者签订无固定期限的劳动合同，其目的在于约束或限制用人单位对老员工的解雇行为。这一规定导致用人单位在和劳动者签订劳动合同时更为谨慎，甚至会采取一定的措施来规避这一规定，例如制定更为严格的员工工作手册提高对劳动者的要求，或者两个用人单位联合起来轮流和劳动者签订合同。这一规定同样会使劳动者以该规定为条件和用人单位讨价还价，出现对用人单位的"绑架"行为。一旦用人单位和员工签订无固定期限劳动合同，这些员工就会成为企业的终身雇员，不必再面临被解雇的风险，这会导致员工工作懈怠；对于即将满足无固定期限劳动合同条件的员工来说，他们会由于企业出于规避这一规定而面临被裁员的危机，导致心理压力过大，致使工作效率下降。而这些行为和心理变化所带来的隐形成本对于企业来说是无法衡量的。最终，无固定期限劳动合同会导致劳动者和用人单位之间利益的再分配，这种再分配必然会增加劳动合同签订和执行的成本，由此导致租值消散问题的出现。

特别是，新《劳动合同法》对于不同企业的实施效果是不一样的。对于一些规范性企业来说其影响较小，但是对于非规范企业来说，这一法律会导致该类型企业用工成本的增加进而减少用工数量，甚至因用工成本的大幅增加导致破产。即便这些非规范企业是通过压榨劳动者的剩余价值来维持基本的运营，但就劳动者而言，失业对其生活和工作的影响更为巨大。可见，新《劳动合同法》忽略甚至是牺牲了原本有工作现在却要面临失业的一部分劳动者的权益，而这些劳动者恰恰是劳动市场中最弱势、最需要法律保护的群体。因此，当前新《劳动合同法》处于进退两难的境地。

（二）广义的劳资契约与劳资关系失衡

除了劳动合同之外，还有一系列制度安排用来约束劳动关系，包括最低工资制度、集体谈判制度、社会道德规范等，这些制度安排既有正式的，如最低工资制度、集体谈判制度等，也有非正式的，如社会道德规范、企业社会责任等。所有上述制度安排在更加广义的层次上定义了劳动关系所应遵守的一些法律、法规和基本原则，他们在劳动合同之外约束劳动关系正常顺利运行。

理论上，制度也是一种契约，它是一种广义的契约。从主体来看，契约都是契约当事人自发谈判形成的交易契约。但是制度安排却不同，政府是制定制度的唯一主体。按照古典经济学的理论框架来看，要实现经济增长，必须保护私人产权得到顺利实现，因此政府的首要任务就是要保护私人产权。但是对产权的界定需要耗费成本，政府如何能够在制定制度时，保证这一制度安排所带来的交易费用是最低的就变得格外重要。在此之前，古典经济学认为，为了降低产权界定的成本，政府更重要的应当是促进各种自发式的交易谈判，并保证这些谈判在合法的框架内进行。所以，在古典经济学看来，政府制定制度的主要目的就是保障自发的市场自由在法治的框架内运行。但是并不是所有的自发谈判最终都能带来交易费用的降低、实现资源的有效配置，或者说即使自发谈判（自我的产权安排）能够实现资源的有效配置，这种配置对于双方当事人来说可能是最优的，但是对于外部环境而言，极有可能导致负的外部性，使当事人契约交易的社会成本高于私人成本，而社会收益却低于私人收益。此时政府的介入就变得非常重要。且伴随着交易内容的不断丰富，交易方式也变得越来越多种多样。不同的交易方式对制度的要求也不尽相同，因此在交易方式的变动中，政府如何变动制度安排使其与不断变化的交易方式相适应就成为政府的重要任务。

总之，制度作为一种广义的契约，其主要价值就在于在较低交易费用基础上实现市场的自我均衡。针对工资纠纷等与劳资契约相关的劳动关系问题，我国政府出台了系列的制度安排来干预劳资契约的履行，主要包括：集体协商制度、劳动基准与劳动监察制度、劳动争议处理制度。然而，现阶段我国上述制度安排均存在或多或少的问题，一方面是制度本身和制度执行环节的问题，另一方面是制度供给不足的问题，这些问题导致劳动关系调整制度在干预劳资契约的履行时无法发挥有效作用，在维护劳资关系均衡方面所能发挥的作用也有限。

1. 集体协商和集体合同制度

（1）集体协商制度。在劳动力市场中，除非单个劳动者是企业极端短缺的人才，否则一般情况下，单个的劳动者在劳动关系中都处于弱势地位，为了维护自身利益，劳动者倾向于和其他劳动者联合与企业开展劳资谈判，确保自身的利益不至于受损，于是便有了劳动者的集体组织——工会，工会代表全体劳动者和企业进行谈判和协商，这种方式就是集体协商。要保证市场机制能够自我有效地调节劳动力市场运行，首要条件就是要保证劳动力市场的买卖双方处于平等的地位。但是由于劳动关系本身的隶属性，劳动者在劳动力市场中处于弱势地位，这导致劳动者只能接受企业意愿框架内的劳动契约，而无力就劳动利益与企业组织相抗衡。集体协商制度的发展弱化了劳动力市场的买方特征，它增强了劳动者的谈判能力，使劳动者与企业在相互妥协、相互让步的平等地位上进行谈判，确保劳动关系的长期持续。因此，集体协商制度可以说是劳动关系调整方面的一项伟大发明，实践中集体谈判制度最终也成为西方发达国家解决劳资冲突的重要机制，构成了发达市场经济国家劳动关系调整机制的核心。劳动市场中，单个劳动者的能力有限，一般由工会代表劳动者与企业开展集体协商。要使工会组织的集体协商制度真正发挥作用，一个重要的前提就是要保证工会组织的独立性和代表性。工会的独立性和代表性要求工会应当独立于企业的管理方，它单独代表全体工会成员的利益与企业管理方开展谈判,工会与企业管理方之间是独立的,不应当存在职能的交叉和角色的重叠。但是我国企业内部的工会组织除了具备法律所规定的工会职能外,工会同时还介入企业管理机构内部,行使企业管理职能。而且,有许多的企业管理人员尤其是高层管理人员同时在工会组织内部任职,使工会与企业的管理部门的角色产生了交叉,其职能也难以界定开来。在这样的组织架构下,工会的主要职能不再是代表劳动者与管理方开展集体协商,而是充当第三者调解劳动者与管理方的利益冲突。这导致在实际的集体协商过程中,工会并不能完全代表工会成员的利益,反而可能会受工会内部管理人员的掣肘,削弱了工会组织的集体谈判能力。比如,在我国许多企业中,党委副书记兼工会主席、纪委书记兼工会主席、工会主席兼党委常委、副厂长兼工会主席等都是常见现象,这统统会导致工会的独立性和代表性受到影响,无法真正代表劳动者,维护劳动者的合法权益,更有甚者可能会出现工会主席代表企业管理方与企业劳动者发生利益冲突的事件。

(2)集体合同制度。改革开放40多年来,我国已经从计划经济体制过渡到市场经济体制,在劳动关系领域,计划经济体制下劳动管理权集中在政府,市场经济体制下企业已经拥有了自己的劳动管理权,可以在法规允许的框架范围内制定自己的用工制度和收益分配制度,微观领域的市场化改革不断推进。与此同时,为了适应劳动关系的变动,政府的管理方式也发生了相应的改变,开始采取更多市场化的方式方法来调整劳动关系,集体合同制度就是其中之一。我国的《劳动法》《工会法》《集体合同规定》《工资集体协商试行办法》以及新《劳动合同法》等法律法规均对集体合同制度做出了详细规定。从发展历程来看,伴随着1995年《中华人民共和国劳动法》的正式实施,集体合同制度也进入试点推广阶段,直到1997年在全国范围内大规模实施。总的来看,集体合同制度在我国的推进速度非常快。但从实际效果来看,我国集体合同的质量并未伴随着签订数量的增长而有所提高，集体合同"有数量、无质量"的现象较为明显，导致了集体合同逐步虚化。而质量不高的集体劳动合同在调整劳动关系方面的作用也就不尽如人意，重签订、轻协商的现象较为普遍，签订过程中的集体协商流于形式，甚至导致劳动者对集体合同的内容不知情。尽管在较短时间内，我国集体合同的签订数量有了大幅提升，但是集体合同的形式主义非常严重，在签订集体合同的过程中，我们往往不顾企业特色、行业特色，签订统一的格式文本，集体合同的相关内容也仅仅是照抄照搬各项法律法规的相关条款，缺少实质性内容。Tim Pringle（2011）研究就表明，中国集体合同中有60%的内容都是照搬劳动法相关条文，参照其他法律法规的占20%—30%，与提高员工利益有关的条款占比仅在10%左右。[①] 究其原因，政府主导的实施方式使其集体合同的签订目的产生了偏差。集体合同制度原本被作为劳动关系重要的调整机制而大力提倡，其主要目的是保护劳动者权益，建立和谐的劳资关系。但是在政府主导的模式下，集体合同的签订数量成为衡量政府政绩的主要指标，最终导致签订集体合同仅仅是为了完成上级政府所摊派的指标任务，究竟集体合同签订以后能够达到什么效果，是否有利于建立和谐的劳资关系，则甚少有人关心。同时，因为集体合同制度主要被限定在企业内部，导致劳动者因为其弱势地位只能被动接受企业所提供的形式化、表面化的集体合同，而无法使合同条款真正为保护劳动者权益而发挥作用。从制度实施层面来看，发达的工业化市场经济国家主要从全国、产业（行业）和企业三个层面同时推进，而由于我国经济体制改革主要是政府向企业放权的改革，改革主要在企业内部进行，因此，我国的集体合同制度也被局限在企业内部。另外，我国行业协会、产业协会的发展相对落后，行业或产业工会由于其角色定位的模棱两可，也不能完全代表

[①] Tim Pringle, "Trade Unions in China: The Challenge of Labour Unrest", *Routledge Chapman & Hall*, Vol. 224, No. 1, January 2011, p. 32.

行业劳动者进行集体谈判,导致我国不具备从产业层面推进集体合同制度的现实基础。单一的从企业层面推进集体合同制度的实施,其效果必定要小于全国、产业和企业同步进行的推进方式。党的十九大报告提出了"完善政府、工会、企业共同参与的协调机制"的政策部署,对我国集体合同制度的建设提出了新的要求。为此,我国已经开始探索区域性、行业性集体合同的签订工作,但由于实施时间较短,其效果尚无法做出准确判断。

2. 劳动基准和劳动监察制度

(1) 劳动基准制度。劳动基准法是有关劳动报酬和劳动条件最低标准的法律规范的总称。我国劳动法明确规定,用人单位可以采用高于但不能低于基准法所规定的标准。这些标准具体包括:工作时间和休息休假方面的劳动基准、工资方面的劳动基准、劳动安全卫生方面的劳动基准、女职工和未成年工特殊保护方面的劳动基准。从劳动基准制度的实施效果来看,我国的劳动基准制度存在部分基准缺失、基准规定不明确、基准水平差异较大等问题。以最低工资标准为例,最低工资制度是国家以法律形式干预工资分配并保障低收入劳动者及其家庭成员基本生活的制度,也是政府调节经济活动、保障劳动者权益、促进社会公平的重要手段和工具。该制度最早兴起于19世纪末期的新西兰和澳大利亚,我国于1993年颁布《企业最低工资规定》,正式引入并尝试施行主要以地方政府主导的最低工资制度,2004年3月出台《最低工资规定》,并向全国范围推广,直至2004年11月西藏自治区正式实行最低工资相关规定后,我国大陆31个省市自治区均已全面推行最低工资制度。至今,最低工资制度已经在我国实行了20多年。1993年公布的《企业最低工资规定》和2004年修订后的《最低工资规定》均指出,较合理的最低工资水平应当相当于全社会平均工资水平的40%—60%,国际上也一般认为最低工资应当达到全社会平均工资的40%—60%。然而,我国最低工资占全社会平均工资的比重与上文所说的40%—60%存在较大差距。韩兆洲等(2007)的数据测算显示,我国最低工资仅占全社会平均工资水平的22%；马晓波（2010）的数据分析结果为31%。韩兆洲、魏章进（2011）测算的结果为27%。贾朋、张世伟（2013）则认为我国的最低工资长期维持在全社会平均工资的20%左右。尽管不同学者的数据测算结果不同，但是从绝对水平来看，我国的最低工资标准相对较低，部分地区的最低工资标准甚至不能满足劳动者最基本的生存需求。吴忠等（2018）学者的测算结果显示，哪怕是最低工资标准较高的北京、上海、广州、深圳中国四大一线城市，2011—2016年的最低工资占平均工资水平的24%—34%，仅占人均GDP的14%—23%。由此看来，虽然我国各地最低工资标准及相关制度历年来均在不断调整完善，但最低工资标准提升明显滞后于经济发展及平均工资增长速度，致使其相对价值反而趋于缩水、总体水平普遍长期持续偏低、执行效果亟待改善。

（2）劳动监察制度。劳动监察制度是指国家法律授权的劳动监察机关和各级工会依法对企业事业单位执行劳动法的整个活动所进行的监督检查，其目的在于纠正违法，消除隐患，减少事故，预防纠纷，保证劳动法的贯彻实施。现阶段，我国的劳动监察立法体制存在着多层推进、冲突较多的特点。从体制上看，我国的劳动监察机构既受中央劳动监察机构的领导，又受地方政府的领导，体制上的界限不清导致在具体的立法和执法过程中存在不一致的问题。体制上，地方劳动监察机构更多地受地方政府的行政领导，而地方政府出于发展经济、招商引资等各方面的考虑，通常会忽视监察执法，错误地把经济发展和监察执法对立起来，甚至采取各种手段干涉劳动监察工作，导致劳动监察制度的执行力度大打折扣。另外，我国劳动监察和劳动仲裁机构的部分权利重合，比如在工作时间、福利待遇、社会保障等方面劳动监察机构和劳动仲裁机构都具有行政干涉的权力，而劳动监察和劳动仲裁的适用法律不一，导致了对同一问题的处理结果容易出现不一致的情况。

3. *劳动争议处理制度*

针对劳动争议案例，我国实行的是"一调一裁两审"的处理机制，劳动争议通常要经过"协商——调解——仲裁——诉讼"的处理程序。一方面，程序越复杂，劳动争议案件当事人所花费的交易成本越高。我国劳动争议案例的原告方大部分都是雇员而不是雇主，劳动争议案适用的是普通民诉程序，周期较长，繁杂的劳动争议处理程序在很大程度上加大了劳动者通过劳动争议处理程序来维护自身权益的难度，劳动争议制度在解决劳资纠纷方面的功能存在局限。另一方面，劳动争议处理仲裁前置，劳动争议案件处理途径单一，分流不畅，导致劳动争议案件大量积压，劳动者的法律诉求无法得到及时解决。

除了上述法律制度本身的缺陷以外，制度执行过程中的政府行为也出现了偏差。其一，地方政府的逐利性导致上述针对不完全劳资契约的调整制度执行力度不足。中央与地方政府的财政分权体制使地方政府具有了较大的财产权，其在追逐地方利益方面具有较强的自主性和主动性。出于对经济利益的偏好，政府有可能会偏向为其创造利益更大的资本，把财政收入作为优先目标，而把劳动者权益保护、和谐的劳资关系等放在次要位置，进而忽视劳动者的利益，这种行为选择就导致政府可能不会全力贯彻执行以保护劳动者权益为基本原则的劳动关系调整制度，导致不完全劳资契约的第三方协调机制失灵。其二，地方政府存在"去集体化"倾向，这种倾向导致本应是集体协商制度主导的劳动关系调整制度发生了逆向调整，劳动者的集体行为被看作非法集会、妨碍公共秩序的违法行为，劳动者的集体诉讼也被分解为一个一个的单个诉求，弱化了劳动者的谈判能力。其三，地方政府官员的寻租行为限制了劳动关系调整制度的作用发挥。一心寻求经济利益的部分政府官员通过受贿转而成为非法企业的保护伞，既妨碍了相关劳动关系调整制度的执法，也助长了资方的侵权行为，使政府作为第三方来干预不完全劳资契约实施的权威受到了极大挑战。

4. 单一的劳动关系调整模式

目前，我国对劳动关系的法律调整总体上实行"单一调整"模式，对所有劳动者和用人单位不区分类型或性质，统一实行"一体适用、同等对待"的处理方式。现行劳动法规则中，除了《劳动合同法》设立专节对"非全日制用工"提供了相应的特殊规则外，几乎没有针对特殊劳动者或者特殊用人单位的条款，所有劳动者和用人单位都适用同样的劳动法规则。随着劳动关系的复杂化、法律调整的精细化，我国现有的劳动关系及其法律调整的单一化模式已越来越不适应劳动关系实践的需要，某些类型劳动者的劳动法规则缺失，从而将许多务工人员排除在劳动法之外，对此类群体的权益保护极为不利，不利于构建和谐的劳资关系。

本章小结

本章在分析我国劳资关系失衡现状的基础上，主要从契约的角度对其做出了解释。现阶段，我国正处于经济社会深度转型时期，劳动关系的主体及其利益诉求越来越多元化，劳动关系矛盾也已进入凸显期和多发期，劳资关系呈现出明显的非均衡特征。具体表现为：其一，国民收入分配领域，劳动收入份额较低，与发达国家的差距在逐步扩大。其二，工资领域，较长时间内我国职工工资总额的增长速度均慢于企业利润总额的增长速度，工资与利润增长不同步。其三，劳动争议案件数量快速上涨，涉及的劳动者当事人数也随之增加。基于工资待遇问题的劳动争议较为突出，对于工资标准、加班工资等相关内容，劳动者与用人单位并没能在劳动合同中约定清楚，或者是在事后的谈判中没能达成双方一致的意见，导致双方在这些方面产生了分歧。其四，劳动者群体性维权事件频频爆发，导致劳方和资方矛盾进一步凸显，劳资双方之间的利益冲突表现得更为显著。

以上现象表明，我国的劳资关系严重失衡，劳资冲突的涉及面越来越广，已然成为我国社会转型期最突出的问题之一。对劳资冲突的原因分析表明，劳资契约是影响劳动关系的重要因素。劳资契约签约环节的"资方强权"、劳资契约履约环节的"资方侵权"以及劳资契约政府干预环节的制度失灵导致劳动者在劳资关系中居于弱势地位，其契约权益得不到相应的保护。其中，资方强权是导致契约签订环节劳资契约不完全进而引发劳资关系失衡的重要原因，而发生在不完全劳资契约履约环节的"资方侵权"则进一步强化了劳资关系失衡的可能性，事后第三方制度安排的失灵也无法扭转劳资关系失衡的现状。这三方面原因在现实中具体表现是资方强权更多地导致劳资契约本身的问题，包括劳资契约签订率低、具体条款不完善、劳动合同短期化、形式化现象突出等；劳资双方关于劳动合同的争议案居高不下则是资方侵权的具体表现，第三方劳动关系调整制度的失灵则使劳动者在被资方侵权时无法寻找到合适的法律途径和依据来维护自身权益。

第四章　不完全劳资契约与契约剩余

第三章的分析表明，劳资契约是导致劳资冲突的重要原因，也是劳资冲突爆发后不能得到有效调解的重要影响因素。在不完全劳资契约的约定框架内，劳资双方的利益冲突主要表现为针对契约剩余的不均衡分配。本章进一步从不完全劳资契约的成因入手，分析了当劳资契约不完全时，契约剩余的存在及其生产过程。

第一节　不完全劳资契约的成因

（一）狭义劳资契约即劳动合同的不完全

不完全契约是相对于完全契约而言的。在不完全契约理论看来，签约各方基于自身的主观理性做出的行为选择以及对契约未来实施情况所做的预期并不都是准确的，因为在现实的契约交易中，存在着诸多不确定因素，使契约当事人或者第三方并不能完全预期到所有可能影响契约实施的因素，从而使现实中的契约处于不完全状态。那么，究竟是哪些原因导致了契约的不完全呢？

1. 劳资契约不完全的一般性

第一，信息的不完全与不对称。在签订契约之前的准备阶段，当事人总是希望尽可能地掌握更多的信息，以保证自己的利益不受损。但是由于人的有限理性，使我们在事前并不能掌握所有可能与契约交易相关的信息，或者说即使我们掌握了相关信息，也可能因为表述上的问题，导致这一信息没能反映在最终签订的契约中。另外，信息的不完全也可能来自外部环境的不确定性，因为外部环境的频繁变动导致我们无法准确地预期未来可能发生的所有情况，使我们无法就还没出现的问题做出相应的安排。以上这些都是信息不完全的表现，而信息的不完全就导致当事人签订的契约也是不完全的，当事前没有掌握的信息在事后出现时，必然导致契约当事人根据新的信息来制定新的契约，以保证自己的契约收益不至于受损。信息不对称，意即信息在契约双方之间的分布是不对称的，当事人一方可能掌握比另一方更多的信息，而这些信息对于另一方而言是不知道的或者不可证实的。在信息不对称的条件下，占据信息更多的一方就可能利用自己的信息优势想尽办法通过制定更利于自己的合同条款或者隐藏某些可能对自己不利的条款，去降低自己执行契约的风险或提高契约执行的收益，由此导致契约对于对方而言总是不完全的，他们极有可能因为这种信息上的弱势地位，在契约交易中处于被动地位，最终不得不陷入事后无休止的再谈判之中。

第二，不确定性。自埃奇沃斯、阿罗、德布鲁等学者明确提出了不确定性理论之后，古典经济学所崇尚的市场机制的完美无缺就受到了非常大的挑战。一旦市场充满了不确定性，那么资源配置的最终结果也就不一定是有效的。此时的不确定性理论并不认为契约的不完全来自或者至少部分来自外部市场的不确定性，比如，阿罗—德布鲁模型就不承认外部不确定性与契约不完全性之间存在相关关系，因为在他们看来，外部环境的不确定性是一个有限的可能性空间，也就是说这种不确定性在交易当事人可以预测的范围之内，因此其存在并不会对契约的完全性造成任何影响。

现代契约交易理论中则否定了传统契约理论的这一观点，转而支持不确定性会导致契约不完全性的观点。原因在于：第一，有限理性使当事人不可能完全预测到外部市场所有的不确定性事件，导致契约是不完全的；第二，撇开外部环境的不确定性不谈，契约交易当事人自身的不确定性也可能导致契约的不完全。早期的契约理论在分析契约关系时较少考虑当事人行为对契约关系的影响，而是一味强调外部环境的作用，比如传统的契约模型中就只有当事人的风险偏好这一内在变量，考夫曼、麦克里奥、汉诺威等现代契约理论学者的研究在考虑外部环境的影响时，同时也重点关注了契约当事人的行为习惯、个人偏好、情绪等主观因素对其行为选择乃至契约交易结果的影响。我们这里以偏好为例，从心理学上来看，如果契约执行得较为顺利，那么交易当事人的风险偏好会上升，相反，如果契约执行中出现了利益损失的情况，那么交易当事人会偏向于规避风险，以防止利益的进一步损失。包括偏好在内的因素导致契约当事人的行为选择并不是一成不变的，他们要想一次性签订完全的契约也是不可能的，最大的可能就是在契约当事人的偏好改变之后，他们会就契约中不符合新偏好的某些条款规定进行重新商议。

第三，机会主义行为。亚当·斯密在其所著《道德情操论》中提出了"利他才是真正的利己"这一观点，按照斯密的看法，经济人因为追求自我利益而导致他人受损的行为并不是利益最大化的行为。但是新古典经济学则认为，因为投机动机的存在，使经济人在追求个人利益最大化的过程中，较少会顾及自己行为对他人产生的影响，由此就可能导致双方利益均受损这一损人不利己的行为结果。威廉姆森在经济人假设的基础上指出，人追逐自身利益最大化的行为最终会导致机会主义行为的产生。因为机会主义行为的存在导致交易效率并不一定是最优的，同样，对于契约而言，因为机会主义导致了契约执行效率的缺失，其中间的作用机制就是通过不完全契约实现的。

机会主义行为有事前机会主义行为和事后机会主义行为。签订契约之前的谈判过程中，契约双方的机会主义行为主要表现为隐藏对自己不利的信息，使交易对方陷入信息不对称的境地，进而导致契约的不完全和在此基础之上的逆向选择问题。而且，事前的机会主义倾向使人们在签订契约时，往往只关注那些可能给自己带来利益或损失的契约条款，而较少考虑到这样的条款会对另一方产生何种影响。在这样的行为动机下，进一步加剧了由于有限理性和环境不确定性导致的契约不完全。契约执行过程中的机会主义行为主要表现为道德风险。无论是逆向选择还是道德风险，都会破坏契约交易双方的合作关系，而且事前机会主义行为导致的契约不完全与事后的道德风险一旦发生，极容易使契约关系陷入一种恶性循环的困境，契约执行的效率也会因此受到较大损失。

第四，交易费用。自从科斯提出交易费用这一概念开始，交易费用理论被广泛用来解释各种经济现象。科斯把交易费用看作市场机制的运行费用，对契约而言，交易费用就是契约当事人搜集信息、进行谈判、签订契约、执行契约以及第三方监督契约实施的费用。张五常把交易费用看作发生在直接生产过程之外的费用，是除去直接生产过程之外、组织运行的一切成本。诺斯则把交易费用看作生产费用与转换费用之间的差额。综合来看，学术界并没有对交易费用形成一个完全统一的概念，但这并不影响交易费用理论的进一步发展，也不影响其对现实经济运行的有效解释。

在新制度经济学看来，正是因为交易费用的存在导致了契约总是不完全的，而且交易费用贯穿于契约从事前谈判、最终签订到事后执行以及事后再谈判甚至是第三方法庭参与的全过程。交易费用的存在使契约当事人更加倾向于关注那些能够明确成本的事件，而不会过度地关注那些充满不可测性的事件，因为这些事件带来的成本即交易费用也是不确定的，这就导致契约条款中大多罗列的是双方当事人能够预测或者能够确定的事项，双方未预测到的种种可能性事件被剔除在契约条款之外，导致一旦这些事件发生，双方不可避免地陷入对这些事件的再谈判中。而且，因为担心契约交易的成本，契约双方均存在机会主义动机，通过攫取对方的契约利益来减少自己可能面临的费用损失，如果双方都预测到这种可能性，那么事前双方的专用性投资水平就会降低，契约执行的效率也就不高。

第五，契约执行的外部性。经济学理论中的外部性概念是由马歇尔和庇古提出的。经济学秉承最基本的"经济人"假设，每一个经济人都以实现自身利益最大化为行为动机，但是从开放的角度来讲，个人追求自身利益最大化的行为不仅会影响个人利益，同时也会对其他人的利益造成影响，这就是所谓的外部性。因为是对行为人之外的其他人的影响，我们也称外部性为外部影响或溢出效应。这种外部影响可能是正面的，也可能是负面的。正的外部性意味着经济人的决策和行动在给自己带来利益的同时，也给其他人的利益带来了正的增加，负的外部性意味着经济人的决策和行动同时导致了其他人的利益受损。

从经济学的角度来看，外部性带来的结果是成本、利益的不一致。成本的不一致主要意味着经济人在追求自身利益最大化的过程中需要付出成本，但是这种成本并不仅仅局限于经济人本身，其他人也可能为经济人的行为决策付出代价。利益的不一致主要意味着经济人的行为和决策会带来收益，这种收益不管是正的还是负的都不仅仅局限于经济人本身，其他人的利益也会因为经济人的行为决策遭受损失。

在市场经济的体制框架内，外部性尤其是负外部性的存在是市场失灵的重要表现，使市场经济体制优化配置资源的功能被削弱。外部性的重要后果是导致经济行为私人成本、私人收益与社会成本、社会收益的不一致，如果外部性是正的，会提高行为主体的行动激励，如果外部性影响是负的，会降低行为主体的行动激励。

契约的执行同样存在外部性，契约执行的结果不仅影响契约双方当事人，也会影响契约关系之外的其他人，从而带来私人成本与社会成本、私人收益与社会收益的不一致。这种外部性可能会使契约当事人的私人成本高于社会成本，而私人收益却低于社会收益，这种可能性预期就可能导致当事人追求契约制定完全和执行完全的激励不足，进而导致契约的不完全。

综上，由于有限理性、机会主义行为、交易成本、契约双方之间的信息不对称、外部性等诸多因素，契约天然地具有不完全性。而劳资契约作为一种典型的不完全契约，除了具有上述不完全契约的一般性以外，还有着自身的特殊性。

2. 劳资契约不完全的特殊性

其一，劳资契约的重要标的物是劳动供给的数量和质量，在劳资双方签订劳资契约时，劳资契约所约定的劳动供给尚未发生，因此事实上，劳资双方所签订的劳资契约只能针对劳动要素也就是人力资本的所有者而定。而人力资本有一种天然的特征，它与人力资本的所有者合二为一，不可分离。而人力资本的所有者具有较强的主观能动性，"它的所有者完全控制着资产的开发利用，可以将相应的人力资本'关闭'起来，以至于这种资产似乎从来就不存在"[1]。因此，在实际契约执行过程中，人力资本究竟能够发挥出多大的能量具有较大的不确定性，而这种不确定性就意味着资方无法与人力资本的所有者就人力资本签订所有条款均被明确规定的完全契约，而人力资本所有者与资方之间的契约关系就表现为一种伴随着人力资本的不断投入而展开的动态契约关系，在这一动态的过程中，交易关系的不确定性和人力资本的不可计量进一步强化了劳资契约的不完全性。

其二，相较于其他契约而言，劳资契约具有显著的长期性，只要劳资契约所约定的解除劳动关系的各种情况没有发生，劳动关系就会一直延续下去。而长期契约具备短期契约所不具备的激励功能，这种长期性的劳资契约有利于劳动者在劳动权益得到长期保障的前提下增加工作的积极性。但同时劳动关系的长期动态延续过程也是人力资本与物质资本不断结合的过程，这一过程中，一旦人力资本所有者与物质资本所有者发生任何分歧，双方的重复谈判就不可避免。而且劳资契约的持续时间越长，劳资双方所面临的外部环境的不确定性就可能越强，劳资契约的不完全程度可能就会越高。而且从成本的角度来看，劳资契约的长期性意味着劳资双方具有充

---

[1] 李晓颖：《企业专用性人力资本与工资合约：一个不完全合约分析框架》，博士学位论文，东北财经大学，2010年，第32页。

分的重复谈判的空间,因此在签订初始契约时,即使契约的各项条款不完备,也不影响劳动关系的存续,反而能够节约契约的签订成本。①

其三,专用性。契约的不完全性是内生的,而契约的不完全程度则是可以选择的。资产专用性水平直接影响契约的不完全程度。一般而言,较高的专用性资产在相互结合的过程中,为了节约交易成本,资产所有者所签订的契约不完全程度较高,而较低的专用性资产在相互结合的过程中,为了防止事后的机会主义行为和被"敲竹杠"的风险,资产所有者往往会签订更加完全的契约。在我国资本要素与劳动要素相结合的过程中,劳动要素因为其供过于求的特性以及大量劳动力的同质性特征导致劳动要素的专用性程度不高,而资本作为一项通用资产,其专用性程度也不高,因此,两者在相结合时,往往会选择不完全程度较高的契约,给双方事后的谈判留足谈判空间。

综上,由于以上因素的作用,劳资契约总是不完全的,劳资双方之间会就劳资契约未能清楚界定的条款或者说权利规定陷入争议当中。现实中,因为劳动合同纠纷引发的劳动争议案件持续增加便是对这一问题最好的证明。但是,劳资契约的不完全并不一定带来劳资契约执行的无效率。按照威廉姆森的观点,如果劳资双方均有足够的动机来避免各种机会主义行为,促进劳资契约的自我实施,那么即使契约是不完全的,双方在约定俗成的激励框架内也能保证不完全劳资契约执行的有效率。此时,劳资契约的不完全性并不会对劳资双方的利益造成任何不利影响。然而,如果一旦劳资契约的自我实施缺乏效率,劳资双方存在事前或事后的机会主义行为动机,信息在劳资双方之间的分布不对称,外部环境是不确定的,双方又都是有限理性的,那么此时契约执行带来的外部性就很有可能

---

① 当然,不完全契约的签订也可能导致契约执行成本的上升,因为在不完全的条件下,劳资双方事后的再谈判就不可避免,那么劳资双方就存在机会主义行为的可能性动机,导致契约执行成本被提高。

是负的，双方在针对劳资契约权利规定框架内的权益分配必然会存在不均衡的可能性，导致其中一方承担了更多成本，却无法获取更多的契约收益。

主观能动性是人力资本最强的一个特征，这意味着只有人力资本的所有者即劳动者才能把握人力资本在生产过程中的投入多少和质量高低，决定自己是偷懒"搭便车"还是努力工作，而资方所能做的只是采取措施激励劳动者最大限度地投入人力资本，但人力资本投入的具体数量和质量并不能完全通过工作表现出来，资方也就无法准确对其进行衡量。这带来的结果就是在人力资本的投入和使用上，劳资双方之间是不对称的，要保证劳动者不采取偷懒、"搭便车"等机会主义行为，资方就必须确保自己的激励措施是有效的，能够激发劳动者充分进行人力资本投资，从而增加人力资本与物质资本相结合所产生的契约收益总量。一旦激励措施不到位，或者被人力资本所有者察觉到自身利益受损，那么人力资本所有者的机会主义行为就无法避免。总之，人力资本的主观能动性导致了劳资契约的自我实施可能会存在效率缺失。

导致劳资契约自我执行效率缺失的除了人力资本所有者的机会主义行为之外，还包括资方的机会主义行为。在分配既定的契约总收益时，劳资双方同时处于竞争的地位，两者处于零和博弈的状态，一方的收益即是另一方的损失。因为两者之间的利益是对立的，在这种条件下，资方就有可能利用自己所掌握的各种信息优势，通过隐藏信息或披露错误的信息诱使人力资本所有者做出有损自己利益的行为。比如，在签订劳资契约之前，劳动者尚未真正地从事某个岗位的工作，也就无法得知某一工作岗位真实的劳动强度，而资方作为雇佣者则拥有对于工作岗位的完全信息，为了能够最大限度地产生契约收益并获取更大的份额，资方很有可能隐藏该工作岗位的真实信息，在招聘中故意降低该工作岗位的工作强度和难度，同时辅之以降低的岗位工资以骗取劳动者签约。而且，在人力资本投入和使用程度难以准确衡量的条件下，资方的管理监督是唯一能够对其进行定性的方式，劳动者究竟努不努力，完全由资方所判定，此时，资方也存在较强的机会主义行为动机，其完全可以滥用自己的权力，通过把劳动者界定为不努力的人来降低劳动者收益，间接增加自己的收益分配，导致人力资本投入无法获得相应的回报，降低劳资契约自我有效实施的可能性。

同时，劳动力供过于求的条件下，劳动力市场属于典型的买方市场，在这一市场中，有许多人属于同一类型的劳动力，他们之间的替代性较强，导致在寻找工作时，劳动者往往处于被动境地。可替代性越强，在工作谈判中的地位越低，可选择性或者可供其谈判的空间就越小，劳动者最终不免从属于资本，致使无论是劳资契约的签订还是执行都由资方所决定，劳动者只能接受资方允许范围内的收益分配方案而无力更改。

我国劳动力市场另外一个重要特征就是分割性。在分割性的劳动力市场中，我国用工制度主要包括两大类：一类是大量存在于公有制体系内部、从计划经济时期延续下来的"铁饭碗"制度，也叫正式用工制度。在这样的用工制度下，机关事业单位、国有企业内部员工的劳资契约一经签订便具有永久性。工人的工资标准较为统一，劳动者不具有任何讨价还价的能力，只能在享受"铁饭碗"的同时接受既定的工资水平。尽管如此，体制内的劳动者工资水平一般也要高于全社会的平均水平，只是劳动力的流动性相对较低。另一类是劳资契约缺乏保障的临时用工制度。体制外的就业人员、农民工、下岗再就业人员一般都适用于这一类的用工制度，该制度下的劳动者相对更加分散、其合法权益不能得到有效保障，劳资契约也沦为企业单方所决定的"霸王合同"。

（二）广义劳资契约即制度安排的不完善

现有的制度主要是基于现有利益主体的产权安排，它是利益主体权利分配诉求的最终体现。然而制度并不是一成不变的，制度变迁是一个动态的过程，在这一动态的变动过程中，利益主体有可能会发生改变，利益主体的利益诉求也可能会发生改变，再加上外部环境的变动,所有这些因素都会导致现有的制度不再能够满足新的利益主体在新的宏观环境中新的利益诉求。因此,从动态的角度来看,不存在任何完全的制度安排,能够从其制定初期开始一直持续有效,否则制度的变革就变成了可有可无的命题,这是导致相关制度安排不完善的客观原因。

现实中,在我国,尽管最低工资制度、集体谈判和集体合同制度是规范劳动关系、维护劳动者权益的重要调节机制,但是由于种种因素的作用,这些制度的实际执行效果并不令人满意。究其原因主要在于最低工资制度、集体谈判制度和集体合同制度尚不完善,还不能充分发挥调整劳资关系的作用。这些制度的不完善具体体现为:

第一,制度供给滞后于制度需求。从供求的角度看,与制度需求相平衡的制度供给才能保证制度实施的有效性。然而,由于有限理性和外部环境的复杂特征,对于制度的需求通常先于制度的供给,制度变革正是在不断适应新的制度需求中进行的,因此,相对于制度需求而言,制度供给通常是滞后的,这是导致制度供给不完善的客观原因。放在劳资关系中,一般而言,劳动制度的供给都是在劳资双方拥有了调整劳动关系的需求之后才产生的。

第二,调整劳资关系的正式制度短缺。政府是正式制度的唯一供给主体,导致正式制度短缺的原因除了客观因素之外,也与政府的行为选择有关。首先,政府也是人的集体组织,制度的供给者不是政府这一名义组织,而是这一组织内部的行为人。由于政府人员的有限理性,其在制定制度的过程中,并不能保证掌握所有的需求信息,也不可能预期到这项制度实施之后可能产生的所有后果,因此政府本身提供完善制度安排的能力也是有限的。其次,政府制定制度也存在交易成本,而交易成本的存在意味着政府在交易成本最小化的行为动机下制定和实施制度,但是交易成本最小并不意味着制度安排一定有效,出于节约成本、减轻财政压力的考量,政府有可能遗漏或者说故意遗漏某些问题留待以后解决。最后,政府的目标不仅是保护劳动者的权益,还要保证企业的正常运行,以实现经济增长目标。这就意味着政府的制度变革是对劳资双方利益的调整,出于经济发展的需要,政府存在置企业利益于劳动者利益之上的行为动机,在制定相关制度时偏向资本,那么相应的制度安排在保护劳动者权益时就必然变得不够完善、不够健全。

第三,调整劳资关系的非正式制度短缺。正式制度必须有非正式制度的配合才能发挥作用,劳资双方的理念、企业文化、企业管理和社会管理中形成的系列惯例与一些规范的行为准则等均是调整劳资关系的非正式制度。相对于正式制度的短缺,我国非正式制度短缺的现象更为严重。对于国有企业而言,转型发展的过程中劳资冲突最为严重,就是因为在转型过程中,劳资双方原有的劳动观念和企业文化已经不再适应转型发展的要求。对于占据绝大多数的非公有制企业而言,其内部严重的劳资冲突也部分来源于劳资双方观念的冲突。企业内部非正式制度的缺失部分程度上也受劳动者集体力量弱小的影响,因为劳动者较为分散,工会无法在集体谈判中发挥作用,也就无法代表劳动者与管理方协商达成一致的共识。

第四,相关法律法规不完善。比如我国的《劳动合同法》主要规定了签订和执行劳动合同中,劳资双方各自的权利和义务,但是并没有明确规定如果双方没有遵守劳动合同的话会有什么惩罚措施,或者即使规定了,由于执行困难,许多企业也敢于"明知故犯",因为法律法规的不完善使其违约成本非常低。法律法规不完善的另一个重要体现是制度之间不能形成有效的衔接,不能形成配套的制度体系,比如在劳动基准法中,我们就没有针对劳动就业、企业招聘、劳动条件等的专门法律。

从契约理论的视角来看,劳资关系的失衡完全可以用不完全劳资契约来解释。但是,目前国内有关这方面的研究成果较少。典型的如杨瑞龙和卢周来(2004)在研究农民工工资纠纷问题时从劳资契约入手给出了自己的解释,在他们看来,农民工与用人单位之间签订的主要是非正式的口头契约,此时农民工的权益维护主要依靠政府作为第三方的正式契约的强制实施。因此，农民工工资纠纷问题产生的原因正是第三方强制实施的无效性，使农民工的合法权益无法受到有效保护。基于此，他们认为维护农民工的合法权益最根本的途径是重塑政府制度在保护农民工权益中的权威地位，通过强化第三方正式契约的实施力度来保护农民工权益。周建国（2011）指出，从社会契约理论的视角来看，中国改革的实质内涵是从计划交易秩序向市场交易秩序的结构转型，而交易秩序的结构转型必然引致结构内部关系的转变。由于市场交易秩序条件下的企业是一个不对称的权力结构，因而企业内部雇主和雇员之间必然是一种非均衡的契约关系，这种非均衡契约关系超出合理限度是当今劳资矛盾和冲突的根源。吴国东和汪翔（2017）主要基于进化博弈探讨了"强企业，弱劳工"和"弱企业，强劳工"的差异化劳资心理契约模式，两种模式中，劳动者和企业均不构成稳定均衡。孙玺（2017）从契约经济学角度对劳资契约的特点进行分析，阐明了在契约不明的条件下政府在劳资纠纷干预中的必要性。刘传刚和李楠（2019）则从关系契约理论的视角探讨了我国的劳动关系。其他多数有关劳资契约的研究大多从法律的视角开展研究。

　　认真思考劳资契约从签订到执行的整个过程，我们可以从中寻找到劳资关系失衡的原因。劳资契约签订环节，由于前文所述的信息不完全、信息在劳资双方之间的不对称分布以及外部环境的不确定性等诸多因素的影响，劳资双方很难就劳动使用过程中的每一个细节规定制定详细的条款，因此劳资契约总是不完全的。另外，劳资双方之间地位的不对等导致劳资契约通常具有资方强权的性质，劳资契约更一般地表现为资方垄断的性质，劳动者只有签约或者不签约的自由，而缺乏就契约具体条款进行谈判的能力。在"资方强权"的背景下，资方会选择将更多的剩余权利配置给自己，劳动者面临的则是"最终解释权归资方所有"的不完全契约。这种强权行为最终的结果就是资方从劳资契约的履行中攫取了更多权益，劳资双方地位的不对等进一步转化为经济利益分配的不均衡，由此引发劳资关系的失衡。在劳资契约的履行过程中，由于契约的不完全，权利在劳资双方之间的界定是不清楚的，占有的权利越多，获取的收益也相应较多。而在不完全契约的框架内，劳资双方都存在通过违约来攫取更多利益的机会主义行为动机，因此也会导致劳资契约执行的无效率，并引发劳资纠纷。政府作为第三方，可以通过制定一系列公平的制度来促使资方在事前签订更加对等的劳资契约，弱化劳资契约的资方强权特征。但是政府作为第三方来促进劳资契约执行的问题在于，一旦有违约行为发生，这种行为通常是可观察的，但是要想去证实这种违约行为却需要极高的成本或者说是不可能的，尤其是对于更具谈判优势的资方而言，即使存在第三方的强制实施，其依然可能会采取违约等机会主义行为，最终侵害劳动者权益，即发生"资方侵权"。一旦劳资关系失衡、劳资冲突发生，政府作为第三方可以通过多种制度安排来增强劳动者的谈判能力，保护劳动者的契约收益。然而，政府制度安排并不总是有效，一旦制度安排也存在供给不足等问题，构建和谐劳资关系的道路会更加漫长。

第二节 不完全劳资契约条件下的契约剩余

一 契约、产权与收益

目前学术界尚未形成统一、标准的产权定义，不同学者对产权内涵的认知也各不相同，如在阿尔钦等看来，产权"是一种通过社会强制而实现的对某种经济物品的多种用途进行选择的权利"[①]。科斯把产权看作一种行为权利，在这种权利约束下，人们通过采取某种行为就可以获取相应的收益。德姆塞茨认为产权是包含多种权利

---

① [美] R. 科斯、A. 阿尔钦、D. 诺斯等：《财产权利与制度变迁——产权学派与新制度学派译文集》，刘守英等译，上海人民出版社1994年版，第16页。

在内的权利束，其对产权的内涵认识超越了科斯所认为的行为权的范畴。菲吕博腾则认为产权是一种行为规则，人们的经济行为都要在产权的框架内进行。

尽管学术界并没有形成统一、标准的产权定义，但是对产权来源的认知却较为统一。一般认为，产权之所以重要，主要源于资源的稀缺性，同一种资源可以归不同的人所有，每一种人可能都有不同的使用用途，每一种使用用途带来的资源配置效率高低不一。正是因为资源是稀缺的，那么界定有限的资源到底归谁所有、应当投入哪一种使用用途中就变得格外重要。站在资源稀缺性的角度上看，产权同所有权一样，都不是单一的权利，而是一个权利束，是一个包括对经济资源的使用权、收益权、处分权等多种权利在内的权利组合。综合来看，产权的内涵可以被分为四个层面，第一个层面是最基础的层面，即对一种经济资源的拥有，这是判定行为人是否能够合法使用经济资源的前提条件；第二个层面是核心的利益层面，即对资源使用收益的占有，这是行为人拥有、使用某项经济资源结果的延伸；第三个层面涉及权利本身，产权所包含的各项权利是分割的，每一项权利是可让渡的，在拥有经济资源的条件下，经济资源的使用权可以被让渡出去，而使用经济资源带来的收益则可以进一步分割给经济资源的使用者和经济资源的拥有者；第四个层面超出了产权的范畴，却建立在产权基础之上。在第三个层面中，产权的任意一项权利都可以分割或让渡，导致产权的内部权利结构发生新的变动，而不同的权利结构代表不同的资源配置结构，不同的资源配置结构代表不同的经济利益关系，不同的资源配置带来的生产效率也不相同，因此第四个层面是产权内涵最广泛的层面，它涉及产权配置的效率，反映了建立在不同权利结构上的经济利益关系。

按照科斯定理的基本内容，如果交易费用为零，那么无论初始产权如何配置，市场机制总能导致资源的有效配置。但是在交易费用不为零的现实世界中，要想保证资源配置的有效性，产权如何配置就变得至关重要。这也是产权理论的核心内容之一，即产权如何界定直接影响经济绩效。诺斯是制度学派的代表人物，他强调制度安排对经济绩效的重要影响，但是在诺斯看来，制度影响经济绩效的中间路径就在于制度本身就是对产权的一种界定，制度安排的本质就是对产权的安排，制度变迁同样也是产权配置结构的变迁。从哈丁关于"公地悲剧"的论述中，我们也可以知道产权对经济绩效的重要影响，之所以产生"公地悲剧"，就是因为公共资源的权利界定不明导致的。只有产权界定清楚了，人们收益、受损和补偿的边界才能被清楚界定，否则，针对如何分配收益、如何界定权益的受损、受损后又当如何赔偿，交易行为当事人就会陷入无止境的谈判中，最终因为高昂的交易费用导致谈判效率的缺失。

在契约自我实施的框架内，产权如何界定由交易双方当事人之间相互协定，而一旦双方之间发生了分歧，第三方的介入就变得十分重要。所以政府在产权界定中充当了非常重要的角色，政府出台的各种法律法规、制度安排就是对相关权利如何界定的约束框架。比如《中华人民共和国劳动法》中就明确规定了在劳动关系中劳动者所享有的各种权利，这是在劳动者处于弱势的条件下，政府出于保护劳动者权益而设定的重要制度安排，它明确了劳动者享有哪些权利，用人单位承担哪些义务，如果劳动者权益受损又当怎么办，等等。

从制度和产权的关系上来说，制度变革同样意味着产权配置结构的变动，变革制度出于追求更高经济绩效的目的，其根本途径在于重新界定了产权的配置结构才实现了资源配置效率的优化。这一优化通常是帕累托改进的，即通过新的制度重新界定产权，使交易当事人之间不会有任何一方的利益受损，或者说至少有一方能够从制度变革中受益。

进一步考虑到产权配置结构的话，我们知道，不同的产权配置结构经济绩效不同，同样的，基于行使产权所带来的收益分配的结果也不尽相同。拥有产权带来的最终的结果是获取收益，因为产权配置具有多种可能性，不同的产权配置结构也就形成了不同的利益分配格局。在我国收入分配制度的变革中，最早有权利参与分配的只有劳动这一要素，相应的收益分配方式也只有按劳分配，但是伴随着参与分配主体的不断扩张，技术、信息、资本等生产要素也有权利参与到收入分配中，于是产生了按生产要素参与分配的新的收入分配方式。而在按劳分配与按生产要素分配相结合的分配方式下，分配份额的高低就在于所投入的生产要素的数量、质量及其对生产过程的贡献，占有要素结构的不同最终必然导致获取收益的不同。总之，从结果来看，对产权的使用必然带来相应的收益，因此可以说产权配置结构决定了收入分配结构。在劳动和资本的简单要素框架内，如果资本占有更多的权利，那么收入分配结构必然是偏向资本的，如果劳动占有更多的权利，那么收入分配必然是偏向劳动的。

从契约理论的角度看，契约的不完全性与产权配置同样密切相关。产权问题一直是契约理论研究的核心问题，当事人之间签订的任何形式的契约其本质都是相关权利在当事人之间的分配。杨瑞龙、周业安（1998）等更是直接指出，"契约的存在并不是因为物的交换的损益，而是隐含于物的背后的产权变动所引致的利益关系之调整"[①]。契约所包含的各种条款规定就是一系列权利的集合，因此契约执行的过程就是当事人之间利益分配的过程，契约执行的结果表现为契约当事人各自所占收益份额的多寡。如果契约是完全的，那么各项权利的界定非常清楚，当事人之间利益分配的结果就随之确定，如果契约是不完全的，存在未能被清楚界定的权利，那么此时当事人之间利益分配的结果就是不确定的，占有收益的多少在事前并不能被完全确定，此时当事人占有收益的多寡就取决于其对契约未能明确界定的剩余权利的占有，占有的剩余权利越多，分

---

① 杨瑞龙、周业安：《交易费用与企业所有权分配合约的选择》，《经济研究》1998年第9期。

配的收益越多；占有的剩余权利越少，分配的收益越少。所以，契约的不完全性与产权配置密切相关，只有在契约不完全的条件下，产权配置的重要性才凸显出来。

当然，契约的不完全并不意味着契约规定所涉及的所有权利都没能被清楚界定，只是说，存在未被清楚界定的权利。所以，在契约不完全的条件下，契约内含的产权规定其实包括两个部分：一部分是契约各项规定能够明确界定其归属的权利，这些权利之所以存在，一是因为事前签订契约时，当事人双方经过谈判彼此认同的条款所内含的权利配置，二是尽管契约当事人并没能把相关条款写进契约中，但是由于声誉、长期合作中的信任、成本收益核算等因素的影响，当事人在事后依然彼此意见一致的认可合同条款以及这些条款所规定的交易双方之间的权利配置。除了上述两部分权利之外，就是契约各项条款包括双方共识都未能界定其归属的权利，就是不完全契约中的剩余权利。这部分剩余权利的存在使即使显性化的契约能够被完全执行，但依然可能导致契约双方的利益冲突，此时的利益主要来自对剩余权利的占有。正如张屹山和王广亮所说，"由于明确规定未来所有状态下所有各方责任的成本非常高，所以缔结的合同只能提及某些情况下各方应该承担的责任，而对另一些情况下的责任只能做出粗略或模棱两可的规定！合同中包含的缺口和遗漏就是剩余控制权的来源。剩余控制权的行使会影响到契约各方的收益。"[①]

二 劳资契约剩余及其生产

契约的不完全性直接影响了契约中的权利界定，从而产生了游离于契约之外的剩余权利。在产权理论的假设中，占有权利，必会带来收益，同样，占有的劳资剩余权利越大，占有的契约剩余也会越多。

---

① 张屹山、王广亮：《资本的泛化与权力博弈》，《中国工业经济》2004年第7期。

(一) 剩余与劳资契约剩余

关于剩余的本质，基于关注焦点的不同，存在不同的观点。马克思的剩余价值理论认为，企业的收益源于无差别的人类劳动，而剩余则是虽由劳动者创造，却不被劳动者享有的那部分劳动。而现代企业理论对剩余有着不同的定义，主要分为两种认识。第一种观点认为，剩余是企业经营所获利润，即企业收入与生产要素所有者收入间的差值。尤金·法玛和迈克尔·詹森（1983）、青木昌彦（1988）、郭继强（2004）等学者们认为，基于这种观点的剩余分配，应该由生产要素的各持有者达成共识。第二种观点认为，剩余是企业承担经营风险所获的收益，张维迎（1999）等学者认为，基于此观点的剩余分配，应该由承担风险的大小来决定。

现在普遍认为，剩余是由多方面构成的——既有生产要素的投入收益，又有企业经营的风险收益，所以，剩余分配需要对方方面面进行妥善考虑。在剩余的分配方式上，由于企业的复杂性，难以制定统一的标准。然而有一点是可以肯定的，各供给要素的稀缺性直接影响了分配方式。当劳动要素过量而物质资本不足时，劳动力所得剩余将相对减少；当物质资本过量而劳动要素不足时，结果则相反。

目前，学术界对劳资契约中剩余索取权与剩余控制权的归属有广泛的研究，对劳资契约剩余问题却并未达成共识。姚先国、高怿（2007）等没有直接从劳资契约入手，而是从雇佣关系的角度探讨了雇佣剩余，指出雇佣剩余相当于雇佣双方所得高出解除当前雇佣关系后各自所得的部分，把雇佣剩余看成雇佣关系成立与否相对应的两种收益之间的差额；叶德磊（2010）在其研究中提出了人力资本要素所有者对企业剩余的索取和分割，然而其并没有明确指出什么是企业剩余；关利响（2011）认为企业剩余是企业契约总收入扣除契约固定总支出后的剩余额，从而将契约剩余与企业利润对等起来；杨立岩（2001）则指出契约双方当事人之间有待分配的权利，包括契约能够保障的权利分配和不能保障的权利分配，其中契约不能保障的权利分配即契约剩余，对这部分契约不能保障权利的控制权和收益权分别是剩余控制权和剩余索取权，并进一步对"剩余"的本质进行了阐述，区分了剩余收入与剩余权益的不同。

我们认为，由于劳资契约所具有的不完全性，劳资双方基于契约形成的待分配权利有三方面内容。第一方面为契约条款中写明的、双方形成一致意见的分配权利；第二方面为契约条款中未明确指出，但由于文化、社交、风俗、行业规则等形成的共识所形成的分配权利；第三方面与前两方面不同，这一部分在契约中表现为表意不明，在契约双方理解上同样有所区别，在此情况下，便产生了无例可循的剩余权利。这类剩余权利为劳资双方提供了谈判的空间，与这一剩余权利相应的有一组契约收益，即为契约剩余收益，其产生来源于劳资契约的履约过程，获取剩余份额的多少取决于劳资双方所拥有的权利。

不完全劳资契约理论的基本逻辑是：劳资双方签订的只是一个约束框架，它仅仅就交易的主要条款做出规定，而不可避免地会出现未经商定的情况；劳资契约规定的具体条款承载了劳资双方在契约执行中可能获得的种种权利，上述种种因素导致双方无法签订完全性的契约，因此，契约的产权界定便是不完整的，在现实的契约交易中存在着剩余权利被置于公共领域，这些剩余权利的集合便形成了劳资双方的谈判空间。由于劳资契约的不完全性是绝对的，因此谈判空间的存在也是绝对的，它反映了劳资契约的不完全程度，其实质是契约中没有明确归属的权利束，对这一权利束的占有带来契约剩余收益。劳资契约越是不完全，未被明确界定归属的权利越多，绝对谈判空间就越大，反之，劳资契约越完备，相关权利的归属越明确，绝对谈判空间就越小。而劳资双方获得的谈判空间的大小反映了谈判空间的相对性，结果表现为劳资双方占有契约剩余的多寡，即相对谈判空间是劳资双方对公共领域权利争夺的结果，是对契约剩余的实质性占有，占有的相对谈判空间越大，获得的契约剩余越多。

(二) 劳资契约剩余的生产过程

劳资契约剩余是由劳动者出卖劳动力进行生产创造的，是劳动者执行劳动契约的结果。劳资契约涵盖了与生产相关的各种要素，包括生产资料、劳动力、资本、技术等，它反映出这些要素的结合模式以及分配方法，不同的结合模式以及分配方法会产生不同的产出效应。理论上，主要有以下三种要素的结合模式：

第一，基于要素物质属性的质态组合。这一组合是指根据不同要素的物质属性选择不同的要素进行组合，并选取相应的技术方法，根据要素的不同属性进行的选择能够实现最佳产出。比如在劳动与资本的要素组合中，两者的物质属性呈现出本质的区别，劳动要素的物质属性主要是为组合的生产过程提供劳动，而资本则主要用来购买生产资料，同时也用来购买劳动力。

第二，基于要素投入数量的量态组合。这一组合主要在既定的技术水平下，各种要素之间的投入数量通常被限定在一定的比例范围之内，如果超出了这一比例范围，那么在既定的技术水平下，我们就很难保证最小投入下的最大产出。比如对于资本密集型的产业而言，其需要更多的资本要素，要素投入结构中，资本也占据绝大部分，若企业投入的劳动要素较多，而资本要素的投入量相对较少，则企业的产出会大量消减。

第三，基于要素配置的空间组合。这一组合强调的是不同地区之间的生产要素分布及结合问题。不同区域有着不同的自然资源禀赋，自然资源禀赋影响着该区域的生产结构，当然生产要素是不断流动的，它们的流动性强弱不同，如资本的流动性就强于劳动要素，区域间的要素分布及其流动影响着区域的产业结构。比如我国在改革开放之初，政府的政策使大量资本在我国东部沿海地区积聚，带动了大量劳动力向该地区转移，这样的资源组合使东部沿海地区的劳动密集型产业得到迅猛发展。而原本劳动要素密集的地方由于劳动要素的转移，以及资本的缺乏，产业发展陷入困境。在"鼓励一部分地区先富起来"的政策指引下，我国东部沿海地区得到了先行发展机会,资本得以迅速大规模地积聚,吸引了中西部地区很大一部分的劳动力,尤其是农村剩余劳动力的流动,形成了"民工潮",最终促进了劳动密集型产业在东部沿海地区的迅速发展,相反,中西部地区一方面由于缺乏资金,另一方面由于劳动力外流,其经济发展受到很大程度的抑制。

按照马克思的基本观点,只有一般生产过程能够产生剩余,产权的界定才有必要和意义。而一般生产过程中剩余的产生是不同生产要素相互结合的产物,不同生产要素的所有者拥有对生产要素的绝对产权,因此,剩余的产生也是不同要素的产权主体之间进行交易的结果,这一交易的顺利实施依赖于产权主体之间的契约规定。不完全性是劳资契约的本质属性,劳资契约规定的权利束是劳资双方之间取得相应要素收入的依据,权利束的产权配置决定了要素收入的高低。

劳资关系领域,劳动要素所有者同资本所有者一样,都拥有自身生产要素的使用权、收益权和处置权等,二者在产权性质上并无差别。所不同的只是在劳动要素所有者同资本所有者之间的产权交易中,因为资本要素形成了对劳动要素的雇佣生产模式,所以,资本所有者拥有实质上的劳动力使用权,由此导致了劳动要素的所有权收益部分受制于资本要素,劳动要素所有者要想取得基于劳动力所有权的相应收益,首先必须让渡劳动力所有权中的部分产权。

从要素的特性来看,资本相对于劳动要素而言更加稳定,相对应的在要素组合的产权配置结构中,物质资本的产权相对也更加稳定,对其的界定也相对明确。相反,随着经济发展阶段的不断变化,劳动力产权也不断更新着自身的形式和内容,这种不稳定性决定了它与物质资本产权相对地位的变化。

一般的物质资本产权具有收益性、排他性、流动性以及可交易性等特征,而劳动力产权除了具备上述特征之外,还具有强烈的"人身依附性",即人是劳动力的载体,劳动力作为一种特殊的生产要素,其转让、支配、使用、交易等都不能离开人而存在,劳动力产权与人天然不可分离。"人身依附性"作为劳动力产权的本质属性进一步决定了劳动力产权的其他特性。

一是劳动力产权的强排他性。即劳动力受劳动者支配与控制,每个劳动者只拥有对自身劳动力的绝对所有权,包括使用权、支配权、处置权和交易权等。然而劳动力产权只有部分权利能够在市场中进行交易,其所有权无法真正转移,即使劳动力产权在形式上为他人所有,但只有劳动力的真正载体即劳动者才拥有影响劳动力使用的意志、偏好以及行为习惯等,并最终影响劳动力产权的实现程度,因为它与劳动者本身密不可分,即劳动者的主观能动性对劳动力的使用以及使用效率拥有决定性的影响,因此,只有劳动力产权与其载体实现有效结合,确保劳动者能够自由支配劳动力的使用并保护劳动者的劳动力产权,才能有效促进劳动力生产效率的提高。

二是劳动力产权的阶段性。劳动力的使用是存在周期的,在不同的形成、发展及退化阶段,劳动力的使用效率并不一致。在劳动力的形成阶段,由于劳动力载体技能和经验的缺乏,此时劳动力的使用效率往往比较低;随着劳动者体力、精力、技术和经验的累积,劳动力得到较大发展,随之其使用效率也不断提高,并达到最高阶段。之后,随着劳动者年龄的增加,其体力和精力不断下降,技术经验也逐渐落后,劳动力的使用逐步停止,最终退出劳动过程,相应的劳动力产权也随之消失。劳动力的使用及其生产效率呈现图 4-1 中的倒 U 形变化趋势,而劳动力产权的实现程度也呈现出一样的发展态势。

三是劳动力产权的发展具有层次性。劳动力不仅包括劳动者的先天禀赋,还包括在后天发展中经过教育、培训形成的新的劳动技能,劳动力的产权强度也在后天的发展中不断调整和变化,不同的教育方式、不同程度的人力资本投资、不同的工作经历、不同的社会环境都能够塑造出质量不同、层次差异明显的劳动力。

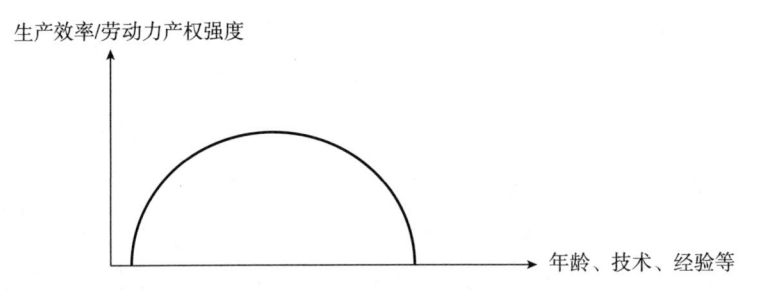

图 4-1　劳动力生命周期曲线

四是劳动力产权承载主体的主观能动性。劳动力产权的载体劳动者支配和控制劳动能力的使用，其偏好、习惯、所处的不同年龄阶段、不同的社会生活环境等都能够影响劳动力的使用，进而影响劳动力产权的实现程度。在与其他要素的生产结合中，针对劳动力产权的不同实现程度，劳动力产权的载体劳动者也会采取不同的行为模式。如果劳动力产权发生了残缺，劳动力产权的实现程度不高，劳动力产权的拥有者劳动者一方面可以主动停止劳动能力的使用，另一方面也可能实行积极的维权行为，与其他生产要素的所有者进行以权力分配为主题的讨价还价，直至劳动力产权的实现程度达到劳动者的主观愿望为止。

五是较一般物质产权而言，劳动力产权所需要的保护机制更强。作为典型的不完全契约，劳资契约的相关权利规定在事前无法得到完全清晰的界定，事后必将陷入针对权利分配的再谈判。然而由于劳动力必须让渡部分劳动力产权才能获取相应的权益，以及劳动力产权的周期性等特点，劳动力产权的载体即劳动者在事后的谈判过程中往往处于弱势地位，要减少由于劳动力产权本身的特性而带来的对劳动者权益的侵蚀，政府的管制显得尤为重要。为保证劳动力的使用效率以及劳动力产权的实现，政府通常通过制定劳动法规以及相应的劳动规章制度、建立包括谈判制度和合同制度在内的工资协商体系，对劳动力的使用及其产权进行保护，才能有效弱化劳动力产权本身的残缺特征。

根据科斯的理论，当交易成本为零时，无论产权最初赋予谁，资源总能达到帕累托最优配置，但当交易成本不为零时，产权初始界定的不同，会使资源配置产生不同的效率。企业的剩余是由劳资双方合力创造的，理应由劳动者和资方共同享有，作为劳动力产权所有者的劳动者理应享有这份收益，劳动力产权的核心要义就是获取剩余收益。

本章小结

本章主要从以下几方面开展了研究：第一，从信息不对称、信息不完全、机会主义行为动机、交易费用的存在等层面分析了劳资契约不完全的一般性，从人力资本产权的特性、劳资契约的长期性等层面分析了劳资契约不完全的特殊性，揭示了不完全劳资契约的成因。第二，分别从狭义和广义的视角阐释了不完全劳资契约的现实表现，狭义层面上，劳资契约不完全主要体现为劳动合同的不完全，广义层面上，劳资契约的不完全还包括调整劳动关系的系列制度的不完善。第三，明确了劳资契约剩余的本质及其生产过程，揭示了劳资双方共同创造契约剩余的价值创造过程。

以上研究表明，劳动要素和资本要素相结合的一般生产过程中，劳动者所获得的收益主要取决于劳资双方所签订的劳资契约，表现为劳动者的契约收益。正如亚当·斯密所说，"劳动者的普通工资，到处都取决于劳资两方所订的契约"[1]。在不完全劳资契约的框架下，其产权结构分为两部分：能够被劳资契约明确界定归属的完全权利和不能被明确界定归属的剩余权利。相应的，劳动者的契约收益分为两个部分：一是劳动者根据劳资契约所列条款中能明确界定其归属的权利即完全权利而获得的契约收益；二是劳资契约不完全

---

[1] ［英］亚当·斯密：《国富论》，唐日松译，华夏出版社2005年版，第43页。

的条件下，劳动者依靠对剩余权利的占有所获得的部分劳资契约剩余。劳资双方之间的利益冲突集中表现为对契约剩余分配的不公，劳动者参与了契约剩余的创造过程，却不能分享适当比例的契约剩余收益，制约了劳动者报酬的增长，也不利于构建和谐的劳资关系。

第五章 基于谈判能力配置的非对称权利结构

在不完全劳资契约的框架内，存在着未能被契约界定清楚的剩余权利，占有越多的剩余权利，便能获取更多的契约剩余。劳资双方共同参与了契约剩余的生产过程，理应共同享有契约剩余。劳资契约的不完全性导致契约的产权界定是不完整的，在现实的契约交易中存在着剩余权利被置于公共领域，劳资契约剩余的分配取决于劳资双方的谈判能力。在多种因素的作用下，我国形成了资强劳弱的谈判能力分配格局，而谈判能力的非均衡导致劳资双方之间在剩余权利乃至契约剩余的占有上也呈现出明显的不对称特征，在这样的格局下，劳动者的契约权益无法得到有效保障。

第一节 劳资双方的谈判能力及其影响因素

一 资强劳弱的谈判能力配置

新古典劳动经济理论认为，市场机制或市场力量是决定劳动者工资水平的最主要因素，均衡的工资价格应等于劳动者的边际生产力。然而，完全竞争的劳动力市场假设并不符合现实，同质劳动者在劳动力市场达成的工资价格可能存在较大差异，且这种差异并不能完全由劳动者的生产率差异和劳动力市场的供求关系来解释。显然，完全竞争市场条件下的工资决定理论忽略了劳动力市场存在的信息不对称问题以及在此现实情形下劳动者与企业之间的博弈关系。谈判工资理论以此为出发点，认为劳资双方的谈判能力大小是最终均衡工资形成中不可忽略的关键性要素。如 Donald 和 Solow（1981）所提出的有效讨价还价模型就认为，企业和工人通过谈判决定利润分配，劳动者的讨价还价能力高，在最终利润中分配的比率就高，讨价还价能力低，分配的比率就低。[1]

如前文所述，不完全劳资契约的框架内，存在着未能被契约界定清楚的剩余权利，占有越多的剩余权利，便能获取更多的契约剩余。劳资双方共同参与了契约剩余的生产过程，理应共同享有契约剩余。劳资契约的不完全性导致契约的产权界定是不完整的，在现实的契约交易中存在着剩余权利被置于公共领域，劳资契约剩余的占有便来源于对公共权利的谈判与争夺。这些剩余权利的集合便形成了劳资双方的谈判空间，绝对意义上的谈判空间源于劳资契约的不完全性，劳资契约越是不完全，未被明确界定归属的权利越多，劳资双方的谈判空间就越大；反之，劳资契约越完备，相关权利的归属越明确，劳资双方的谈判空间就越小。而拥有谈判空间的大小即占有剩余权利的多少取决于劳资双方讨价还价能力的高低。在既定的谈判空间条件下，劳资契约剩余的分配取决于契约双方的相对谈判能力。谈判能力越强，占有的剩余权利越多，获取的契约剩余收益便越多；相反，如果谈判能力较弱，占有的剩余权利越少，获取的契约剩余收益便越少。

到底什么是谈判能力，学者莫衷一是，并未形成系统的研究，Rubin 和 Brown（1981，1975）曾指出："谈判能力是一个在集体谈判理论中被模糊分析的概念"，"也是一种'复杂的现象'"；早期的研究中，Commons（1934）把谈判能力看作所有权转让谈判期间，保留产品与生产的"能力"；Slichter（1940）则把谈判能力看成谈判一方强加一种损失给谈判另一方的"成本"；Dunlop

---

[1] Ian M. Mcdonald, Robert M. Solow, "Wage Bargaining and Employment", *American Economic Review*, Vol. 71, 1981, pp. 896-908.

(1944)从劳动关系的角度定义了谈判能力,认为谈判能力是劳动契约影响劳动者工资的能力;Livernash(1963)认为谈判能力是能够确保自己的条款被一致同意的能力;Chamberlain 和 Kuhn (1965)把谈判能力看作谈判双方同意(或反对)的成本,拥有较强谈判能力的一方,其不同意对方要求所带来的成本较小;Katz(1993)指出谈判能力是一个相对的概念,劳资双方谈判能力的高低是相对的。

从契约的角度看,契约的存续过程就表现为契约交易当事人之间根据谈判能力大小的变动、谈判结果不断调整的过程,谈判能力的大小直接影响契约交易的结果。至于谈判能力在契约当事人之间如何配置,早期的博弈分析中,很多谈判模型都假定交易当事人之间的谈判实力均等,纳什谈判模型中的对称性假设就是这样的观点,对称性意即当事人双方不存在差异,是均等的,Roth(1995)、Güth(1982)、Rubinstein(1982)、Grossmanand Hart(1986)、Hart 和 Moore(1988)的研究中都曾提到过按照1∶1的比例来分配剩余。理论上如此分析非常简便,市场上平等主体之间的谈判实践中谈判能力也可能是均衡的,但是均衡的谈判能力配置并不存在于企业内部或者劳资双方之间。因此,诸多学者构建了劳资双方的谈判能力决定模型,以分析影响劳资双方谈判能力的因素。

已有针对我国劳资双方谈判能力的研究表明,谈判能力的配置在劳资双方之间存在较大差异。早期有关研究主要基于理论层面,我国学者张维迎(1995)通过研究人力资本和物质资本的性质差异揭示了人力资本所有者和物质资本所有者在劳资谈判中的地位。在他看来,人力资本的主观能动性导致人力资本的使用程度不能被很好地界定与监测,而物质资本则具有较强的信号显示机制,物质资本所有者仅仅用数量就可以表达其资本实力,这种信号显示机制上的差异导致在劳资谈判中,物质资本的所有者更容易掌握主动地位,而人力资本所有者则容易陷入被动的局面,也正因如此,在张维迎看来,资本雇佣劳动就成为必然。张屹山、王广亮(2004)也指出，企业是人力资本和物质资本通过契约方式而组成的经济组织，其内部权利结构依赖于人力资本和货币资本权利博弈的结果，承认了人力资本所有者和物质资本所有者谈判能力的差异，并认为这种差异最终体现在双方在企业内部关系中的收入和地位差异。其后，伴随着工资决定模型和谈判模型不断丰富，国内学者基于各种模型和多样化方法的实证研究进一步证明了劳动者谈判能力较低的结论。如金高峰（2013）基于江苏农村的调研数据，通过双边随机边界模型分析了农民非农就业市场上谈判能力对工资性收入的影响，其研究结论指出，在农民非农就业市场不对称的情况下，雇主比农民工具有更强的谈判能力，这抑制了农民工最终工资的增长。刘长庚等（2014）都通过构建模型分析了劳动力市场中劳资双方的谈判能力配置。研究认为，企业内部的权力配置明显不对等，普通员工在权利配置中居于弱势地位，导致员工只能获得低于"公平"价格的劳动所得。要改革企业内部收入分配问题，必须提高员工的权利配置控制权，即赋予员工平等获得收益的权利。阮素梅等（2015）基于CHIP数据，结合均值回归和分位数回归分析方法，对工资决定机制建立动态明瑟方程，用以讨论中国城镇劳动力市场的工资谈判和教育回报状况，结果显示：工作单位在工资谈判中占有绝对优势，劳动者处于不利位置，尤其是国有单位劳动者在工资谈判中的劣势地位更加严重。莫旋等（2017）基于中国健康与营养调查（CHNS）数据，利用双边随机前沿分析方法，对中国劳动力市场劳资双方议价能力进行测度。研究发现：劳资双方在劳动力市场的谈判能力不对等，企业拥有更强的谈判能力导致职工获得的工资低于"公平"的工资水平，这也是导致我国劳动力市场"资强劳弱"的局面未能改变的根本原因。刘章发和田贵贤（2017）通过构建劳动力市场工资议价模型，使用双边随机前沿分析方法和2005—2013年中国综合社会调查数据，定量估算了劳资双方的议价能力对劳动力市场工资决定的影响效应。研究发现，尽管近年来政府推出一系列维护劳动者权益的法律法规和政策举措，但

2005—2013年劳动者在劳资双方工资议价中的弱势地位并没有得到改变，企业凭借较强的议价能力将压低劳动者的平均工资水平5.46%左右。

综上，我们认为，企业作为雇主，它和雇员之间的谈判初始就是不对等的，因为在劳动力市场上雇主明显更具有权威。劳动要素或者说人力资本要素和资本（物质资本）要素共同参与了劳资契约剩余的生产过程，相应的，人力资本所有者和物质资本所有者都有权利参与劳资契约剩余的分配。但是人力资本所有者和物质资本所有者的不对等地位决定了双方不可能按照早期谈判模型中所讲的那样简单地按照1∶1的比例来分享剩余。从谈判的角度看，剩余权利的存在为劳资双方提供了谈判的空间，未能被清楚界定的权利越多，谈判空间越大。劳资契约的不完全程度即剩余权利束的大小取决于谈判能力在劳资双方之间的配置，不完全契约条件下的剩余权利束构成劳资双方的绝对谈判空间，劳资双方以谈判能力为限获取相应的谈判空间，并据此获取相应的契约剩余。

二 劳资双方谈判能力配置的影响因素

决定劳资双方谈判能力的因素是多元的，建立在要素禀赋结构上的包括要素稀缺程度差异、经济增长贡献程度差异、技术进步偏向、资产专用性差异等在内的市场力量决定了我国劳动者的谈判能力较低，劳资双方的谈判能力配置呈现出资强劳弱的特征，而包括不完善的劳动合同制度等在内的第三方制度环境进一步强化了劳资双方之间非均衡的谈判能力配置格局。

（一）市场的力量

1. 要素稀缺性的差异

萨缪尔森曾在边际分析的基础上提出"在竞争的模型中资本雇佣劳动或劳动雇佣资本并无差别"[①]，然而因为相对于劳动而言，资

[①] Paul Samuelson, "Wage and Interest: A Modern Dissection of Marxian Economic Models", *American Economic Review*, Vol. 47, No. 10, 1957, pp. 884–912.

本要素更加稀缺，所以现实中劳动关系更多地表现为资本雇佣劳动。要素的稀缺性进一步反映要素供给与要素需求的相对强度。如果要素供给的强度小于要素需求的强度，那么要素的稀缺性较高，相对于要素的买方而言，要素所有者拥有更强的市场势力，要素市场最终表现为卖方垄断市场。在卖方垄断的市场中，要素的价格水平一般要高于均衡价格水平，要素所有者的溢价能力较强。相反，如果要素供给的强度大于要素需求的强度，那么要素的稀缺性较低，要素市场最终表现为买方垄断市场。在买方垄断的要素市场中，要素所有者的市场势力较低，要素的购买方或者需求方拥有更强的市场势力，要素需求方的溢价能力更强。因此，如果我们把企业看作不同要素所有者的共同合约，那么每一个要素所有者的溢价能力主要取决于要素所有者的市场势力或者说由市场势力所决定的谈判能力，而市场势力的高低是由要素的稀缺程度决定的。所以，我们可以这样说，要素所有者谈判能力的高低主要受制于要素的稀缺程度，要素的稀缺程度越高，其所有者的市场势力和溢价能力更高，在企业契约执行过程中的谈判能力也就越高，相反，如果要素的稀缺程度较低，要素所有者的市场势力和溢价能力较低，其谈判能力也相对较弱。

自康托罗维奇在20世纪30年代末至20世纪40年代初提出影子价格以来，它就成为测算要素稀缺程度的重要指标。影子价格，又称最优计划价格或计算价格。它是指依据一定原则确定的，能够真实反映要素的市场供求状况、资源稀缺程度的价格，是能够使要素资源得到合理配置的价格。一般而言，影子价格反映了当下要素市场中相关要素的稀缺程度。杨凡（2017）的测算结果显示，改革开放以来，我国要素市场中资本要素和劳动要素的影子价格呈完全相反的变动趋势，其中，劳动要素的影子价格表现为不断地上升，而资本要素的影子价格则表现为持续下降。相对于改革开放之初劳动要素相对过剩的情况而言，我国要素市场中劳动要素的稀缺程度在逐步提高，而资本要素的稀缺程度却伴随着资本存量的增加趋于下降。按照斯托尔帕－萨缪尔森定理的基本内容，在经济全球化的背景下，丰裕要素稀缺性提高将导致丰裕要素实际收入提高，而稀缺要素的稀缺性下降将导致稀缺要素实际收入下降，反映在要素收入分配格局中，劳动收入占比理应上升，资本收入占比应下降。结合我国要素收入分配格局的现实状况不难看出，改革开放以来，我国劳动收入份额持续下降，而资本收益份额则持续上升。即使是在2008年以后，我国劳动收入份额超过了企业收入占比，但是我国劳动收入份额在经过2008年、2009年的突然上升之后，2010年、2011年转而下降，而企业收入占比在2008年、2009年短暂下降后转而上升，同时期资本要素和劳动要素的影子价格变动趋势也没有改变，即资本要素影子价格下降，劳动要素影子价格上升。这也就意味着劳动要素价格的上涨并没有带动劳动收入占比的同步增加，这显然是与斯托尔帕－萨缪尔森定理相矛盾的。从要素稀缺性的角度来解释，梁东黎（2014）认为丰裕要素劳动报酬占比没有提高，其原因正是在于劳动要素丰裕程度并没有发生实质性的变化。这也就意味着尽管单一的劳动要素开始呈现短缺，但是与资本要素相比，我国劳动要素依然呈现相对过剩的状况。

国与国之间的对比更能反映我国劳动要素真实的稀缺程度。这里我们用劳均固定资本量反映不同国家资本相对劳动力的丰裕程度。从表5-1不难看出，我国的劳均固定资本明显低于发达国家，相对于发达国家而言，我国资本要素较为稀缺，劳动要素相对丰裕。2010年之前，我国的劳均固定资本甚至低于墨西哥、马来西亚、俄罗斯、阿根廷、巴西、智利等发展中国家，我国劳动要素相对丰裕。但是发展到2016年，我国的劳均固定资本仅低于智利，高于其他所有发展中国家。从劳均固定资本的动态变动来看，我国劳动要素由相对过剩转为相对稀缺，但是这种稀缺仅仅是针对发展中国家而言，相对于发达国家而言，我国劳动要素依然具有较明显的优势。

表 5-1　　　　　不同国家的劳均固定资本　　　　　单位：美元

	劳均固定资本	1990 年	2000 年	2010 年	2016 年
发达国家	德国	11070.98	11136.03	15806.37	16069.83
	丹麦	9829.07	12331.18	19907.08	20712.10
	芬兰	16002.35	11206.92	20234.70	19161.32
	法国	11358.45	10665.33	19562.60	17844.42
	英国	8847.34	10035.32	11690.50	12974.02
	意大利	10835.50	9997.08	17333.10	12455.28
	日本	16423.93	19778.63	18237.56	17434.78
	美国	9920.89	16144.35	17138.62	22331.09
发展中国家	中国	138.52	551.14	3519.10	6098.25
	印度尼西亚	413.63	330.83	2000.83	2421.42
	墨西哥	1544.63	3542.59	4394.72	4199.43
	马来西亚	2052.18	2488.15	4682.49	5050.17
	菲律宾	450.31	597.82	1060.36	1711.66
	俄罗斯	1942.14	589.91	4305.34	3544.64
	泰国	1152.45	775.96	2082.26	2536.13
	阿根廷	1467.29	2796.16	3863.22	4103.14
	巴西	1592.37	1507.29	4661.67	2851.38
	智利	1588.50	2701.70	5884.24	6472.04
	印度	248.86	280.06	1176.22	1197.27

也有学者指出，刘易斯拐点的到来意味着我国已经进入劳动力短缺时代。从"十二五"期间开始，我国劳动年龄人口总规模及其占比双双下降，其中 15—64 岁的劳动年龄人口总规模自 2014 年开始下降，其占比则从 2010 年的 74.5% 下降至 2014 年的 73.4%。有学者预计，"十三五"时期我国劳动年龄人口总规模及其占比将继续保持这样的发展趋势，张车伟（2016）的人口测算数据显示，到 2020 年，我国 15—64 岁的劳动年龄人口将下降至 9.10 亿左右，而其占比则预计下降至 65% 左右。现实是，截至 2018 年年底，我国 15—64 岁的劳动年龄人口已经从"十三五"初期的 10.01 亿人持续

下降至9.9亿人，除了毕业的大学生外，新增劳动力人口同样保持了持续的下降态势。相对应的，我国老年抚养比已经从2016年的15%上升至2018年的16.8%。因此，总的来看，我国的劳动力供给将持续减少。

尽管如此，刘易斯拐点所强调的农业劳动力的工资与产业工资均等的情况尚未出现。2013年综合开发研究院（中国·深圳）的《农民工早退：理论、实证与政策》一书中指出，结合其他国家的历史经验，一般而言，刘易斯拐点出现在农民占全国劳动力的比重下降到10%—15%之时，此时的农业与工业工资均等，农村剩余劳动力耗尽。而按照官方统计，中国农村劳动力占全国劳动力的比重依然较高，我国农村劳动力过剩的情况依然存在。因此我们不能认为，劳动力总量减少就是劳动力不够了，劳动力进入短缺时代是真，但是短缺时代并不是稀缺时代。相对于资本要素而言，劳动要素的市场状况与稀缺程度依然不变。

2. 经济增长贡献程度的差异

资本和劳动要素均是经济增长的动力源泉，但是在不同的生产方式下，资本和劳动要素对经济增长的贡献程度不同，经济增长对两大要素的依赖程度也不尽相同。一般认为，经济增长对要素的依赖性越强，要素的谈判能力也就越高。改革开放以来，中国经济增长的第一推动力是资本，现有文献对此已形成共识，只是分析方法不同，贡献程度高低不一。如林毅夫和苏剑（2007）认为，改革开放以来中国经济增长主要是由资本驱动的，其次是TFP的增长，劳动的贡献最小。武鹏（2013）基于SFA和DEA方法的计算表明，改革开放以来资本投入对中国经济增长的贡献率高达92%。余泳泽（2015）基于中国1978—2012年的省级面板数据，采用检验后的超越对数生产函数的随机前沿模型，利用两套资本存量核算方法，对中国经济增长动力的来源进行分析。研究结果表明，中国属于典型的投资主导型经济，资本投入是中国经济增长持续稳定的最主要来源，资本对经济增长的贡献程度在70%—85%，而劳动的贡献微乎其微，仅有5%—10%。朱子云（2017）基于中国1980—2014年的时间序列数据测算了我国资本要素和劳动要素对经济增长的贡献程度。其结果表明：资本扩张是推动我国经济增长的第一动力，我国的经济增长在较大程度上依赖于资本要素的大量投入。1981—2014年，我国资本要素投入拉动的GDP增长率从2.8%增加至8.2%，其对经济增长的贡献程度相应地从54.2%上升至111.4%。期间，我国GDP年均增长率为9.86%，其中，由资本要素拉动的GDP年均增长率为6.3%，资本要素对经济增长的贡献程度年均高达63.9%，尤其是1994年以来，每年资本投入都是GDP增长的最大来源，2009年资本要素拉动的GDP增长率高达10%，其对经济增长的贡献程度达到了114.9%，为1981—2014年最高水平。与此相反，1981—2014年，劳动要素投入拉动的GDP增长率从1.63%下降到0.19%，对经济增长的贡献程度从31%下降至2.5%。统计期间，只有0.9%的GDP年均增长率是由劳动投入带动的，其对经济增长的年均贡献程度只有9.4%，最低的2008年，劳动要素拉动的GDP增长率仅为0.17%，劳动要素投入对经济增长的贡献严重低于资本要素。具体的变动趋势如图5-1所示。

对经济增长贡献程度的差异意味着我国经济增长在较高程度上主要依赖资本要素的投入，对劳动要素的依赖相对较小。因此，在资本和劳动的要素配置结构中，资本要素占据绝对的统治地位，其谈判能力也相对较高。

3. 技术进步偏向

不同要素禀赋下的经济增长路径不同，所适用的技术进步类型也不尽相同。而经济发展过程中的技术选择应该与要素禀赋的比较优势相一致，这是实现经济发展收敛的关键所在。在资源要素禀赋理论的框架内，一国或一地区的竞争优势应当建立在较为丰富的要素资源基础上。如果一国或一地区资本要素较为丰富，那么该国应优先发展大量使用资本要素的资本密集型产业，开发资本偏向型的技术进步。相反，如果一国或一地区劳动力资源较为丰富，那么该

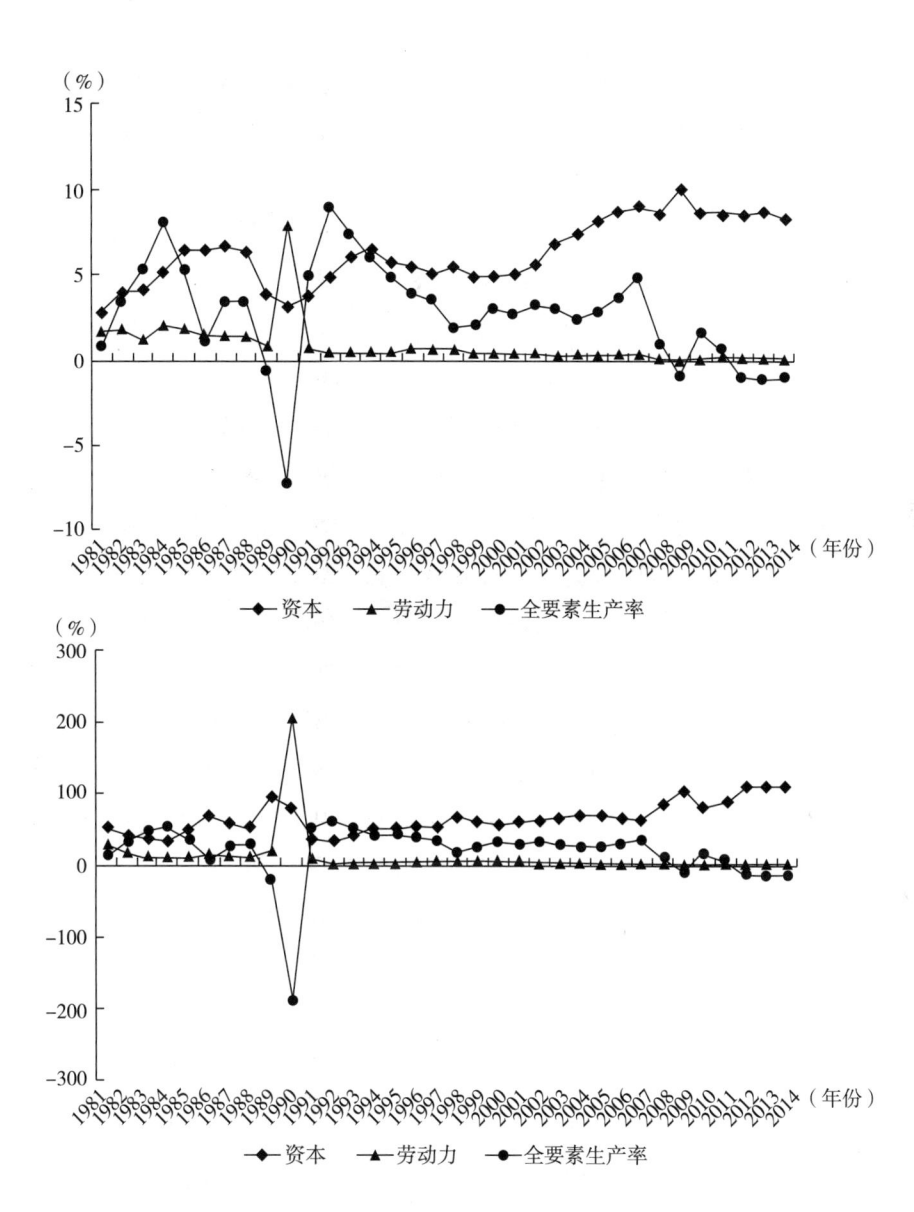

图 5-1 历年两大要素拉动的 GDP 增长率（左）及其
对经济增长的贡献程度（右）

国应当优先发展大量使用劳动要素的劳动密集型产业，开发劳动偏向型的技术进步。英国经济学家希克斯（J. R. Hicks）在其 1932 年所著的《工资理论》(The Theory of Wages)一书中最早提出了技术进步偏向性这一概念。书中综合考察了劳动要素和资本要素边际生产率的变动,并以此为依据来划分技术进步。

希克斯假设资本利率和工资水平均保持不变,劳动要素和资本要素可相互替代,认为劳动要素和资本要素的边际生产率同样具有不断上升的发展态势,但是两者上升的速度却不一致。当资本要素边际生产率的上涨快于劳动要素边际生产率的上涨时,即 $MP_K/MP_L\uparrow$,那么生产过程中,企业为了获取更高的利润,会选择用资本要素替代劳动要素,最终会导致劳动节约现象的出现。希克斯把此时的技术进步称为劳动节约型的技术进步。反之,如果劳动要素边际生产率的上涨快于资本要素边际生产率的上涨,即 $MP_K/MP_L\downarrow$,那么企业在生产过程中会更多地选择用劳动要素替代资本要素,这样的技术选择最终带来的结果是资本节约,希克斯把此时的技术进步称为资本节约型的技术进步。如果资本要素和劳动要素边际生产率的上涨速度一致,即 MP_K/MP_L 保持不变,那么生产过程中两大要素的投入比例也会长期保持不变,希克斯把此时的技术进步称为中性的技术进步。

在希克斯之后,阿西莫格鲁(Acemoglu)于 2002 年提出了一个相近的概念:要素偏向型技术进步。[①] 在阿西莫格鲁看来,不同的技术进步路径对要素边际生产率的相对变动有着不一样的影响,当技术进步导致资本与劳动边际生产率之比上升,即 $MP_K/MP_L\uparrow$ 时,劳动要素逐渐被资本要素所替代,此时的技术进步称为资本偏向型的技术进步。相反,当技术进步导致资本与劳动边际生产率之比下降,即 $MP_K/MP_L\downarrow$ 时,资本要素逐渐被劳动要素所替代,此时的技术进步称为劳动偏向型的技术进步。如果技术进步带来的结果是资本与劳动边际生产率之比即 MP_K/MP_L 保持不变,那么资本要素和

---

① Acemoglu, D. "Directed Technical Change", *Review of Economic Studies*, Vol. 69, No. 4, 2002, pp. 781–809.

劳动要素之间的相互替代不会发生，此时的技术进步表现为中性的技术进步。

结合希克斯和阿西莫格鲁两位经济学家关于技术进步的认识不难发现，希克斯所研究的劳动节约型技术进步就等同于阿西莫格鲁笔下的资本偏向型的技术进步，而阿西莫格鲁所提到的劳动偏向型的技术进步即是希克斯所研究的资本节约型技术进步，在中性技术进步这一概念上，两者没有区别。而要判断技术进步的偏向，关键是要看哪一种要素的边际生产率增长得更快。

按照上述理论思路，诸多学者测算了我国技术进步演进过程中的要素偏向。如陆雪琴、章上峰（2013）基于中国1978—2011年时间序列数据估算了要素替代弹性、要素增强型技术进步和偏向型技术进步。钟世川（2014）利用CES生产函数分析了技术进步偏向与全要素生产率增长之间的关系，运用1978—2011年中国工业行业数据核算全要素生产率增长和度量技术进步偏向情况。雷钦礼、徐家春（2015）在要素增强型CES生产函数的假定下，分析了1978—2012年技术进步偏向、要素投入偏向与我国全要素生产率增长之间的关系。白雪洁、李爽（2017）通过引入要素价格扭曲和技术创新模式这两类指标，利用中介效应模型构建了中国工业技术进步偏向的影响因素体系。尽管测算的数值大小不同，但以上研究均表明，改革开放以来，我国的技术进步呈现出明显的资本偏向。在要素禀赋理论的框架内，一国所具有的要素基础是其实现经济增长的基础条件，一国发展什么样的产业、采取何种方式的技术进步都应该与该国的要素禀赋基础相一致，如此才能实现经济收敛。不同要素的禀赋条件不同，要素价格也高低不一，要素越丰富，其价格也就越低。在市场经济条件下，企业主要根据要素价格高低来选择利润最大化的要素配置，并据此实现相应的技术进步。相对而言，对于劳动要素较为丰富的国家或地区而言，更为合理的技术进步方式应当是劳动偏向型的技术进步，而对于资本要素相对丰裕的国家或地区而言，选择资本偏向型的技术进步更符合其要素禀赋基础，也更加合理。

在资本和劳动要素的简单组合中,我国的劳动要素相对丰富,但是在选择技术进步方式时,我国却形成了资本偏向型的技术进步,这明显与我国的要素禀赋条件不一致,导致我国的经济增长缺乏内生性,同时也带来了各种各样的问题。究其原因,我们可以看到尽管我国劳动要素相对丰富,但是作为后发国家,在发展经济的过程中,为了快速跟上经济全球化的发展步伐,我们花费了大量物质资本从发达国家进口机器设备,辅之以国内廉价的劳动力来推动经济的快速增长。但是依靠进口机器设备形成的技术进步更多的只是技术复制而不是自我创新,对我国经济增长的推动作用并不具备长期可持续性。而且,机器设备的进口主要靠的是物质资本,这就相当于我国的技术进步是建立在大量物质资本投入上的,由此形成了资本偏向型的技术进步。这种技术进步方式的长期运行,导致在要素收入分配格局中,资本收益明显高于劳动收益,形成了偏向资本的收入分配格局,造成了要素分配的不均衡。这是因为,劳动力和资本的要素组合中,两者具有一定的可替代性,伴随着资本投入的不断增加,产业发展对劳动力的需求反而会减少,进而导致劳动要素价格降低。因此,尽管理论上劳动密集型制造业的发展应当有利于增加对劳动要素的需求,进而提高劳动者收入,但由于对外贸易的影响,为了保证出口商品在国际市场上的竞争优势,在技术创新能力不高、劳动要素相对丰富的条件下,我们采用了用劳动替代资本的发展战略,通过压低劳动力价格,降低企业生产的劳动力成本来获得利润空间和竞争优势。这样长期发展的结果是劳动力市场中劳动要素的定价权被攥在企业手中,劳动者的谈判能力较低。

4. 资产专用性

资产专用性是产权理论中的一个核心概念。Williamson（1979）最早给出了资产专用性的完整定义,他认为资产专用性是同一资产被不同使用者用于不同场合的能力,当然这种能力的大小以资产价值不会损失为前提。要素资产的专用性就意味着该项要素只有和其他要素相结合才有价值,从这一角度来说,任何一种要素都具有资产专用性,所不同的只是资产专用性大小不同而已。

产权理论认为,资产专用性的存在会带来专用性准租,资产专用性程度越高,其投资过程中所产生的专用性准租就越多。比如在劳动要素和资本要素相结合的生产过程中,两种要素都具备资产专用性,资本要素一旦投入就无法退出,而劳动要素也难以同时投入两个生产过程中,因此两项专用性资产相结合的过程必然会产生专用性准租,而劳资双方都存在攫取专用性准租的机会行为动机。具体哪一方占有的专用性准租更多,则要视要素所有者的谈判能力高低而定,而谈判能力的高低则视资产专用性程度而定。交易费用经济学的代表人物,如威廉姆森等均把资产专用性作为契约交易双方谈判的前提,如果资产专用性为零或者说不存在资产专用性,那么任何一项资产都可以在价值不损失的前提下投入另一项契约交易中,导致契约交易的失败,但是该项资产的所有者却不用付出任何代价,更不用与契约交易的另一方进行谈判。只有在存在资产专用性的前提下,契约交易双方才会因为害怕彼此的机会主义行为而进行谈判,具体谈判结果视契约交易双方投入资产的专用性程度而定,因为资产专用性程度不同,资产所有者的谈判能力高低不一。

资产专用性与谈判能力究竟是正相关还是负相关呢?一部分学者认为,资产专用性程度代表资产的重要性,生产过程中越是重要的资产,其资产专用性程度越高。由于生产过程总是过多地依赖更加重要的生产要素,因此该项资产的所有者在交易谈判中就具备了更大的优势,其谈判能力相对较强。相反,对于生产过程中较为不重要的资产而言,其所有者的谈判能力则相对较低,即资产专用性程度与谈判能力正相关。如郭继强(2005)就曾指出,专用性程度越高的资产,其重要性程度更高,适应性范围也更广,相应地在分享组织剩余中的谈判能力也就更强。另一部分学者从资产组合的角度出发持相反的观点，认为生产过程需要多项资产的共同投入，如果一项资产的专用性程度越高，也就意味着生产过程中其对剩余其他资产的依赖性更强，那么该项资产的所有者在与其他资产所有者谈判时就处于一定的弱势地位，其谈判能力自然较低。杨瑞龙和杨其静（2001）认为，资产专用性的存在削弱了资产所有者的谈判能力，资产专用性越强，其谈判能力反而越低。从以上观点不难看出，资产专用性与谈判能力的相关性并不一致，究竟最终呈现出哪一种相关关系，则要视多种因素的综合影响来最终判定。综合已有研究，我们认为，要判断资产专用性与谈判能力之间的相关性质，需综合考虑以下因素。

第一，资产的市场供求。考虑到专用性资产市场供求状况，专用性程度与谈判能力高低成正比。一般而言，供过于求的资产，其专用性程度较低，相应的谈判能力也较低，而供不应求的资产，其专用性程度较高，相应的谈判能力也较高。相比劳动力要素，资本要素则相对稀缺，因此，相对而言，资本要素的资产专用性程度要高于劳动要素，并在此基础上形成了资强劳弱的谈判能力配置格局。

第二，要素的产权归属。劳动要素的所有权也是一个权利束，它包括对劳动要素的占有、使用、收益、处置等多项权能，这些权能在生产过程中是分割的。劳资契约关系存续期间，由于劳动要素的主观能动性，其占有权天然地归要素所有者所有，两者不可分割，但生产过程中劳动力的收益权和处置权则归用人单位所有，由资本要素的所有者所决定。而劳动要素的使用权进一步被分割，劳动要素的所有者只能从主观上决定劳动要素投入的数量和质量，但是具体被投入哪一岗位上、到底是被雇佣还是被解雇则由资方所决定。因此，劳动要素的产权归属是一个复杂的体系，劳动要素所有者所占有的权能非常少，这导致劳动要素缺乏进行人力资本投资的激励，其技能水平长期得不到提高，资产专用性程度也一直较低，因此谈判能力也相对较低。

第三，劳动分工。从分工的角度来看，组织内部相应岗位上的劳动要素的资产专用性水平会伴随着分工程度的加深而上升。这是因为，分工程度越深，不同岗位上所需要的劳动技能差别越大，劳动要素被投入其他岗位所带来的价值损失可能就越大，因此其专用性程度较高。理论上讲专用性程度越高，意味着组织对劳动要素的依赖性越强，劳动要素的谈判能力也应当随之增强。但是与此同时，较高的专用性程度意味着劳动要素对组织内部某一岗位的依赖性也较强，一旦脱离该岗位，其长期积累的专业知识和技能不可避免地会贬值，因此，越是专用性较高的资产，其与组织内部其他资产的结合越紧密，谈判能力反而会变弱。所以，从分工的角度看，资产专用性程度与谈判能力的关系是双向的，究竟资产专用性水平的提高会增强还是减弱资产所有者的谈判能力，则要视两种影响的综合大小而定。

综上，资产专用性与谈判能力的相关关系受多重因素的影响。在我国的劳动力市场中，劳动要素所有者的谈判能力明显低于资本要素的所有者。

（二）制度环境

1. 要素的组织化程度

不同要素的组织程度不同，资本要素的组织程度更强，导致其谈判能力相对于劳动者而言也更强。这是因为资本要素在实际的生产过程中通常都是以组织的形式出现的，而且伴随着资本组织规模的不断扩张，资本要素所有者所拥有的权利也不断扩张。劳动力市场中，劳动要素所有者找寻工作的过程是与资本要素相结合的过程，而这一过程中，劳动者的搜寻行为通常以个体为单位进行，在劳动力市场供过于求的条件下，劳动者之间的竞争非常激烈，较难以集体组织的形式出现，而单个的劳动者在面对强大的资本组织时，其是企业极端短缺的人才，否则一般情况下，单个的劳动者在劳动关系中都处于弱势地位。

要保证市场机制能够自我有效地调节劳动力市场运行，首要条件就是要保证劳动力市场的买卖双方处于平等的地位。但是由于劳动关系本身的隶属性，劳动者在劳动力市场中处于弱势地位，这导致劳动者只能接受企业意愿框架内的劳动契约，而无力就劳动利益与企业组织相抗衡。为了维护自身利益，劳动者倾向于和其他劳动者联合，共同与企业开展劳资谈判，确保自身的利益不至于受损，于是便有了劳动者的集体组织——工会，工会代表全体劳动者和企业进行谈判和协商。可以说，工会作为代表劳动者利益的集体组织，其存在与发展弱化了劳动力市场的买方特征，增强了劳动者的谈判能力，使劳动者与企业在相互妥协、相互让步的平等地位上进行谈判，确保劳动关系的长期持续。西德尼·韦布和比阿特丽斯·韦布夫妇在《产业民主》一书中指出，在存在工会组织的行业中，工会组织可以用劳动者集体的名义去企业进行谈判，这种方式有利于改变单个劳动者在劳动力市场中的弱势地位。迪尔凯姆在分析劳资冲突问题时也曾经指出，单个个体的力量在解决劳资冲突方面的力量有限，要缓解劳资冲突，就要依靠群体的组织力量。劳动关系理论和西方工业化国家的经验研究均表明，工会作为劳动者的集体组织，其所参与的集体谈判制度在调整劳动关系方面作用显著。世界银行（2000）针对不同收入国家集体谈判制度的研究报告也指出，工会组织的存在明显提高了劳动者的工资水平。而且，工会组织在低收入国家的工资效应明显要高于高收入和中等收入国家（如表5-2所示）。其他学者的研究也表明工会所拥有的权利增强了企业员工集体谈判的力量，如 Bryson（2002）研究发现1998年英国私人部门的工会在提高职工收入方面发挥了积极作用，工会会员的工资比非会员高3%—6%。Walsh（2010）对爱尔兰2006—2010年的数据进行了分析，发现工会所带来的工资增长的边际效应在10%左右。Portugal 和 Vilares（2013）对葡萄牙2010年的数据分析表明，相对于非工会会员而言，工会会员的工资要高30%左右。

表 5-2　　　　　　　工会和非工会工资的跨国比较

国家	年份	工会成员较非工会成员工资提高的比例（%）
高收入国家		
澳大利亚	1984—1987	7—17
加拿大	1969—1994	10—25
日本	—	5
英国	1969—1995	10
美国	1963—1995	15
德国	1985—1987	0—6
中等收入国家		
韩国	1988	2—4
马来西亚	1988	15—20
墨西哥	1989	10
南非	1993—1995	10—24
低收入国家		
加纳	1992—1994	21—28

近年来，中国的工会得到了快速的发展，从 2006 年到 2018 年的十余年间，工会基层组织数从 132.4 万个增长到 273.1 万个，我国已建工会组织的基层单位的会员人数从 16994.2 万增长到 29476.5 万，工会专职工作人员人数从 54.3 万增长到 102.2 万。[①] 然而诸多针对我国工会组织的实证研究表明，工会在我国劳动者集体谈判中所发挥的作用依然存在较大争论。一些学者认为，中国的工会存在正的工资溢价效应，如李永杰等（2013）利用 2008 年 CGSS 大样本微观数据，评估中国工会是否能为员工带来"工资溢价"，结果表明，平均而言，工会工人相比于非工会工人具有显著更高的工资水平和更低的工资不平等，特别对处于收入分布低端的广大劳动者，工会作用更大。莫旋和刘杰（2016）利用 OLS 回归、

---

① 此处数据源于国家统计局数据库。

Blinder – Oaxaca 等多种方法的研究证明，我国企业存在明显的工会"工资溢价"效应。陈晓菲等（2018）基于中国雇主—雇员匹配数据的实证研究表明，有工会的企业员工的平均收入显著高于没有工会的企业。这些结果意味着，健全工会制度，保障并提高低收入者的工资报酬，对于改善我国劳动力市场收入分配具有重要意义。但也有不少学者持相反观点，如易定红、袁青川（2015）采用 2008 年中国社会综合调查数据，运用工具变量的方法，研究了中国工会的工资溢价问题。其结果表明，工会会员与非工会会员之间的小时工资差异主要是由禀赋效应造成的，工会对工资没有明显的直接影响。单爽、赵冲（2020）利用 2013 年中国计生委流动人口动态监测调查数据，运用倾向得分匹配的方法对中国工会会员身份是否会导致工资溢价进行了分析。其研究结果显示，中国工会会员和非会员的工资收入没有显著差异，即中国工会的会员身份没有导致工资溢价。究其原因，是中国的工会组织的独立性与代表性不足。

　　要使工会组织真正发挥作用，一个重要的前提就是要保证工会组织的独立性和代表性。工会的独立性和代表性要求工会与企业的管理方之间应当是独立的，它单独代表全体工会成员的利益与企业管理方展开谈判，工会与企业管理方之间是独立的，不应当存在职能的交叉和角色的重叠。从代表性上来看，我国的劳动法直接赋予了工会组织的集体谈判权，它在法律上具有了代表劳动者行使集体谈判权的资格。我国《工会法》明确规定：工会代表职工与企业以及实行企业化管理的事业单位进行平等协商。但由于工会的独立性没能得到有效保证，导致实践工作中工会在集体谈判中的作用相当有限。我国企业内部的工会组织除了具备法律所规定的工会职能之外，工会同时还介入企业管理机构内部，行使企业管理职能。而且，有许多企业的管理人员尤其是高层管理人员同时在工会组织内部任职，使工会与企业的管理部门的角色产生了交叉，其职能也难以界定开来。在这样的组织架构下，工会的主要职能不再是代表劳动者与管理方开展集体谈判，而是充当第三者调解劳动者与管理方的利益冲突。这导致在实际的集体谈判过程中,工会并不能完全代表工会成员的利益,反而可能会受工会内部管理人员的掣肘,削弱了工会组织的集体谈判能力。比如,在我国许多企业中,党委副书记兼工会主席、纪委书记兼工会主席、工会主席兼党委常委、副厂长兼工会主席等都是常见现象,这统统会使工会的独立性和代表性受到影响,无法真正代表劳动者维护其的合法权益,更有甚者可能会出现工会主席代表企业管理方与企业劳动者发生利益冲突的事件。再加上集体行动中的"搭便车"问题,相对于资本而言,劳动者的组织化更加难以实现,因此其谈判能力相对较低。

2. 第三方的制度偏好

作为参与工资谈判的第三方,我国政府具有明显的低工资偏好,这是我国制度环境的一个重要特征。在公共选择理论看来,政府同样具有"经济人"的基本特征,即追求利益最大化。在我国的政治体制下,这种最大化的利益更多地表现为政治利益,即职位的升迁和上级领导的认可。为了实现政治利益的最大化,政府部门的领导者必须有一定的"政绩"做支撑,为此,在唯GDP的政治考核体制内,追求过高的经济增长速度成为政府部门追逐政治利益的重要途径。面对我国劳动力供过于求、资本相对稀缺的要素禀赋结构,政府本能地选择以牺牲劳动者工资为代价,提升资本参与生产的积极性,从而促进经济增长,导致我国工资的增长速度慢于国民经济的增长速度,工资水平不高。而在追求经济高速增长的目标驱动下,这一低工资越来越变成一种惯性被延续下来,导致劳动者在双方的谈判中居于被动地位。

我国的最低工资制度也在一定程度上抑制了劳动者讨价还价能力的提高,它与低工资偏好的制度一起,形成了偏向资本的制度环境。按照《最低工资规定》中所述,最低工资是指劳动者在法定工作时间提供了正常劳动的前提下,其雇主或用人单位支付的最低金额的劳动报酬。理论上,最低工资类似于这样一个标准,它形成了劳动者工资的最低限价,同时构成了劳动者工资水平上涨的障碍。

尽管关于最低工资制度的争议一直没有消除，但是基于保护劳动者这一弱势群体的目的，实践中世界各国普遍采用了最低工资制度。数据显示，现今全球有90%的国家都制定了专门的最低工资制度。其中，我国早在1993年就颁布了《企业最低工资规定》，并在2004年重新修订，我国的《中华人民共和国劳动法》也明确了最低工资制度的法律地位。但是在实践过程中，最低工资制度需要重点解决两个方面的问题：第一，最低工资的标准如何制定才是合理的。因为过高标准的最低工资势必会增加企业的用工成本，减少企业的雇佣激励，降低就业率。而过低标准的最低工资则起不到保护低收入劳动者的作用；第二，如何保证最低工资制度的理论效应在实践中得到实现。

目前，我国最低工资标准是由各省、自治区、直辖市人民政府制定和发布的，一般利用最低工资占全社会平均工资之比来衡量。我国1993年公布的《企业最低工资规定》和2004年修订后的《最低工资规定》均指出，较合理的最低工资水平应相当于全社会平均工资水平的40%—60%。2008年，国际劳工组织对全球75个国家最低工资标准的研究表明，大多数实行最低工资制度的国家其最低工资占全社会平均工资水平的40%左右。如果按照40%—60%的标准来衡量的话，我国现行的最低工资标准相对较低，远远没有达到占职工工资平均水平40%的国际水平。胡宗万（2017）在分析全国省会城市最低工资标准时的数据研究就表明，2016年最低工资标准达到40%水平的省会城市只有两个。

我们用城镇就业人员的平均工资来衡量地区平均工资水平，图5-2列示的是2018年全国31个省、直辖市、自治区最低工资标准的第一档与城镇就业人员平均工资的比值。从绝对水平来看，最低工资水平高于2000元的共6个地区，均为经济发达地区，分别为上海的2420元、北京的2120元、广东的2100元、天津的2050元、江苏的2020元和浙江的2010元。但是这些经济发达地区最低工资占平均工资之比并不高，比如北京的最低工资仅占平均水平工资的

17.45%。六大地区中最低工资占比最高的江苏省也不足30%，其最低工资占平均工资的比例为28.62%。相对来说，我国最低工资占比最高的是黑龙江，其2018年调整的最低工资标准第一档为1680元，2018年度其城镇就业人员平均工资为5065元，最低工资占平均工资的33.17%，最低的是西藏自治区，其最低工资仅占平均工资的17.07%。

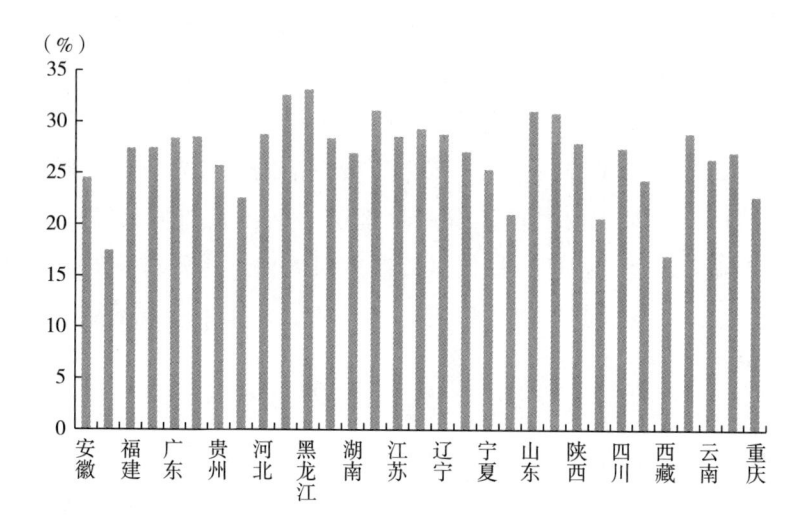

图 5-2　2018 年各地区最低工资与平均工资之比

资料来源：最低工资数据主要由各地公布的最低工资标准整理而来，城镇就业人员工资数据来自2018年《中国统计年鉴》。

另外，从已有研究来看，我国最低工资制度的实施效果并不能令人满意。平均来看，我国大中城市现行的最低工资标准仅够低收入劳动者维持最基本的生存需要，从单个的绝对水平来看，甚至有多个大中城市的最低工资标准尚低于劳动者的生存工资。因此，"无论是理论上还是实践中，目前我国部分地区领取最低工资的劳动者无法体面生活，其子女的教育问题尤其令人忧虑"[①]。姚先国、

[①] 韩兆洲、魏章进：《最低工资标准：问题与对策研究》，《广东社会科学》2011年第1期，第200页。

王弟海、易定红、李坤刚（2010）、王学力（2012）、黄岩和杨方（2011）等学者也认为我国现行的最低工资标准无法满足劳动者的生存需要。马双、张劼、朱喜（2012）等学者则分别从工资和就业的角度分析了我国最低工资制度的实践效果，其研究表明，我国最低工资标准的持续提高有利于劳动者工资水平的上涨，最低工资每增加10%，我国劳动者的平均工资增加0.3%—0.6%。但是从其对就业的影响来看，最低工资每增加10%，工资水平在上涨的同时，我国的就业人数却会减少0.6%左右，也就是说，我国的最低工资制度最终带来了就业率（主要是低收入劳动者的就业）的下降。张世伟、杨正雄（2019）指出，最低工资标准的工资效应存在显著的动态特征，短时间内最低工资制度能够显著地促进农民工工资增长，伴随着时间的推移，最低工资制度对农民工工资增长的促进作用逐渐衰减，导致其对农民工工资增长的长期作用效果不显著。因此，最低工资制度的实施效果并不尽如人意。

3. 不完善的劳动关系调整机制

集体谈判制度、集体合同制度是我国劳动关系调整机制的重要组成部分，但是从这些制度的现实执行效果来看，其在调整劳资关系方面的作用非常有限。

集体谈判制度可以说是在调整劳动关系方面的一项伟大发明，实践中集体谈判制度最终也成为西方发达国家解决劳资冲突的重要机制，构成了发达市场经济国家劳动关系调整机制的核心。集体谈判是平衡劳资双方力量、调节劳动关系的一项有效尝试，这一制度的初衷在于缓解劳动矛盾并一定程度上提高劳动者权益。但可惜的是，集体协商制度在我国并未大范围实施，集体谈判制度尚未在我国真正建立起来，现存的集体谈判制度因为集体谈判主体的缺失也未能发挥有效作用。

自1997年在全国大范围推广以来，集体合同制度已经在我国实践了20余年，尽管从数量上看，我国集体合同的签订数量大幅度提高，但从实际效果来看，我国集体劳动合同在调整劳动关系方面的作用并不尽如人意，政府自上而下的制度推广过程使集体合同沦为政府政绩的主要指标，签订数量成了政府追求的唯一要素，而集体劳动合同的内容流于形式化，重结果轻协商的现象非常明显，合同条款既非集体协商达成，也就无法真正为保护劳动者权益而发挥作用。

在没有第三方政府作用的宏观环境中，劳动力市场上供过于求的局面导致了劳动者的谈判能力明显弱于企业，而政府的偏向性选择则进一步固化了这一谈判能力的配置，导致劳动者谈判能力得不到有效提升。长期以来，对于政府而言，其最大的"政绩"莫过于经济增长速度。而推动我国经济增长的动力主要是投资和出口，因此就形成了政府对于投资和出口的依赖。在依赖投资的前提下，在劳动和资本的要素组合中，政府选择的是更稀缺的资本，在依赖出口的前提下，以劳动密集型产品为主的出口结构决定了我国的出口更多依靠的是低廉劳动力的投入，为了维持这一竞争优势，政府不得不人为地压低工人工资，导致我国工人工资长期保持在较低水平，工资的增速明显低于经济增长速度，同时也慢于劳动生产率的上升速度。最终，政府依赖投资和出口的结果必然导致劳动者权益上升空间被压缩。

第二节 谈判能力对契约剩余分配的影响

一 谈判能力决定剩余分配

在市场和制度环境的双重作用下，我国现阶段的劳动关系中，劳动要素的所有者与资本要素的所有者之间是一种非均衡的、不对等的关系，劳动者谈判能力较低，资本要素所有者谈判能力较高。反映在生产方式上，形成了资本雇佣劳动、劳动从属于资本的生产方式。理论上，在资本与劳动相结合的生产过程中，生产方式有两种：资本从属于劳动（劳动雇佣资本）和劳动从属于资本（资本雇佣劳动）。在完全竞争市场中，由于资本要素所有者和劳动要素所有者处于同等的竞争地位，任何一方都不具备对市场的控制权，因此，按照新古典经济学的理论假设，任意一种生产方式最终都能带来资源配置的最优，市场机制总是有效的。而一旦市场不是完全竞争的，那么不同生产方式的资源配置效率明显不同。在资本雇佣劳动的生产方式框架内，劳动要素价值的实现与补偿均依赖于资本，资本掌握着劳动要素的使用权、收益权和处置权。而且资本作为一种通用性资产，可以作为抵押物来承担资本所有者的经营风险，而劳动要素因为不能与其所有者相分离，也就不能成为抵押品，这进一步加剧了劳动要素所有者的弱势地位，最终形成了资强劳弱的谈判能力配置格局，劳动者在与资方的谈判中处于弱势地位。

劳动者报酬水平低是导致劳资关系紧张的最直接原因。对劳资契约剩余占有的不均是初次分配中劳动者报酬水平较低的重要表现，初次分配中劳动者依据劳资契约的具体规定获得报酬，劳动者报酬即劳动者契约收益包含两部分：一是契约规定的劳动者能够获得的固定收益，这部分收益表现为劳动者的保留工资，是劳动者履行契约的最低限价，也是资方获取有效劳动供给的必要条件，因为在保留工资水平上可以得到充分的劳动力供给，低于保留工资水平劳动力的有效供给将受到限制，它是劳资契约存续的底线；二是劳动者的契约剩余分享份额。因此，初次分配中劳动者的低报酬水平一方面表现为较低水平的保留工资，另一方面表现为对劳资契约剩余占有的不均。劳动者的保留工资水平主要由劳动力供求状况决定，因此，在既定的劳动供给条件下，劳动者报酬高低主要表现为契约剩余份额的多寡。

劳资契约剩余作为劳资契约收益的一部分，共同产生于劳资契约的履约过程，从表现形式上来看，劳资契约剩余就是劳资双方通过缔结契约所创造的总的收益高出解除当前契约关系后各自所得的部分。契约视角下，劳资双方直接参与了契约剩余的形成，这意味着，劳资关系的和谐一定是在剩余存在并且做出适当分割的前提下才可能实现的均衡。秉承不完全契约理论的一般假设——产权的持有带来收益,我们认为,不完全劳资契约条件下的剩余权利构成劳资双方的谈判空间,契约剩余份额的多寡取决于剩余权利在劳资双方之间的配置。既定的供求关系下,剩余权利的配置取决于劳资双方谈判能力的相对高低。

在资强劳弱的谈判能力非对称布局下,劳动者就只能被迫接受由用人单位单方制定的不完全程度较高的劳资契约,劳资双方的谈判空间很大,但由于谈判能力的差距,劳动者只能接受资方所制订的剩余配置方案,在资方追求利益最大化的动机下,劳动者所能分享的劳资契约剩余寥寥无几。如果劳动者不接受既定的权利配置,就只能更换工作。无论哪一种结果都不利于劳动力市场的稳定和劳资关系的长期存续。

二 制度偏好、谈判能力与剩余分配

本章第一节中,我们把所有影响谈判能力的因素分为两类:一类是市场因素,另一类是制度因素。在此条件下,劳资契约剩余其实也可以进一步划分为两部分:由市场决定的一般生产剩余和由制度偏好决定的制度剩余。广义上,任何一种形式的制度安排都是一种契约关系,它们的本质都是用来界定契约交易当事人权责利的产权结构,不同的契约形式或者说不同的制度安排对应着不同的产权结构,不同的产权结构进一步对应不同的收入结构,所以说劳资契约的执行结果直接影响劳资双方之间的利益分配,在契约不完全的条件下,这种利益主要表现为针对契约剩余的争夺。

具体制度如何影响谈判能力进而影响劳资契约剩余的分配,我们可以构建一个简单的模型来参透一二。模型中假定,存在制度偏好的前提下,劳资契约剩余可以被分为两部分:一部分是由上述市场因素所决定的一般性生产剩余 π,另一部分是由制度偏好所决定的制度剩余 s。同样的,根据影响因素不同,劳资双方的谈判能力也可以分为两个部分:一部分是由包括要素稀缺性、经济增长贡献程度、技术进步等市场因素所赋予的,另一部分是由制度环境赋予的。我们假设市场因素赋予劳动者的谈判能力为 β,制度环境赋予劳动者的谈判能力为 δ，其取值范围为 $0<\beta<1$ 和 $0<\delta<1$。此时由谈判能力所决定的劳动者契约剩余分享份额 R_l 和资方的契约剩余分享份额 R_k 分别为：

$$R_l = \beta\pi + \delta s \tag{5.1}$$

$$R_k = (1-\beta)\pi + (1-\delta)s \tag{5.2}$$

存在制度偏好时，由于制度所带来的契约剩余 s 是政府作为第三方默认的结果，在制度没有变革的条件下，这部分剩余成为约定俗成的部分，其获取所耗费的成本非常小，劳资双方也没有进行多轮谈判的必要，因此，我们假设针对这部分剩余的谈判成本为零。而一般性的生产剩余要进入多周期谈判，每一轮谈判都会带来成本的耗费。我们假定耗费的谈判成本是生产剩余 π 的固定比例函数，其比例我们设为 c。n 轮多周期谈判结束后，劳资双方所分享到的契约剩余份额分别为：

$$\begin{aligned} R_l &= \beta\pi(1-c) + \beta\pi(1-c)^2 + \cdots + \beta\pi(1-c)^n + \delta s \\ &= \frac{\beta\pi(1-c) - \beta\pi(1-c)^{n+1}}{c} + \delta s \end{aligned} \tag{5.3}$$

$$\begin{aligned} R_k &= \pi(1-\beta)(1-c) + \cdots + \pi(1-\beta)(1-c)^n + (1-\delta)s \\ &= \frac{\pi(1-\beta)(1-c) - \pi(1-\beta)(1-c)^{n+1}}{c} + (1-\delta)s \end{aligned} \tag{5.4}$$

当市场因素赋予劳动者的谈判能力趋近于零，即当 $\beta\to 0$ 时，生产剩余完全被资方所占据，劳动者所能分享到的契约剩余完全取决于制度环境所赋予的谈判能力，此时劳动者占有的契约剩余主要为制度性剩余，即 $R_l = \delta \cdot s$。进一步的，当制度环境赋予劳动者的谈判能力也趋近于零，即当 $\delta\to 0$ 时，制度剩余也进一步完全被资方所占据，劳动者所能分享到的契约剩余为零，而资方则能获取全部的生产剩余和制度剩余。此时：

$$R_k = \frac{\pi(1-c) - \pi(1-c)^{n+1}}{c} + s \tag{5.5}$$

相反，当制度环境赋予劳动者的谈判能力趋近于1，即 $\delta\to 1$ 时，劳动者分享全部的制度剩余，而资方则占有全部的生产剩余，此时：

$$R_l = s, \quad R_k = \frac{\pi(1-c) - \pi(1-c)^{n+1}}{c} \tag{5.6}$$

综合以上分析可知，不存在制度偏好时，劳资双方所能获取的契约剩余份额主要取决于 β，考虑到 β 的取值范围，两者的剩余份额均在区间 $\left[0, \frac{\pi(1-c) - \pi(1-c)^{n+1}}{c}\right]$ 之内。

存在制度偏好时，如果 $\beta \to 0$，则劳动者所能获取的契约剩余份额主要取决于 δ，考虑到 δ 的取值范围，劳动者获取的剩余份额也是一个区间值，此时 $R_l \in [\delta s, s]$，此时 $R_k \in \left[\frac{\pi(1-c) - \pi(1-c)^{n+1}}{c}, \frac{\pi(1-c) - \pi(1-c)^{n+1}}{c} + s\right]$。

考虑到劳资双方的契约自我执行意愿，如果政府介入以后双方所获取的剩余份额低于没有政府介入的情况时，双方均不愿意政府介入。因此，政府作为第三方干预劳资契约剩余分配的前提是必须保证劳资双方所获取的契约剩余比不存在政府干预时少。分开来看，劳动者同意政府介入的条件是：

$$\delta s \geq 0 \tag{5.7}$$

政府介入时，资方执行契约的条件是：

$$\frac{\pi(1-c) - \pi(1-c)^{n+1}}{c} + s \geq \frac{(\pi+\beta)(1-c) - (\pi+\beta)(1-c)^{n+1}}{c} \tag{5.8}$$

由式（5.7）和式（5.8）可知，政府介入契约剩余分配的条件为：

$$\delta s \geq \frac{(\pi+\beta)(1-c) - (\pi+\beta)(1-c)^{n+1}}{c} - \frac{\pi(1-c) - \pi(1-c)^{n+1}}{c} \tag{5.9}$$

从以上分析可知，当劳动者谈判能力较弱时，政府要介入契约剩余分配的前提条件是介入在不损害资方利益的基础上提高劳动者的契约剩余份额，此时劳动者的剩余份额在 $\left[0, \frac{\beta(1-c) - \beta(1-c)^{n+1}}{c} + s\right]$

之间。

当 $\beta \to 1$ 时，劳资双方谈判能力的配置与 $\beta \to 0$ 时相比正好相反。此时劳动者能够在谈判能力极大化的条件下占有全部的生产剩余，制度剩余的多少则取决于 δ 的大小。此时，如果制度环境赋予劳动者的谈判能力趋近于零，即当 $\delta \to 0$ 时，制度剩余完全被资方所占据，劳动者所能分享到的契约剩余为生产剩余。劳资双方分享的契约剩余份额分别为：

$$R_l = \frac{\pi(1-c) - \pi(1-c)^{n+1}}{c} \tag{5.10}$$

$$R_k = s \tag{5.11}$$

而如果制度环境赋予劳动者的谈判能力趋近于1，即当 $\delta \to 1$ 时，劳动者占有全部的生产剩余和制度剩余。此时：

$$R_l = \frac{\pi(1-c) - \pi(1-c)^{n+1}}{c} + s \tag{5.12}$$

$$R_k = 0 \tag{5.13}$$

总的来看，当 $\beta \to 1$ 时，劳资双方可以获得的契约剩余分别为：

$$R_l \in \left[\frac{\pi(1-c) - \pi(1-c)^{n+1}}{c}, \frac{\pi(1-c) - \pi(1-c)^{n+1}}{c} + s\right] \tag{5.14}$$

$$R_k \in [0, s] \tag{5.15}$$

同样考虑政府介入契约剩余分配的可行性条件，当 $\beta \to 1$ 时，政府介入契约剩余分配的条件为：

$$(1-\delta)s \geq \frac{\beta(1-\delta)(1-c) - \beta(1-\delta)(1-c)^{n+1}}{c} \tag{5.16}$$

即当资方谈判能力较弱时，政府要介入契约剩余分配的前提条件是介入在不损害劳动者利益的基础上提高资方的契约剩余份额，此时资方所分享的剩余份额在 $\left[0, \frac{\beta(1-\delta)(1-c) - \beta(1-\delta)(1-c)^{n+1}}{c}\right]$ 之内。

综合以上分析，我们可以得出以下结论：

第一，劳资双方占有契约剩余份额的多寡与制度偏好成正比。

在资强劳弱的谈判能力框架下，要保证契约剩余分配的均衡，维护劳资关系的长期可持续，政府可以在不损害资方契约收益的基础上，通过适度偏向劳动要素的制度安排来增强劳动者的谈判能力。

第二，劳资关系的存续对政府作为第三方的介入提出了较高的要求，第三方在介入劳资契约剩余的分配时，其制度偏好应当是适度的，否则就有可能损害劳资任何一方的专用性投资激励，给契约的执行带来负效应。

本章小结

本章主要分析了不完全劳资契约框架下的谈判能力配置及其对契约剩余权利的影响。契约的不完全意味着契约规定所涉及的所有权利未能被清楚界定，尚存在未被界定清楚的权利，剩余权利的存在为劳资双方提供了谈判的空间，未能被清楚界定的权利越多，谈判空间越大，对剩余权利的占有直接影响劳资契约剩余的分配乃至劳动者报酬的高低。而契约剩余的产生依赖于产权所有者的合作，作为不同要素的契约组合，企业的剩余是由劳资双方合力创造的，也理应由劳动者和资方共同享用，作为劳动力产权所有者的劳动者理应享有这份收益。至于剩余权利如何在劳资双方之间进行分配，主要取决于双方谈判能力的高低。总之，不完全契约条件下的剩余权利束构成劳资双方的绝对谈判空间，劳资双方以谈判能力为限获取相应的谈判空间，并据此获取相应的契约剩余。

影响谈判能力的多重因素可以划分为市场因素和制度环境因素。市场因素包括要素稀缺程度、经济增长贡献程度、技术进步偏向、资产专用性程度等。稀缺要素所有者的市场势力和溢价能力相对较高，然而对于资本和劳动要素影子价格的测算表明，尽管单一的劳动要素开始呈现短缺，但是与资本要素相比，我国劳动要素依然呈现相对过剩的状况，国与国之间劳均固定资本的对比也反映出我国劳动要素依然具有较明显的禀赋优势，这意味着劳动要素所有者的谈判能力更低；资本和劳动要素对经济增长的贡献程度不同，经济增长对两大要素的依赖程度也不尽相同，经济增长对要素的依赖性越强，要素的谈判能力也就越高。数据分析表明，改革开放以来，资本扩张是推动我国经济增长的第一动力，我国的经济增长在较大程度上依赖于资本要素的大量投入。因此在资本和劳动的要素配置结构中，资本要素占据绝对的统治地位，其谈判能力也相对较高；要判断技术进步的偏向，关键是要看哪一种要素的边际生产率增长更快。我国资本要素的边际生产率明显快于劳动要素的边际生产率，这导致我国形成了资本偏向型的技术进步。而劳动和资本的要素组合中，两者具有一定的可替代性，资本偏向型的技术进步意味着企业更多地选用资本要素来替代劳动要素，由此导致对劳动力的需求不断减少，劳动市场的买方垄断特征愈加明显，劳动者的谈判能力也相对较低；资产专用性与谈判能力具有一定的相关性，但究竟是正相关还是负相关，则要视影响多种因素的综合影响来最终判定。综合考虑市场供求、要素的产权归属、劳动分工等因素，在我国的劳动力市场中，劳动要素所有者的谈判能力明显低于资本要素的所有者。在上述市场力量的作用下，劳资双方之间的谈判能力配置呈资强劳弱的特征。而劳动力较低的组织化程度、低工资的制度偏好、低效的劳动关系调整机制进一步强化了资强劳弱的谈判能力配置。综上，在市场和偏向性制度环境的共同作用下，劳资双方之间的谈判能力是不均衡的，在资强劳弱的谈判能力配置下，劳资双方的权利结构也呈现出明显的非均衡特征，劳动者在剩余权利和契约剩余的争夺中处于弱势地位，不能共享或者只能分享极少部分的契约剩余。在市场力量不可逆的情况下，要提高劳动者的谈判能力，保证契约剩余权利和契约剩余分配的均衡，维护劳资关系的长期可持续，关键是要改善偏向资本的制度环境，即强化不完全劳资契约的第三方实施。

第六章 劳资契约的自我实施及其效率风险

契约的实施有两种方式：自我实施和第三方实施。劳资契约的不完全是一种天然属性，这是不得不承认的科学事实。劳资契约的不完全根源于劳资双方非均衡的谈判能力配置，并由此形成了两者的非均衡关系。但是，在不完全劳资契约的框架下，只要劳资双方的非均衡关系能够被控制在合理的限度之内，劳资契约的自我实施可能依然是有效的，包括成本收益机制、声誉效用机制和信任机制都可以促成不完全劳资契约的自我有效实施。但是，在上述三大机制作用有限时，劳资契约的自我实施就存在效率风险。

第一节 劳资契约的自我实施机制

契约的实施机制也叫契约的执行机制，关于实施机制的具体类型，Macaulay（1963）和 Grief（2003）曾把契约执行机制分为私人执行机制和基于法律的公开执行机制。现阶段，关于契约的实施机制，经济学家们基本已经达成了共识，即契约的实施机制一般分为两类：契约的自我实施和第三方强制实施。关于契约自我实施机制的内涵、自我实施的实现条件等问题，早在 20 世纪 80 年代，Klein 和 Leffler（1981）、Telsel（1981）等学者就在 GHM 理论的基础上开展了卓有成效的研究，其中 Telsel（1981）明确指出了纯粹自我履约契约的含义：它是指契约的实施不依赖于法院等第三方强制而主要依赖于私人的履约成本。

从交易费用的角度看，契约的自我实施是节约关系各方交易成本的有效方式，此时的契约主要依靠契约各方当事人的自发行为，契约的执行不受任何外力的影响。如果契约能够成功地自我实施，那么交易各方当事人可以在交易费用最小化的同时实现契约交易收益的最大化。但是，如果契约没能成功地自我实施，交易关系中的一方发生了违约行为，那么其对其他契约当事人的影响是巨大的，特别是契约交易建立在双方口头承诺的基础上，一旦违约行为发生，契约其他当事人便面临着举证困难、缺乏凭据等问题，导致其受到的损失很难在事后得到弥补。此时，契约的有效实施就不得不依靠包括法庭在内的第三方的力量。一旦第三方介入，契约的实施就具备了第二种方式，即第三方实施。作为第三方的主体，政府通过自身的权威强制介入契约交易关系，具有显著的规模经济效应，而且政府的强制力也能在较大程度上保证契约的正常履约。

综上，契约的实施方式包括自我实施和第三方实施两种。具体哪种实施方式更有效，学者们并没有达成共识。新古典经济学强调一国法律体系在促进契约有效执行方面的重要作用，但是 Macaulay（1963）认为在契约的执行过程中，一国正式的法律制度只能起到很小的作用，契约的有效执行绝大部分依靠交易各方当事人之间的声誉，契约的有效执行更多地建立在其自我执行的基础上。Grief 和 Kandel（1995）、Hay 和 Shleifer（1998）、Mc Millan（1997）等学者针对转型国家的研究表明，转型国家的正规法律体系通常是不完善的，这限制了其在促进契约执行方面的作用，而包括声誉在内的契约的自我实施机制则可以弥补正规机制的缺陷，促进契约的有效执行。威廉姆森（2002）等学者在 GHM 的理论框架内进一步指出，契约的自我实施（或者说私人执行）才是节约交易费用的一种有效方式。

同时，学者们也注意到了契约自我实施有效性的坚实基础，只有在契约各方当事人完全信任的情况下，契约的自我实施才具备充分条件。而一旦契约自我实施机制启动，契约当事人获得的收益要显著大于第三方实施时的收益水平,而这种收益上的比较进一步促进了契约当事人的相互信任,有利于推动契约的自我实施。对于这一点,诺斯在其经典著作《制度、制度变迁与经济绩效》中也有相应的论述,诺斯指出,"只要信守契约对双方来说都更为有力,契约就能自我实施。换言之,考虑到衡量与实施合约的高昂成本,信守契约所带来的收益将大于成本"①。上述这种类似的观点主要基于以下因素的考量:第一,基于第三方调节的契约实施需要耗费更长的时间,花费更多的成本,一旦第三方实施的成本高于收益,交易关系的某一方即使在诉讼中获取了胜利,这种胜利也是以超出收益的成本付出为代价的,是不经济的;第二,契约自我实施的情况下,任何一方的违约行为都将遭到其他各方当事人的快速应对,其他当事人可以通过私人惩罚等措施让违约方为自己的违约行为埋单,从而弥补自己的损失。这些私人惩罚措施包括终止契约交易,使其同时也遭受经济损失,或者是让违约方在交易市场中的声誉贬值。

然而,值得注意的是,契约的自我实施并不总是有效的,契约的第三方实施可以形成对自我实施的有效替代,进而保证契约执行的效率。Simon Johnson 等(1999)详细分析了契约自我执行机制与依靠第三方的法律执行机制之间的替代关系。总的来看,契约的实施方式主要有自我实施和第三方实施两种。劳资契约的自我执行是指不存在第三方干预的条件下,劳资双方在一定的约束条件下,保证劳资契约的顺利实施。自由雇佣条件下,劳资契约的自我执行有利于降低契约的执行成本。具体而言,约束劳资契约自我实施的机制有三种:惩罚与激励机制、声誉机制和信任机制。

一 惩罚与激励机制

特尔塞(Telser,1980)在考察契约的自我实施时,提到了约

---

① North, D. C., *Institutions*, *Institutional Change and Economic Performance*, Cambridge: Cambridge University Press, 1990.

束契约交易各方当事人进行自我实施的惩罚机制。契约当事人可以通过终止契约来对违约一方进行惩罚。违约方在已知这种可能性的条件下，会充分考虑这种惩罚给自己带来的成本和收益，一旦此时的成本大于收益，违约方会放弃采取机会主义的倾向，选择正常履约。Klein（1983）进一步扩展了特尔塞（1980）的研究，指出了惩罚机制发挥作用的两大渠道：其一，和特尔塞分析的一样，通过终止契约交易来惩罚违约方，终止契约交易必然降低已有资本投资的现值，给违约方造成不可挽回的经济损失；其二，让违约方在交易市场中的声誉贬值，造成违约方不守承诺的印象，这将有效破坏违约方与其他交易当事人之间的关系，给违约方带来长期的利益损失。依靠上述惩罚机制，不完全契约可以在自我实施的基础上有效约束契约当事人的各种机会主义行为，促进不完全契约的顺利执行。此时，潜在违约方主要基于成本和利益分析做出理性化的决策。假设其采取违约等机会主义行为的收益为 R，因为遭受其他契约当事人私人惩罚所带来的成本最直接的体现为资本现值的损失 K，如果违约行为的成本 K 大于获取的收益 R，理性的潜在违约方便会放弃机会主义行为，不完全契约自可得到有效实施。相反，如果违约行为遭受的资本损失 K 小于可能获取的收益 R，那么违约等机会主义行为就有可能发生，不完全契约的自我实施机制就会是缺乏效率的。所以说，$K > R$ 界定了不完全契约自我实施的有效范围，在这一范围内，惩罚机制就能够发挥有效的作用来促进自我实施的有效执行，一旦超出这一范围，惩罚机制就可能会丧失对机会主义行为的约束，导致契约执行的无效率。

除了惩罚机制外，激励机制也可以促进不完全契约的自我实施。与惩罚机制赋予潜在违约方违约成本不同的是，激励机制主要通过增加契约交易当事人的预期收益来促进不完全契约的自我实施。一旦激励机制成功发挥作用，契约交易当事人可以获得比没有激励机制时更多的收益。Klein 和 Leffler（1981）对于激励机制的模型分析就表明，激励就相当于给契约当事人的一种溢价机制，但是其前提条件在于潜在违约方从激励机制中获取的收入一定要高于其违约等机会主义行为所可能带来的财富增加,这在更大程度上保证了违约等机会主义行为是会产生收益损失的。[1] 此时,不完全契约的自我实施才能顺利执行。

总之,惩罚激励机制对于不完全契约自我履行的作用实质上建立契约当事人在成本收益分析的基础上。成本收益机制是在经济人的假设框架内,劳资契约自我执行的最根本约束条件。劳动者占有契约剩余可以提高劳资契约的总产出,相应的劳资契约剩余也会增加。即使剩余分配的比例配置不变,劳资双方的契约收益也都会较之前明显增加,这对于双方而言均是一种帕累托改进。如果契约剩余分配不公,劳动者事前专用性投资水平的下降必然导致契约总收益的下降,资方利益也会受损,因此在综合比较两种利益的条件下,作为经济人的资方应当选择主动让劳动者参与剩余分配。特别地,如果资方增加的契约收益大于劳动者从他手中所分走的契约剩余,那么资方会自动让出部分剩余给劳动者,以提高劳动者的工作积极性,刺激契约总收益的增加。

二 声誉效用机制

契约履行过程中可能产生的各种机会主义行为倾向类似于"囚徒困境"。博弈论关于"囚徒困境"的解释表明,在一次性的交易关系中,不合作可能是双方最终会采取的结果,尽管从收益上看这种结果并不是最优的。对于一次性的不完全契约交易而言,交易各方当事人都存在充分的"敲竹杠"动机,不完全契约的自我实施机制通常难以执行,当事人理性行为选择的结果导致的是集体的不理性。从这一层面上来讲,要保证不完全契约的有效执行就必须避免不完全契约交易陷入"囚徒困境"中,一切有利于解决"囚徒困境"的措施都可以帮助提升不完全契约的自我实施效率。

---

[1] Benjamin Klein, Keith B. Leffler, "The Role of Market Forces in Assuring Contractual Performance", *The Journal of Political Economy*, Vol. 89, No. 4, August 1981, pp. 615 – 641.

在针对囚徒困境的研究中，Kreps 等（Kreps and Wilson，1982；Milgom and Roberts，1982）提出了"声誉模型"，认为在重复多次博弈中，参与者通过建立"声誉"可以实现合作博弈均衡，从而解决静态博弈中的"囚徒困境"难题。简单来说，重复动态博弈就是将静态的一次性博弈重复进行，这种重复可以是有限的也可以是无限的。在无限次重复博弈中，一次性交易中的信息不完全、不对称问题被完全克服，无限次的博弈次数足够交易双方掌握对方的完全信息，此时，交易各方倾向于选择触发战略，即只要交易关系的其中一方选择合作，另一方也将选择合作。如果有一方选择了不合作行为，那么也会触发另一方选择不合作行为。此时，只要交易各方有足够的耐心，其收益最大化的选择就是开展合作。触发战略的行为逻辑为契约交易各方建立声誉提供了基础，只要交易当事人选择声誉并在声誉的基础上开展合作，那么声誉将为交易当事人提供长期收益。理论上，无限次重复博弈的结果是集体理性和最优的，但由于无限次重复博弈的苛刻条件难以得到满足，现实中的重复博弈更多的是有限重复博弈。那么有限重复博弈是否能够达到类似于无限重复博弈的均衡效果呢？在有限重复博弈的条件下，如果博弈重复的次数足够多，无限重复博弈中的理性均衡同样也能在有限重复博弈中得以实现。这也就意味着，不管是无限重复还是有限重复博弈，只要在重复博弈中，触发战略引发的声誉机制最终能够抑制机会主义行为，改变"囚徒困境"中的不合作结果，契约交易各方会更加倾向于采取合作行为以获取长期收益。进一步地，在关联博弈的条件下，声誉机制的上述效用更加强烈（青木昌彦，2001）。

综上，在重复博弈的条件下，信息的完全性使交易各方避免了机会主义行为带来的集体不理性行为，有利于交易各方通过建立和维护自己的声誉来实现长期合作，进而保证不完全契约的自我实施。事实上，自亚当·斯密开始，声誉就被引入契约关系中，作为保证契约自我执行的重要机制。而声誉对于谈判的影响就如同一种无限期的重复博弈，如果谈判是无限周期的，那么在足够长的时间内，导致契约不完全的各种因素都会不复存在，契约交易双方的信息会逐步对称，外部环境也会逐步明朗，交易各方面临的不确定性会伴随着时间的演进而逐渐降低，交易中的任何一方都不会实施机会主义行为，因为任何机会主义行为都会在下一轮的谈判中遭致对方的报复，预期到这种不利影响，契约交易各方的机会主义行为也能被很好地遏制。

对于劳动关系中的企业和劳动者而言，声誉机制可以有效抑制劳资冲突，促进劳资契约的自我实施，这是因为：其一，声誉是企业无形资本的重要组成部分，这种无形资本具有不可估量的有形价值，一旦声誉受损，对企业的打击就不再是劳资冲突所带来的利益受损的问题，它甚至直接关系到企业的生存。在信息经济学中，声誉带来企业最大的价值就是帮助企业避免了在信息不对称的市场中可能遭遇的道德风险；其二，即使契约交易各方都是经济人，都以自身利益最大化为根本行为动机，为了防止自身利益受损，甚至有可能采取机会主义行为。在声誉的影响下，这种机会主义行为只会停留在意识中而不会付诸行动，因为一旦交易中的任何一方采取了机会主义行为，那么其声誉必将受损，而受损的声誉带来的最直接的后果就是在以后的市场交易中，声誉受损一方的交易成本会无限制地增加，直至其声誉得到恢复。出于成本的考量，企业也不会采取机会主义行为，而会维护自己的声誉，从而保证了契约执行的有效性。对于劳资契约的执行而言，声誉的存在使劳资双方之间相互依赖、相互制约、共同获益，因此有利于劳资关系的长期稳定，也就保证了劳资契约自我执行的效率。

三 信任机制

早在 19 世纪末 20 世纪初，德国社会学家 Simmel 就开展了针对信任理论的研究。在 Simmel 看来，信任是保证社会长期存续的基本条件，一旦人们相互之间丧失了信任，那么社会的稳定性将受到重大威胁。与社会学家不同，经济学家们更喜欢从经济学的角度来分析信任的重要性。秉承理性"经济人"的经济学基本假设，在面对由于信息不完全、信息不对称等带来的不确定性情况时，一旦缺乏有效的约束机制，理性的经济人总是会采取各种机会主义行为以保证自身的收益不受损失或者是增加个人收益，增加不完全契约自我实施的风险。信任机制如同惩罚机制和激励机制一样，可以有效地约束各种机会主义行为，但是信任机制要发挥作用，就要求选择信任带来的交易收益大于选择机会主义行为的收益，即信任带来的预期收益足够高，信任机制才能有效发挥作用。威廉姆森（1985、1993）的分析进一步指出，理性的经济人也会考量信任带来的预期收益和交易风险，只有当信任带来的预期收益大于交易风险时，信任才能有效地影响市场交易主体的行为。

契约本身就是交易双方一系列承诺的集合，在这样的硬性约束下，契约能否有效执行取决于交易双方的可信度。可信度越强，契约自我有效实施的可能性也就越强。一般认为，在长期的契约关系中，交易各方更容易建立起信任，即使是契约中没有明确规定的条款，交易各方也能因为彼此之间的信任确保契约的自我执行。因此，在长期的劳资关系中，劳资双方在重复交易和谈判过程中所积累起来的信任能够保证劳资契约的长期存续，而且这种信任无须经过第三方的证实即可发挥作用，契约执行的成本非常低。张维迎（2002）的研究就指出，信任可以通过节约交易成本来增加自我履约的收益，因此反过来说，信任也是重复博弈条件下博弈各方追求交易费用最小化、长期收益最大化的行为结果。

总之，惩罚和激励机制、声誉机制、信任机制可以有效地约束履约过程中的各种机会主义行为，促进不完全契约的有效实施，其作用就类似于建立了一种非正式契约，他们的共同作用可以在理论上保证劳资契约在成本较低的基础上自我执行。

但是，上述机制效应的发挥有着严苛的前提条件，它要求劳资双方的信息是对称的，针对契约履行中可能出现的风险劳资双方应当共担，契约的执行成本必须足够低，契约的期限要足够长，等等。然而在资强劳弱的条件下，劳资双方之间明显的不对等导致在资本雇佣劳动的生产方式中，劳资契约剩余分配自我实施的最终结果是资方攫取了绝大部分契约剩余，而劳动者只能获得最低工资框架内的较低工资，其较少能够参与到资方所主导的契约剩余的分配中。而且，我国的劳资契约一般以短期的居多，在短期的交易过程中，"用脚投票"的现象比较显著，而信任机制、声誉机制等效用的发挥非常有限。

第二节　不完全劳资契约自我实施的效率缺失

一　不完全劳资契约自我实施的无效率风险

第三章的分析表明，事前的不确定性、劳资双方权力的不对等、交易费用的存在、交易主体的有限理性、人力资本及其产权的特殊性、资产专用性等诸多因素带来了劳资契约的不完全，这种不完全为劳资双方的行为留下了可选择的缺口，也为劳资双方实施机会主义行为提供了可能性空间，此时不完全劳资契约的自我实施容易带来劳资双方的道德风险问题。按照《新帕尔格雷夫经济学大辞典》的解释，道德风险问题的实质是损人利己行为的结果，是从事经济活动的人在最大限度地增进自身效用时做出的不利于他人的行动，一旦产生道德风险问题，不完全劳资契约的自我实施就容易缺乏效率。比如，劳资双方之间的信息是不对称的，雇主拥有工作岗位职能、工作难度、工作强度等有关工作的更多信息，在劳资契约的签订阶段，雇主存在隐瞒这些信息、弱化劳动强度和难度的行为动机，从而为在履约阶段通过过度使用劳动力来创造更多的企业收益并侵占更多的契约收益留下可行空间，比如雇主可能会在既定的工作时间内通过提高员工的工作强度和难度等手段增加履约收益，甚至是直接延长劳动时间来增加劳动产出，以获取更多的收益。另外，员工也存在实施机会主义行为的动机，相较于雇主而言，劳动者拥有关于自身劳动技能更多的信息，在信息不对称的条件下，企业员工存在隐藏劳动能力、消极怠工的行为动机，这导致既定工作时间内劳动产出的减少，变相地损害雇主的履约收益。

除此之外，劳资双方也存在公开违约的可能。尤其是对于占据劳动市场垄断地位的资本要素所有者而言，劳动关系调整制度的缺失导致雇主即使违约，甚至是单方面的解除劳动关系，也不用遭受太大的损失。农民工欠薪问题屡禁不止便是这一道德风险问题的最直接体现。2009—2012年，农民工被拖欠工资的比例从1.8%显著下降至0.5%，这期间，农民工被拖欠工资现象得到了较大改善。然而自2012年以来，我国农民工被拖欠工资现象的比例则趋于上升，农民工被拖欠工资现象均无多大缓解。[①] 同样，劳动者也可能会在履约尚未期满的情况下选择解除劳动关系，公开违约，这将导致企业为其提供的员工培训等旨在提升劳动者人力资本水平的种种措施无法持续发挥效用，伴随着员工的离开，员工的人力资本也将一起消失，对企业造成间接的收益损失。

前文在分析造成劳资契约不完全的原因时指出，劳资双方也可能有意识地主动选择不完全程度更高的劳资契约，因为这有利于增强长期动态变化过程中劳动关系的适应能力。而且劳资契约签订的期限越长，劳资契约的不完全程度越高。然而，不完全劳资契约在提升劳动者和企业市场适应能力的同时，也带来了更多未被界定清楚的剩余权利，剩余权利和契约剩余的存在导致了事后劳资双方会陷入针对契约剩余的争夺之中，而包括市场和制度在内的两大类因素共同造成了资强劳弱的谈判格局，在这种情况下，资方获取绝大部分契约剩余，劳动者获取的剩余份额相对较少甚至没有，契约剩余的分配极度不均衡。

此时，不完全劳资契约剩余分配的无效率风险主要体现在：第

[①] 此处数据源自国家统计局发布的历年的《农民工监测调查报告》。

一，契约剩余是劳动要素与包括资本在内的其他要素在生产过程中相结合的产物，劳动要素的所有者分享契约剩余是一种天然的权利，获取契约剩余是对劳动者在生产过程中投入劳动要素的一种补偿。如果劳动者无法获取与自己所投入的劳动要素相对等的契约剩余时，劳动者的权益就受到挑战，这显然不利于劳资关系的长期可持续，容易导致劳资双方的利益冲突；第二，一旦劳动者投入的劳动要素无法得到补偿，那么在劳动者完全自主控制人力资本投入的前提下，劳动者可能会采取极端的措施，比如停止人力资本的投入，这必然减少劳资契约的总产出，此时不仅是劳动者，资方的契约收益也会受损，更有甚者可能会导致劳资双方陷入"契约剩余较少——减少专用性投资水平——契约产出减少——契约剩余进一步减少——专用性投资水平进一步减少——契约产出进一步减少"的恶性循环中；第三，因为劳资契约的不完全，在事后针对契约剩余分配的谈判过程中，劳动者获取更少的契约剩余意味着其事前进行的专用性投资所带来的专用性准租存在被资方"敲竹杠"的风险，如果劳动者因为较低的谈判能力提前预期到了这一风险，那么事前人力资本的专用性投资水平必然下降，导致契约执行的无效率。

二 不完全劳资契约自我实施的效率缺失的原因

从一般意义上来讲，契约是指在市场交易过程中，交易各方依照自愿、平等的原则达成的某种协定，表现出交易主体之间的权利让渡关系。从契约理论的角度看，狭义的劳资契约就是指劳动合同。劳动合同是约束劳动关系的第一道屏障，然而，我国的劳动合同履行情况并不令人满意，反而成为引发劳动争议的主要原因。这也是劳资契约自我实施缺乏效率的最直接体现。

至于导致不完全劳资契约自我实施缺乏效率的原因，除了劳资契约的不完全之外，还与不完全劳资契约严苛的自我实施条件有关。尽管包括惩罚、激励、声誉、信任等在内的机制有利于保证不完全劳资契约的自我实施，但是理论上这些机制要发挥作用需要较为严苛的前提条件，一旦这些条件在现实中不能得到满足，那么契约效率的缺失就不可避免。

综合特尔塞（1981）、克莱恩（1985）、克劳德·梅纳尔（2003）等学者的研究，我们认为，要保证不完全契约自我实施的有效性，至少要满足以下条件：（1）契约交易关系的存续时间要够长，交易的次数要足够多，这样各方之间的信息才会近乎完全，信息才会对称分布；（2）契约自我实施的预期收益足够大，违约等机会主义行为的成本足够高；（3）一旦契约当事人遭受了机会主义行为的侵害，其有能力立即终止契约履行；（4）为了增强违约惩罚的可信性，相关契约条款必须有具体的法律法规来支撑；（5）契约各方当事人在履约过程中进行了专用性投资，这意味着对违约行为的惩罚威胁是可信的；（6）契约自我实施的基础要相对稳定；（7）契约实施机制的相对稳定。

进一步地，我们以声誉机制为例来说明不完全契约自我实施所需要具备的条件。如前所述，声誉对于谈判的影响就如同一种无限期的重复博弈，如果谈判是无限周期的，那么在足够长的时间内，导致契约不完全的各种因素都会不复存在，契约交易双方的信息会逐步对称，外部环境也会逐步明朗，交易各方面临的不确定性会伴随着时间的演进而逐渐降低，交易中的任何一方都不会实施机会主义行为，因为任何机会主义行为都会在下一轮的谈判中遭致对方的报复，预期到这种不利影响，契约交易各方的机会主义行为也能被很好地遏制。然而，声誉机制要发挥上述作用需要具备以下条件。

第一，重复博弈是声誉机制促进契约自我实施的中间变量。声誉机制发挥作用的前提必须是在重复多次的博弈过程中，如果博弈次数只有一次，那么契约各方当事人缺乏足够的激励去建立良好的声誉，只有在重复博弈的过程中，合作行为可能带来的丰厚的长期收益才能够激励当事人去建立并维护自己的声誉，以保证预期的长期收益能够最终变现。当然，只有在预期收益大于违约成本时，重复博弈对声誉机制的影响才能有效发挥。

第二，充分竞争的市场中，声誉机制的效用才能发挥到最大。

市场的竞争性越强，声誉机制对机会主义行为的约束力也越大。如果市场是非竞争性的，契约交易的一方处于垄断地位，那么契约交易的另一方即使有通过终止契约等惩罚措施来约束垄断一方机会主义行为的意愿，也缺乏足够的能力去把意愿变成现实行动。或者说，即使变成了现实行动，这种惩罚会因为该交易当事人无足轻重的市场地位而变得几乎可以忽略不计。而处于垄断地位的交易一方拥有绝对的市场优势，可以轻易找到诸多契约交易的替代者，而广大替代者的存在也就意味着一旦弱势一方采取了惩罚行为，他将失去未来所有可能与垄断一方合作的机会，其惩罚行为的机会成本非常高，这进一步弱化了弱势一方采取惩罚行为的动机。总之，在非竞争性的市场中，垄断成了优势一方获取收益的重要依据，声誉在垄断作用面前变得不再那么重要。对于劳动关系而言，资本要素相对稀缺的现状决定了我国的劳动力市场更多地呈现出买方垄断即资方垄断的特征，资本要素的所有者在劳动市场中占据绝对的优势地位，劳动要素高度的同质性进一步强化了劳动要素所有者的弱势地位，在资方垄断的劳动市场中，资本要素所有者有任意选择的自由，而劳动者只有被选择的自由。因此，在这样的市场中，资本要素所有者缺乏相应的激励建立和维护其声誉，声誉机制在约束不完全劳资契约所可能导致的诸多机会主义行为面前显得无能为力。

第三，声誉传播的有效性。声誉只有经过传播得到认可才能产生价值，没有得到有效传播的声誉无法得到其他契约当事人的认可，也就无法约束其他契约当事人的机会主义行为。因此，对于声誉机制而言，除了要求契约当事人建立并维护自己声誉之外，只有解决声誉的信息传递问题，使声誉得到有效传播，声誉机制才能促进不完全契约的自我实施。而有效的声誉传播主要取决于三个因素。(1) 声誉传播的成本。广告宣传、行业认证等都是声誉传播的渠道。一般而言，声誉传播成本的高低与契约当事人的收益负相关，声誉传播成本越低，契约当事人就能从契约执行中获取更多的收益，反之亦然。一旦声誉传播的成本超过了其可能给契约当事人带来的收益，那么契约当事人就无法从守信中获取足够的激励，也就会丧失建立声誉的积极性。（2）声誉信息的识别成本。只有契约当事人建立声誉并不能保证声誉机制的有效作用，契约当事人的声誉信息必须得到其他当事人的认可，这就要求契约当事人传播的信息能够被其他当事人所识别、认可。因为信息太多，有限理性的其他当事人要做到准确识别需要花费成本，如果识别声誉信息的成本太高，信息接收者会放弃信息识别，声誉信息就不能得到其他当事人的认可。（3）声誉信息的传播速度。声誉信息的传播速度与声誉机制的功能正相关，声誉传播的速度越快，其他当事人实施机会主义行为的空间就越小，如果声誉信息不能及时被其他当事人所了解，那么其他当事人极有可能在接收到信息之前就已经实施了机会主义等违约行为，此时其他当事人获得的违约租金与声誉信息的传播速度成反比，声誉信息传播越慢，其他当事人从违约行为中获得的准租就越多，一旦这种收益超过了其违约行为带来的损失，机会主义行为便会发生，不完全契约就不能保证有效的自我实施。

第四，要保证声誉机制对于不完全契约自我实施的正面影响得到充分发挥，建立声誉的当事人必须有能力、有足够的积极性对各种机会主义行为实施惩罚。这是因为，实施惩罚也是需要付出成本的，过高的成本可能导致建立声誉的当事人放弃惩罚，那么机会主义违约行为就无法得到抑制。因此，从这点出发，要保证声誉机制的效用，就要想办法降低惩罚成本，确保建立声誉的当事人的惩罚能力。

综上，不完全劳资契约自我实施的有效性依赖于多种条件的存在，一旦上述条件无法全部实现，包括惩罚激励机制、声誉机制、信任机制等在内的因素只能约束部分机会主义行为，而无法制止全部的机会主义行为，这意味着不完全劳资契约的自我实施机制并不能保证契约的有效执行。尤其是在劳资双方遭遇目标不一致、信息不对称、高昂的交易费用、第三方无法证实等因素时，劳资契约自我执行的效率将大打折扣。

其一，按照新制度经济学的理论思路，劳资双方之间的契约关系是一种典型的委托—代理关系，因此，劳资双方之间也不可避免地存在着目标不一致、信息不对称等典型问题。一方面，劳资双方的目标不一致，资方追求利润最大化，而劳动者所追求的最大化工资收益却构成资方的经营成本；另一方面，劳资双方占有的信息不对称。关于劳动者能力、健康、经验等有关真实信息均由劳动者占有，而资方只能根据劳动者的应聘材料和工作表现来加以主观认定，关于企业生产、经营利润等信息则全部由资方掌握，双方之间的信息不对称分布会导致双方的逆向选择，降低劳资契约的执行效率。

其二，新制度经济学同时认为劳资双方之间的产权界定是耗费成本的，这种成本产生在事前劳资契约不完全的基础上。因为劳资契约的不完全，使契约在执行中存在被置于公共领域的不明权利，事后劳资双方针对这些不明权利的再谈判必将耗费高昂的交易费用，如果自我谈判失败、转交第三方，其裁决和监督同样耗费成本。因此，交易费用的存在致使劳资契约的自我执行并不总是有效率。

其三，劳资契约的不完全性同时隐含了这样一种风险，如果劳资双方都在事前做出了专用性投资，而且这种投资由于种种原因未能被明确写入契约时，劳资双方都可能在事后的再谈判过程中面临被"敲竹杠"的风险。预期到这种风险的存在，劳资双方会纷纷降低事前的专用性投资水平，导致契约自我执行的无效率。此种情况下，当劳资双方出现纠纷时不得不诉诸第三方实施。

本章小结

本章主要揭示了在资强劳弱的谈判能力配置下，不完全劳资契约自我实施的无效率风险。契约的实施有两种方式：自我实施和第三方实施。劳资契约的不完全性以及谈判能力的非均衡配置决定了其自我实施存在着无效率风险,然而在不完全劳资契约框架下,只要劳资双方的非均衡关系能够被控制在合理的限度之内,劳资契约的自我实施依然是可能有效的。惩罚激励机制、声誉效用机制和信任机制都可以促成不完全劳资契约的自我有效实施。惩罚机制的作用中,潜在违约方主要基于成本和利益分析做出理性化的决策。如果违约行为的成本大于获取的收益,理性的潜在违约方便会放弃机会主义行为,不完全契约则可得到有效实施。相反,如果违约行为成本损失小于可能获取的收益,那么惩罚机制就可能会丧失对机会主义行为的约束,导致契约自我执行的无效率。激励就相当于一种溢价机制,激励机制主要通过增加契约交易当事人的预期收益来促进不完全契约的自我实施,但是其前提条件在于潜在违约方从激励机制中获取的收入一定要高于其违约行为可能带来的财富增加。声誉对于谈判的影响就如同一种无限期的重复博弈,如果谈判是无限周期的,那么在足够长的时间内,导致契约不完全的各种因素都会不复存在,契约交易双方的信息会趋于对称,外部环境也会逐步明朗,交易各方面临的不确定性会伴随着时间的演进而逐渐降低,交易中的任何一方都不会实施机会主义行为,因为任何机会主义行为都会在下一轮的谈判中遭致对方的报复,预期到这种不利影响,契约交易各方的机会主义行为也能被很好地遏制。信任机制对于契约自我实施的重要性显而易见,契约本身就是交易双方一系列承诺的集合,在这样的硬性约束下,契约能否有效执行取决于交易双方的可信度。可信度越强,契约自我有效实施的可能性也就越强。即使契约中没有明确规定的条款,交易各方也能因为彼此之间的信任确保契约的自我执行。在偏向长期的劳资关系中,劳资双方在重复交易和谈判过程中所积累起来的信任能够保证劳资契约的长期存续,而且这种信任无须经过第三方的证实即可发挥作用,契约执行的成本非常低。但是,上述机制效应的发挥有着严苛的前提条件,以声誉机制为例,它只有在重复博弈的环境下才能发挥有效作用,然而我国劳动力市场的流动性较强,劳资契约以短期的居多,在短期的交易过程中,"用脚投票"的现象比较显著,声誉机制效用的发挥非常有限。此外,在充分竞争的市场中,声誉机制的效用才能发挥到最大。我国的劳动力市场更多地呈现出买方垄断即资方垄断的特征,资本要素的所有者在劳动市场中占据绝对的优势地位,因此,资本要素所有者缺乏相应的激励去建立声誉。即使建立了声誉,一旦声誉信息没有及时得到认可和识别,契约不完全引发的机会主义行为就不可避免,不完全劳资契约就不能保证有效地自我实施。

综上,不完全劳资契约自我实施的有效性依赖于多种条件的存在,一旦上述条件无法全部实现,包括惩罚激励机制、声誉机制、信任机制等在内的因素只能约束部分机会主义行为,而无法制止全部的机会主义行为,这意味着不完全劳资契约的自我实施机制并不能保证契约的有效执行。尤其是在劳资双方遭遇目标不一致、信息不对称、高昂的交易费用、第三方无法证实等因素时,劳资契约自我执行的效率将大打折扣。此时,不完全劳资契约的实施不得不诉诸第三方。

第七章 劳资契约的第三方实施与效率优化

本章首先从理论上阐述了政府作为第三方参与契约交易的一般路径，其次结合数理模型的分析，揭示了事前、事后两阶段劳资谈判中第三方实施的具体内容，最后重点论证了格式化劳资契约的实施在不完全劳资契约剩余分配中的重要作用。

第一节 不完全劳资契约的第三方实施

如前所述，要保证劳资契约自我执行的有效率，要求劳资双方的信息是对称的，对契约履行中可能出现的风险劳资双方应当共担，契约的执行成本必须足够低，契约的期限也要足够长。然而，如第四章所述，在市场和制度因素的双重作用下，劳动者的谈判能力明显低于资方，而资方在信息、风险、成本等方面占有绝对的优势，最终带来了劳资契约剩余分配的不公。这种不公平的契约剩余分配必然削弱劳资双方事前的专用性投资，导致契约自我执行存在投资不足的效率损失。

按照前文所述，在委托—代理理论的框架内，委托人和代理人天生的信息不对称和目标的不一致性都有可能导致委托—代理关系（也是一种契约关系）的无效率运行，造成委托—代理问题。劳资关系同时也是一种委托—代理关系，在针对既定契约剩余的分配中，双方的目标函数并不一致，劳动者利益的最大化意味着资方所分享剩余份额的减少，而由于人力资本的不可衡量，生产过程中到底投入了多少人力资本也就是说劳动者的努力程度只有自己知道，而信息显示机制告诉我们即使最不用功的工人也会表现出努力工作的样子，这导致资方无法掌握有关劳动者努力程度的真实信息，为了防止自身利益受损，资方会更加倾向于按照最低标准支付给工人工资，以防因为劳动程度的不可监测遭受损失。面对低水平的工资，劳动者会自然而然地降低工作努力程度，由此导致工作不努力与低工资之间的恶性循环。交易费用经济学则把导致契约执行无效率的原因归结为交易费用的存在，因为有限理性和谈判成本的存在，导致契约执行的过程中，交易双方并不能完全界定清楚相关的产权归属，导致契约执行的无效率。从这一点上来说，劳资契约不完全所导致的劳资契约剩余的存在本身就是劳资契约执行无效率的一种表现。

而当劳资契约自我执行缺乏效率时，第三方实施可以作为劳资契约自我执行的一种补充，提高劳资契约剩余分配的效率。

一　政府参与契约交易的一般路径

契约的不完全性使契约交易的当事人之间存在采取机会主义行为的动机。在契约不完全的前提下，产权的界定也是不清晰的。产权清晰是产权交易顺利实施的前提。但凡是在事前不能被清晰界定的产权，或者是因为清晰界定的成本太高而被迫放弃的产权，政府都有必要对其配置进行规制。然而，政府对产权的配置并不是免费的，它也是存在成本的，比如制定法律的成本、监督的成本等，而且由于政府规制的宏观特性，其对产权配置的成本通常不低。按照成本收益分析，只有在政府界定产权的成本低于产权自我界定的成本时，或者说通过政府进行的产权配置所产生的收益大于产权自我配置所产生的收益时，政府对产权的配置才有经济上的合理性与有效性。

然而，即使产权在事前能够界定清晰，产权交易的双方当事人可以通过自由的市场交易使产权的配置效应达到最大化，如果事后对产权收益的分配存在异议，不得不对产权进行新一轮的界定时，交易费用便会产生。此时，产权收益在产权交易双方当事人之间的均衡分配同样需要政府的介入。当然，与上述成本收益分析一致，政府对产权收益进行界定的充分条件取决于政府界定产权收益的均衡点是否高于交易双方之间自我博弈的均衡点。

强制力是政府规制的基本特征，必要的、合理的政府规制对于明晰产权、减少寻租设租，降低交易成本，达到市场均衡具有重要意义。这种强制力可以保证交易双方获得正常市场供求下的利益，同时降低交易费用，减少不必要的损失。政府规制降低交易费用的关键问题在于：首先，从政府规制的具体路径而言，主要是基于成本收益的规制。政府规制的成本有两种——私人成本与社会成本，相对应的收益也有两种——私人收益和社会收益，而政府规制的最终目的就是要使规制条件下的违反规制的私人成本大于私人收益，而进行规制的社会收益大于社会成本。其次，政府机构要足够完备。针对市场交易的复杂性，政府的机构设置应当尽可能完备，以应对种种不同的情况。政府的机构设置应注意两个方面，使政府机构能够最大限度地发挥其降低交易费用的功能，一是要确保政府机构横向上的全面性和纵向上的完整性，二是各个政府相关部门之间要保证良好的协调性。再次，政府所采取的行为应该注重持久性，不宜经常改变。在长期的经济发展过程中，政府在对相同的交易行为进行规制时，理应采取相对稳定持久的政策，以消除交易行为当事人所面临的宏观环境的不确定性。最后，要确保政府的管理足够完善。针对交易双方有可能出现的机会主义行为，政府应该利用其控制力，把交易双方的交易行为控制在第三方的信任范围之内，同时保证政府的管理不会侵占交易当事人的利益。

二　不完全劳资契约中第三方实施的具体内容

相对于契约的自我执行而言，第三方实施更多的是一种强制性实施方式，政府作为第三方可以通过强硬的制度安排来弱化因为契约不完全导致的执行效率的损失。强制性的制度安排贯穿两个环节：一是事前的制度约束。在劳资契约签订之前，政府可以通过一系列强制性的制度安排要求劳资双方把关于契约剩余的分配原则纳入劳资契约框架内,从而约束双方事后的机会主义行为;二是事后的强行介入。一旦事前劳资契约的不完全不可避免,那么在事后双方陷入针对契约剩余分配的谈判中时,为了减少双方的谈判成本,提高契约剩余分配的效率,政府可以作为第三方通过设立一系列的制度安排来主导或者参与契约剩余的分配过程。

(一) 事前的制度约束

政府事前的制度约束主要是指从强制性的角度保证劳动者有权利分享契约剩余。但是在单周期既定的契约剩余谈判中,劳资双方是一种零和博弈,即一方获取的契约剩余多,就意味着另一方获取的契约剩余少。因此,政府的制度约束必须是一种帕累托改进,即在不导致劳资任何一方契约收益受损的同时,还能提高劳动者的契约剩余。这一方面要求针对劳资关系的存续不是单周期的,而是长期的,另一方面要求在政府的制度约束下,资方从中获取的契约剩余份额不应少于劳资契约自我执行条件下所获取的契约剩余,这也就意味着因为在长期的劳资关系中,劳动者因为增加契约剩余分享份额而获得的激励所带来的契约总产出的增加要足够大。

此时,政府事前采取制度约束劳资契约剩余分配对劳资关系的影响可以用以下数理模型加以证明。为了分析方便,我们这里不考虑机会主义行为,劳资双方是激励相容的,且均为风险中性。

第一种情形,我们考虑劳资契约的自我执行。假设劳资契约的执行所带来的总产出 R_T 由两部分构成,一部分为依据契约中可以明确界定的产权,劳资双方所能够获取的契约收益(我们称之为固定收益)分别为 R_L 和 R_K,另一部分是契约中未能明确界定其归属的剩余权利所带来的契约剩余 R_r。按照前文的理论分析,此时资方拥有强大的谈判能力,攫取了绝大部分契约剩余,我们假定第一种极端情形,即资方的谈判能力是完全的,劳资契约剩余完全归资方所有,那么此时资方在劳资契约的执行中一共获取的收益为:

$$T_K = R_K + R_r \tag{7.1}$$

第二种情形，我们考虑存在政府制度约束的条件下劳资契约的第三方实施。按照我们的理论分析，此时政府的制度约束主要旨在保证劳动者能够享有分享契约剩余的权利。在劳资契约不完全程度不变的条件下，劳资双方的固定收益不变，而劳动者因为有政府赋予的强制性权利可以分享契约剩余，并导致了契约总收益的增加。为分析方便，我们简单假设此时契约总收益的增加 ΔR_T 全部来自契约剩余的增加 ΔR_r，也就是说此时的 $\Delta R_T = \Delta R_r$。劳资双方分享劳资契约剩余的比例分别为 β_l 和 β_k，而且 $\beta_l + \beta_k = 1$。此时，劳资契约执行的总收益为 $R_T = R_K + R_L + (R_r + \Delta R_r)$，资方从中获取的契约收益为：

$$T'_K = R_K + \beta_k * R'_r \tag{7.2}$$

其中 $R'_r = R_r + \Delta R_r$。

第三种情形，在劳动者分享契约剩余的条件下，劳资契约总收益会增加，劳资双方的固定收益也同比例增加。此时劳资契约剩余的增加没有上述第二种情形增加得多。假定契约总收益依然增加，劳资双方固定收益增加的比例为 k①，此时的劳资契约剩余会使第二种情形中的契约剩余减少一部分，假定为 $\Delta R'_r$，这部分主要用于补偿劳动者的固定收益。这种情形下，劳资契约执行的总产出为 $R_K + R_L + (R_r + \Delta R_r) = (1+k) \times R_K + (1+k) \times R_L + (R_r + \Delta R_r - \Delta R'_r)$，契约剩余为 $R_r + \Delta R_r - \Delta R'_r$，其中 $\Delta R'_r = k R_K + k R_L$。按照 β_l 和 β_k 的契约剩余分享比例，资方可以从劳资契约执行中获取的总收益为：

$$T''_K = (1+k)R_K + \beta_k(R_r + \Delta R_r - \Delta R'_r) \tag{7.3}$$

1. 资方的契约选择

通过比较前两种情形，我们可以得知，政府开展制度约束的必要条件是：存在制度约束的条件下，资方从劳资契约执行中获取的总收益不能低于劳资契约自我执行时资方可以获取的总收益，即：

---

① 为了分析方便，我们这里假定劳资双方的契约固定收益增加的比例一致。

$$T'_K \geq T_K \tag{7.4}$$

将式（7.1）和式（7.2）代入式（7.4），最终求得劳动者分享契约剩余所带来的契约收益的增加，即：

$$\Delta R_r \geq \frac{(1-\beta_k)R_r}{\beta_k} \tag{7.5}$$

进一步考虑第一种和第三种情形，约束条件为：

$$T''_K \geq T_K \tag{7.6}$$

将式（7.1）和式（7.3）代入式（7.6），最终求得劳动者分享契约剩余所带来的契约收益的增加，即：

$$\Delta R_r \geq \Delta R'_r + \frac{\beta_l R_r}{\beta_k} - \frac{k R_K}{\beta_k} \tag{7.7}$$

按照同样的方法比较分析第二种、第三种情形。这两种情形下，劳动者都能参与契约剩余的分享，只是分享的方式不同。资方选择第二种情形中所描述的契约剩余分配方式的前提是：

$$\Delta R'_r - \frac{k R_K}{\beta_k} < 0 \tag{7.8}$$

资方选择第三种情形中描述的契约剩余分配方式的前提是：

$$\frac{R_K}{\beta_k} < \Delta R'_r < \frac{R_L}{\beta_l} \tag{7.9}$$

而当 $\Delta R'_r - \frac{R_K}{\beta_k} = 0$ 时，无论采取哪一种方式，对于资方而言都是无差异的。

2. 劳动者的契约选择

以上主要分析了存在制度约束时，资方继续执行劳资契约和选择不同契约剩余分配方式的条件，下面我们主要分析劳动者的契约选择。和资方一样，同样分三种情形，三种情形中，劳动者可以从劳资契约执行中获取的契约收益分别为：

$$T_L = R_L \tag{7.10}$$

$$T'_L = R_L + \beta_l R_r \tag{7.11}$$

$$T''_L = (1+k)R_L + \beta_l(R_r + \Delta R_r - \Delta R'_r) \tag{7.12}$$

因为存在制度约束时，劳动者的契约收益明显大于劳资契约自我执行时的水平，因此对于劳动者而言，政府的制度约束不存在约束条件，唯一的条件就是保证劳动者的剩余分享权利。至于劳动者偏好于哪一种剩余分配方式，通过比较式（7.11）和式（7.12）我们可以发现，劳动者选择第二种分配方式的前提是 $T'_L - T''_L > 0$，即：

$$\beta_l \Delta R'_r > k R_L \tag{7.13}$$

劳动者选择第三种分配方式的前提是 $T'_L - T''_L < 0$，计算可得：

$$\beta_l \Delta R'_r > k R_L \tag{7.14}$$

而当 $T'_L - T''_L = 0$，即 $\beta_l \Delta R'_r = k R_L$ 时，劳动者选择两种剩余分享方式是无差异的，劳动者的契约收益总是相等。

综合考虑劳资双方的契约选择可知，劳资契约剩余的分配最终采取第二种情形中所描述的方式的前提条件是：

$$\beta_l \Delta R'_r - k R_L > 0 \cap \Delta R'_r - \frac{k R_K}{\beta_k} < 0$$

求得：

$$\frac{R_L}{\beta_l} < \Delta R'_r < \frac{R_K}{\beta_k} \tag{7.15}$$

劳资契约剩余的分配最终采取第三种情形中所描述的方式的前提条件是：

$$\beta_l \Delta R'_r - k R_L < 0 \cap \Delta R'_r - \frac{k R_K}{\beta_k} > 0$$

进一步求得：

$$\frac{R_K}{\beta_k} < \Delta R'_r < \frac{R_L}{\beta_l} \tag{7.16}$$

式（7.16）和式（7.15）共同决定了政府通过事前制度约束介入劳资契约剩余分配的可行性区间为：

$$\frac{R_L}{\beta_l} < \Delta R'_r < \frac{R_K}{\beta_k} \cup \frac{R_K}{\beta_k} < \Delta R'_r < \frac{R_L}{\beta_l} \tag{7.17}$$

总之，数理模型的分析证明，在理论上，政府可以通过制度约束在赋予劳动者契约剩余分享权利的同时，不减少资方的契约收益，从而保证劳资双方都有足够的激励去保证劳资契约的有效执行。当然政府制度约束的有效性也是有条件的，要保证制约约束的有效性，就要求政府能够对模型中所涉及的诸多变量，如 k、β_l、β_k 等进行明确定价。

（二）事后的剩余再分配

理论上，事前的制度约束可以提高劳资契约剩余分配的效率，但是由于要对 k、β_l、β_k 等变量进行明确定价较为困难，这就导致现实中即使政府采取了种种制度安排来约束劳资关系，事后劳资双方依然会陷入针对契约剩余分配的谈判中，而资方往往由于较强的谈判能力获取更多的契约剩余，这会进一步导致契约剩余分配的无效率。此时，政府作为第三方可以通过建立偏向劳动要素的制度安排来增强劳动者的谈判能力，提高劳动者的契约剩余分享份额。

我们依然通过数理模型来分析上述措施的可行性。模型中，劳资双方的谈判能力配置是资强劳弱，政府同劳资双方一起参与契约剩余的分配。同劳资双方一样，政府也从劳资契约的执行中获取收益，该项收益我们假设以税收的方式呈现。分析中假设：劳资契约的执行过程中，政府会对劳资双方征税，降低或提高契约任意一方的缴税比例，都将影响其从契约执行中获取的总收益。减税意味着契约收益的增加，增税意味着契约收益的减少。总的劳资契约收益是资本和劳动要素投入的函数。

T_0 期，劳资契约执行过程中，谈判能力较弱的劳动者投入的劳动为 L_{l_0}，投入的资本为 K_{l_0}，而谈判能力较强的资方投入的资本为 K_{k_0}，劳动为 L_{k_0}。经过 T_0 期的生产，T_1 期劳动者的收益为：

$$R_{l_1} = r_{l_1} K_{l_0} + w_{l_1} L_{l_0} \tag{7.18}$$

资方的收益为：

$$R_{k_1} = r_{k_1} K_{k_0} + w_{k_1} L_{k_0} \tag{7.19}$$

其中，r_{l_1} 和 w_{l_1} 分别是 T_1 期劳动者投入资本和劳动的回报率，r_{k_1} 和 w_{k_1} 分别是 T_1 期资方投入的资本和劳动的回报率。这里我们先假定

政府按照同样的比例标准 t 对劳资双方征税,那么政府通过征税获得的收益为:

$$R_{g_1} = t(R_{l_1} + R_{k_1}) \tag{7.20}$$

假设在第二期,政府分别对劳资双方征收 t_l 和 t_k 的税,并且 $t_k > t_l$,这意味着政府采取了偏向劳动的制度安排,此时劳动者的契约收益较第一期有所增加,即 $R_{l_2} > R_{l_1}$。劳资双方的收益函数分别为:

$$R_{l_2} = r_{l_1}K_{l_1} + w_{l_2}L_{l_1} \tag{7.21}$$

$$R_{k_2} = r_{k_2}K_{k_1} + w_{k_2}L_{k_1} \tag{7.22}$$

其中,$r_{l_2} > 0$,$w_{l_2} > 0$,$r_{k_2} > 0$,$w_{k_2} > 0$。政府的收益函数为:

$$R_{g_2} = t_l R_{l_2} + t_k R_{k_2} \tag{7.23}$$

第一期和第二期比较而言,政府在改变征税比例的条件下,劳动者收益会增加,但是只有当 $t_l \leq t$ 时,劳动者才会保证劳资契约的正常执行。而由于政府采取了偏向劳动的制度安排,导致资方执行契约的成本增加了 $(t_k - t)R_{k_2}$,而资方契约收益的变动为 $(1 - t_k)(R_{k_2} - R_{k_1})$,因此,只有当 $(1 - t_k)(R_{k_2} - R_{k_1}) \geq (t_k - t)R_{k_2}$ 时,资方才会保证劳资契约的顺利执行,否则政府偏向性的制度安排便不能有效贯彻实施。由以上条件计算可得:

$$t_k \leq \frac{(1+t)R_{k_2} - R_{k_1}}{2R_{k_2} - R_{k_1}} \tag{7.24}$$

对于政府而言,其从劳资契约执行中获取的收益为 $(t_k - t)R_{k_1} + (R_{k_2} - R_{k_1})t_k$,需要承担的成本为 $(t - t_l)R_{l_2}$,当 $(t_k - t)R_{k_1} + (R_{k_2} - R_{k_1})t_k \geq (t - t_l)R_{l_2}$ 时,政府可以从劳资契约的执行中获益,从而保证了政府有足够的激励来制定偏向性的制度安排。计算可得:

$$t_k \geq \frac{(t - t_l)R_{l_2} + tR_{k_1}}{R_{k_2}} \tag{7.25}$$

$$t_l \geq \frac{t(R_{k_1} + R_{l_2}) + t_k(R_{k_2} - 2R_{k_1})}{R_{l_2}} \tag{7.26}$$

综合式(7.25)和式(7.26)的分析结果,我们可以确定政府制定偏向性制度安排的行为空间,这里用征税比例的区间范围来表示。其中，对劳动者的征税比例应在 $\dfrac{t(R_{k_1}+R_{l_2})+t_k(R_{k_2}-2R_{k_1})}{R_{l_2}} \leqslant t_l \leqslant t$ 的区间范围内，而对资方的征税比例应在 $\dfrac{(t-t_l)R_{l_2}+tR_{k_1}}{R_{k_2}} \leqslant t_k \leqslant \dfrac{(1+t)R_{k_2}-R_{k_1}}{2R_{k_2}-R_{k_1}}$ 的区间范围内。此时政府在从劳资契约执行中获取收益的同时，劳资双方的契约收益也都能得到保证。

最终我们可以求得政府采取偏向性制度安排的可行区间为：

$$\dfrac{(t-t_l)R_{l_2}+tR_{k_1}}{R_{k_2}} \leqslant t_k \leqslant \dfrac{(1+t)R_{k_2}-R_{k_1}}{2R_{k_2}-R_{k_1}} \dfrac{t(R_{k_1}+R_{l_2})+t_k(R_{k_2}-2R_{k_1})}{R_{l_2}} \leqslant t_l \leqslant t \quad (7.27)$$

以上分析证明，在适度的制度空间内，政府采取偏向劳动要素的制度安排可以在增加契约总收益的基础上，保证劳资双方都可以从契约实施中获利，或者说不至于比契约的自我实施遭受更大的损失，而政府制度安排的成本也可以在劳资契约的履行中得到补偿，实现劳资契约剩余分配的帕累托改进。对于我国目前偏向资本的制度环境而言，政府要实现上述三方共赢的局面，一是要改变其价值取向，把维护劳动者权益放到真正重要的地位上来；二是要保证制度偏好的适度性，确保资方利益不因政府制度的转向而遭受损失，否则资方将丧失履行劳资契约的激励，导致劳资契约执行效率的缺失。

第二节 劳资契约剩余分配的第三方实施路径

本节把格式化劳资契约作为不完全劳资契约第三方实施的典型路径，通过数理分析证明格式化劳资契约对契约剩余分配的影响。

一 基本的数理推导

模型中，我们假设：（1）劳资双方都是"经济人"，仅仅对自身效用结果感兴趣，其效用符合 VNM 效用函数；（2）劳动者的契约总收益包括两部分，契约中关于工资的条款规定执行"固定+剩余"，即"$F+\beta\pi$"的形式。其中，F 为劳动者根据劳资契约的相关条款规定可以获取的固定收益；β 为劳动者的剩余分享比例，$0\leq\beta\leq1$；π 为除固定收益以外的劳资契约剩余收益部分；（3）劳资双方确定的知道存在契约合作收益，但不知道自己的分享份额 β 的大小；（4）契约履行过程中劳动者需要付出的成本是其努力水平的函数，假设为 $c(a)=\frac{1}{2}ka^2$，k 为成本系数。

第一种情形：只有一个可观测变量。假设只有一个可观测变量，即劳动者的努力水平 a，此时劳动者的契约剩余收益取决于 a 以及外生风险变量 θ 带来的不确定性，即 $\pi=a+\theta$，其中 θ 服从正态分布 $N(0,\sigma_\theta^2)$，$E(\theta)=0$，$Var(\theta)=\sigma_\theta^2$。劳资契约的整个实施过程中，劳动者获取的契约总收益为 $y=F+\beta\pi$，由收益函数和成本函数可得劳动者的契约净收益函数为：$\omega=y-c=F+\beta\pi-\frac{1}{2}ka^2$。

如果扣除外生风险变量 θ 的影响，根据 VNM 效用函数的性质可知，此时劳动者的契约收益可表示成为其期望收益与风险溢价之差，即劳动者的契约收益 $u=E(\omega)-\frac{1}{2}\alpha Var(\omega)$，其中 α 为劳动者的风险厌恶程度，$E(\omega)=F+\beta a-\frac{1}{2}ka^2$，$Var(\omega)=\beta^2\sigma_\theta^2$，故可求得：

$$u=F+\beta a-\frac{1}{2}ka^2-\frac{1}{2}\alpha\beta^2\sigma_\theta^2 \quad (7.28)$$

由劳动者契约收益最大化的一阶条件 $\partial u/\partial a=0$，可求得：

$a=\beta/k$

按照劳动力有效供给的充分条件，劳动者履行契约获取的收益不得低于其边际闲暇价值，否则，劳动者将选择保留自己的劳动力。我们假设劳动者的这一保留效用为 μ，只有当劳动者的契约收

益 u 不低于其保留效用 μ 时,劳资契约才能得以顺利实施,即 $u \geq \mu$,进一步可求得 $F \geq \mu - \frac{\beta^2}{2k} + \frac{1}{2}\alpha V_{ar}(\omega)$。这说明,要想使劳资契约顺利执行,劳动者获取的固定报酬不得低于 $F = \mu - \frac{\beta^2}{2k} + \frac{1}{2}\alpha V_{ar}(\omega)$。此时,资方获取的契约收益为:

$$v = E(\pi - y) = a - (F + \beta a) = \frac{\beta}{k} - \frac{1}{2}\alpha V_{ar}(\omega) - \frac{\beta^2}{2k} - \mu$$

由资方契约收益最大化的一阶条件 $\partial v / \partial \beta = 0$ 可得:

$$\beta = \frac{1}{1 + k\alpha \sigma_\theta^2} \tag{7.29}$$

前文我们主要分析了劳资双方的契约收益,下面进一步考察其收益最大化时的履约成本。劳动者的履约成本包括两种:一种是风险成本 R_c,根据 VNM 效用函数的性质可知,$R_c = \frac{\alpha V_{ar}[y(\pi)]}{2} = \alpha \sigma_\theta^2 / 2(1 + k\alpha \sigma_\theta^2)^2$;另一种履约成本与劳动者的努力水平有关,是较低的努力水平带来的期望收益损失与其带来的成本节约之间的差额 I_c,其中:

$$I_c = \Delta E(\pi) - \Delta c$$

$$\Delta E(\pi) = \frac{1}{k} - \frac{1}{k(1 + k\alpha \sigma_\theta^2)} = \frac{\alpha \sigma_\theta^2}{1 + k\alpha \sigma_\theta^2}$$

$$\Delta c = \frac{1}{2k} - \frac{1}{2k(1 + k\alpha \sigma_\theta^2)} = \frac{2\alpha \sigma_\theta^2 + k(\alpha \sigma_\theta^2)^2}{2(1 + k\alpha \sigma_\theta^2)}$$

可求得,契约收益最大化时,劳动者的履约总成本为:

$$T_c = R_c + I_c = \frac{\alpha \sigma_\theta^2}{2(1 + k\alpha \sigma_\theta^2)^2} \tag{7.30}$$

第二种情形:两个可观测变量。上述的成本收益分析建立在仅有努力水平 a 这一个可观测变量的基础上,按照"格式化"劳资契约的基本逻辑,我们假设新增一个可观测变量 z,此时劳动者的契约收益函数为 $y = F + \beta(\pi + \gamma z)$。其中 γ 为 z 的收益系数。同理可求得劳动者的契约收益为:

$$u = F + \beta a - \frac{1}{2}\alpha \beta^2 V_{ar}(\pi + \gamma z) - \frac{1}{2}k a^2$$

$$= F + \beta a - \frac{1}{2}\alpha \beta^2 [\sigma_\theta^2 + \gamma^2 \sigma_z^2 + 2\gamma C_{ov}(\pi, z)] - \frac{1}{2}k a^2 \quad (7.31)$$

此时资方的期望收益为：

$$v = -F + (1-\beta)a = \frac{\beta}{k} - \frac{1}{2}\alpha\beta^2[\sigma_\theta^2 + \gamma^2\sigma_z^2 + 2\gamma C_{ov}(\pi, z)] - \frac{1}{2}k a^2 - \mu$$

同理可求资方收益最大化时，劳动者契约分享比例为：

$$\beta = \frac{1}{1 + k\alpha[\sigma_\theta^2 - C_{ov}^2(\pi, z)/\sigma_z^2]} \quad (7.32)$$

其中 $0 < \beta < 1$，如果 $C_{ov}(\pi, z) = 0$ 即 π 和 z 不相关时，$\gamma = 0$，此时的 β 与只有一个可观测变量 a 时相等，变量 z 写不写进劳资契约结果一样。一旦 π 和 z 具有相关关系，比如 π 和 z 正相关，即 $C_{ov}(\pi, z) > 0$。此时，是否把 z 写进劳资契约直接影响劳动者的剩余分享比例。

我们进一步把以上两种情况（观测一个变量和两个变量）下的最优剩余分享比例进行比较，可知：

$$\beta = \frac{1}{1 + k\alpha[\sigma_\theta^2 - C_{ov}^2(\pi, z)/\sigma_z^2]} > \frac{1}{1 + k\alpha \sigma_\theta^2} \quad (7.33)$$

这说明契约中每增加一个可观测变量，劳动者分享的契约剩余也会随之增加，这有利于提高劳资契约的激励强度，增强成功履约的可能性，同时也可以减少劳动者承担的风险，因为：

$$V_{ar}(\pi, z) = \beta^2[\sigma_\theta^2 + \gamma^2\sigma_z^2 + 2\gamma C_{ov}(\pi, z)]$$

$$= \frac{\sigma_\theta^2 - C_{ov}^2(\pi, z)/\sigma_z^2}{\{1 + k\alpha[\sigma_\theta^2 - C_{ov}^2(\pi, z)/\sigma_z^2]\}^2} < \frac{\alpha \sigma_\theta^2}{1 + k\alpha \sigma_\theta^2}$$

$$= V_{ar}[y(\pi)]$$

另外，通过计算我们发现，如果 π 和 z 相关，那么可被观测到的变量被写进劳资契约，在增加劳动者契约剩余比例时，还能减少劳动者的履约成本。因为，当 z 被写进劳资契约时，劳动者履约的风险成本为：

$$R_c = \frac{\alpha V_{ar}[y(\pi)]}{2} = \frac{\alpha[\sigma_\theta^2 - C_{ov}^2(\pi, z)/\sigma_z^2]}{2\{1 + k\alpha[\sigma_\theta^2 - C_{ov}^2(\pi, z)/\sigma_z^2]\}^2} \quad (7.34)$$

期望产出的净损失为：

$$\Delta E(\pi) = \frac{1}{k} - \frac{\beta}{k} = \frac{\alpha[\sigma_\theta^2 - C_{ov}^2(\pi, z)/\sigma_z^2]}{1 + k\alpha\left[\sigma_\theta^2 - \dfrac{C_{ov}^2(\pi, z)}{\sigma_z^2}\right]}$$

当 z 被写进劳资契约后，劳动者的履约成本可节约：

$$\Delta C = \frac{1}{2k} - \frac{1}{2k\{1 + k\alpha[\sigma_\theta^2 - C_{ov}^2(\pi, z)/\sigma_z^2]\}^2}$$

$$= \frac{2\alpha[\sigma_\theta^2 - C_{ov}^2(\pi, z)/\sigma_z^2] + k\alpha^2[\sigma_\theta^2 - C_{ov}^2(\pi, z)/\sigma_z^2]^2}{2k\{1 + k\alpha[\sigma_\theta^2 - C_{ov}^2(\pi, z)/\sigma_z^2]\}^2}$$

成本节约对劳动者而言，具有强大的履约激励，激励成本为：

$$I_c = \frac{k\alpha^2[\sigma_\theta^2 - C_{ov}^2(\pi, z)/\sigma_z^2]^2}{2k\{1 + k\alpha[\sigma_\theta^2 - C_{ov}^2(\pi, z)/\sigma_z^2]\}^2}$$

劳动者履约的总成本就等于风险成本与激励成本之和，即：

$$T_c = R_c + I_c = \frac{\alpha[\sigma_\theta^2 - C_{ov}^2(\pi, z)/\sigma_z^2]}{2\{1 + k\alpha[\sigma_\theta^2 - C_{ov}^2(\pi, z)/\sigma_z^2]\}^2} < \frac{\alpha\sigma_\theta^2}{2(1 + k\alpha\sigma_\theta^2)^2}$$

$$(7.35)$$

式（7.35）说明，当更多观测变量被写进契约时，劳动者的履约成本明显小于只有一个观测变量的情况，即劳动者的履约总成本显著减少。

通过上述分析我们总结如下：写进劳资契约的可被观测到的变量越多，劳动者所能够分享到的契约剩余比例就会越高，这也就意味着伴随着写进劳资契约的可被观测到的变量不断增加，劳动者的谈判能力会随之增强。进一步地，如果被写进劳资契约的这些可观测变量具有一定的相关关系，那么它们对提高劳动者谈判能力、增加劳动者契约剩余收益的作用就越大。这与我们前文的理论分析相一致，即不完全劳资契约条件下，才存在劳资双方针对契约剩余分配的讨价还价，如果契约是完全的，所有的权利义务关系都能被清楚地界定，那么劳资双方就不会针对契约剩余的分配产生分歧。从契约的角度来讲，要增加劳动者契约剩余分享份额，提高劳动者报酬，关键是要弱化劳资契约的不完全性。

二 第三方实施的路径——格式化契约

（一）格式化契约的特点

格式化契约的本质特征表现为契约主要由单方制定，且缔约的另一方当事人并不特定。格式化契约一旦建立，极容易固定下来，以供长期、反复使用。格式化契约应用十分广泛，最初被应用于商业领域，随着契约交易的发展，被越来越多地应用到社会的多个领域，以至于有学者称我们生活在格式化契约的世界里。

然而学术界对格式化劳资契约的认识并不一致，在法学界的部分学者看来，格式化契约的建立是对法理与公平的蔑视，违反了法治的基本精神。但是从经济学意义上进行分析，格式化劳资契约的建立大大节省了契约各方当事人在搜集信息、谈判协商、制定契约以及履行契约过程中的交易费用，从而有效地弱化了契约的不完全性，并且形成了对相关权利分配的硬性约束，减少了由于权力界定不明确带来的契约有关当事人的利益损失。

具体来看，格式化契约具有以下显著特点。

其一，格式化契约的制定过程中，契约当事人并没有采取协商或谈判的形式，而是由一方当事人预先制定好的，契约各方当事人的契约交易行为并不发生在同一时间点上。而且，格式化契约所涉及的契约各方当事人的权利义务关系是既定的，契约的接受者无权对其做任何的修改和变更。现实的契约交易中，制定格式化契约的一方多数处于市场上的垄断地位，在与另一方当事人的讨价还价中处于绝对优势，从而使谈判过程变得可有可无，而不影响契约的实施结果。

其二，从第一个特点我们可以推断出，格式化契约的各方当事人之间的地位是不对等的，契约交易双方的实力相差悬殊，处于垄断地位的格式化契约的提供者拥有对契约所涉及的内容、契约执行的方式、违背契约的惩罚，以及未被明确写入契约的各种或然事件的绝对解释权和契约一切权利的绝对占有权。格式化契约的接受者没有影响契约制定和实施的能力，只能处于被动的从属地位。

其三，格式化契约的制定和实施不因契约接受方的改变而改变，它具有普遍适用性，其要约人既定，承诺人不特定。承诺人的任何表示同意或拒绝以外的行为选择都对契约交易关系的成立、契约的具体内容规定、契约的实施过程等没有任何影响。例如消费者"三包"协议，协议的提供者是生产消费品的厂商，而无论是哪一个消费者购买了该消费品，该消费品"三包"协议的具体内容都不会因为消费者的改变而改变，具有定型化特点。

其四，在对权利义务的界定上，格式化契约具有明显的倾斜性。我们仍然以消费者"三包"协议为例，其对商品退货、换货的相关规定并不完整，对消费品购买后的实际使用情况也无法跟踪，因此，生产厂家从自身利益出发，把契约中所有未预计到的或然情况的解释权都划归自己所有，而单个的消费者在面对庞大的生产厂商时，其谈判实力是微不足道的，在出现"三包"协议中未详加规定的情况下，消费者的权益并不总是能得到有效保证。

其五，相对于格式化契约的制定者而言，格式化契约的接受者具有明显的从属性。这是因为，格式化契约是一方提前制定好的，承诺人只有接受或拒绝的权利，而没有参与契约制定的协商和讨价还价的权利。虽然从法律意义上来说，契约交易的双方当事人具有平等的地位，但是现实的契约交易过程中，契约的接受者没有任何讨价还价的余地，这与契约制定者和接受者的组织特性有关。一般而言，格式契约的制定者往往以组织的形式出现，如政府、企业或某一个行业等，而契约的接受者则常常以单个个体出现，其讨价还价能力在庞大的组织面前近似于无，只能做契约条款的接受者，享有接受或不接受格式契约的自由，而不具备参与契约制定过程的自由。因此有差异的讨价还价能力形成的是无差异的讨价还价结果。

（二）格式化契约的缺陷

降低契约交易费用、提高契约实施效率、减少交易纠纷是格式化契约的优势所在，然而具有垄断性质的格式化契约往往成为契约制定者压迫契约接受者的工具，从而异化契约的自由和公平原则。

第一，在利益最大化动机的驱使下，契约制定者往往会利用在契约交易中的绝对优势地位，制定偏向自身利益的格式化契约，在强化自身权利的同时，弱化应当承担的相应的责任。现实中的格式化契约不仅存在弱化责任的情况，还存在着免除责任的情况，如诸多"霸王合同"中的免责条款。而格式化契约制定者对自身权利的强化体现在：（1）格式化契约的制定者往往赋予自身获取收益或免除责任的权利，强加给契约接受者承担契约执行风险的义务；（2）进一步地，在必须牺牲契约接受者利益才能获取实现自身权利的机会时，格式化契约的制定者往往会单方面解除契约交易关系，以保证自身收益不会遭受损失，同时免于对契约接受者的赔偿责任。

第二，格式化契约的制定者还经常通过制定一些苛刻的不利于契约接受方的条款，迫使契约的接受者在无法达到契约所规定的具体要求时，放弃追求自身利益的权利。即使格式化契约的制定者决定履行对契约接受者的赔偿，往往也会限制进行赔偿的方式以及赔偿金额的大小，甚至剥夺契约接受者申请诉讼的权利。目前我国市场上的格式化契约往往成为契约制定者用来获取利益、回避责任的工具，其积极效应被极度的弱化。如何在不违背自由和公平的原则下，规范格式化契约的制定及其实施，从而保护处于弱势的契约接受者，是本章对格式化契约进行探讨的目的所在。

（三）格式化劳资契约的现实与转型

现实中，因为劳动者谈判能力较低，形成了资方占优势地位的格式化劳资契约，劳动者较少拥有谈判的权利，只有选择接受或不接受的自由。在资方主导的格式化劳资契约中，劳资契约履行的负外部性非常明显。

针对契约履行的结果是否对契约交易以外的第三方造成影响来划分，契约的外部效应包括正的外部效应和负的外部效应。具体而言，如果契约交易的结果给契约当事人以外的第三方带来了无偿的意料之外的收益，那么我们就说这一契约的履行具有正的外部效应，相反，如果契约交易的结果给契约当事人以外的第三方带来额外的损失，那么我们就说这一契约的履行具有负的外部效应。在契约履行具有正外部效应的情况下，由于契约的履行给第三方带来的收益是额外的，契约当事人的效应并没有因此而减少，由此该契约的履行是一种帕累托改进。而在契约履行具有负的外部效应的情况下，契约的履行会增加当事人之外第三方的额外成本，从而增加履行契约的交易费用，此时，无论契约当事人的效用是否提高，社会的总体效用水平是下降的，契约的履行是无效率的。而且由于格式化契约具有定型化的特征，其履行结果的外部效应更具有刚性。因此，国家需要通过多种干预手段强化格式化契约主体的社会责任，矫正和抑制格式化契约履行的负外部效应，通过一定的制度安排将格式化契约履行的负外部效应法律内化。

相对于一般的民事契约，劳资契约履行的外部效应更加突出。这是因为：第一，劳资契约的实施是劳动力产权得以实现的主要途径，因为劳资契约的实施过程也正是劳动要素与其他生产要素相结合，创造产出和剩余的过程。通过劳资契约的顺利实施，劳动者不仅可以获取维持基本生存的价值，更可以获取基于劳动力产权内涵的索取劳资契约剩余的权利。而劳动力产权的实现不只关系到劳动力产权的占有者即劳动者的利益，更关系到整个经济社会发展的内生增长动力，即消费需求的增加，从而在保证实现劳动者个体收益的同时，实现经济发展的宏观收益；第二，劳动要素的使用是有期限的，劳资契约必须对劳动的使用程度做出明确的规定，包括劳动强度、劳动难度等工作条件的实施不能以破坏劳动力本身的再生产能力为前提。对于劳动力的过度使用，不利于劳动力生产效率的提高，一旦劳动者的生存权利受到削弱，经济社会发展的稳定性将遭到破坏，从而引发一系列的社会问题。

我国资方占绝对优势地位的格式化劳资契约的实施，导致了劳资纠纷频发，劳动关系紧张的现实局面，显示出较强的负外部性。通过第三章分析我国劳动争议案件不难看出，因为合同中并未明确规定而导致劳资双方对簿公堂的案件占比较高，而且由于劳资契约的不完全性导致这一类型劳动争议的事后谈判成本非常高。

因此，要构建和谐的劳资关系，必须在格式化劳资契约的框架内，降低劳资契约的不完全程度，通过制度强权提高劳动者的谈判能力。这种情况下，政府作为第三方通过立法规定强制要求用人单位在与劳动者签订劳动合同时，必须把和双方有关的权利义务规定尽可能多地写入劳资契约，这就相当于给劳资双方提供了一种默示规则，有利于减少双方事后扯皮的可能性。比如，依据判例法的相关精神，劳资双方可以事前就将关于劳动报酬、劳动安全、劳动卫生条件、节假日加班工资等所有可能或者已经在法庭上引发劳动争议的缘由都逐步明确写入劳资契约中，明确劳资双方各自应承担的责任和义务。

需要注意的是，我们这里谈到的"格式化"不是"霸王合同"，只是强调劳资契约的刚性特征，它要求政府从维护劳动者权益的视角出发，利用政府权威明确规定必须列入劳动合同的条款，这些条款越多越好，条款之间的关联性越强越好，其本质在于通过减少劳资契约的不完全程度来维护劳动者权益。当劳动者无能为力时，就需要政府作为第三方强制实施或积极引导，通过对劳资契约的相关属性进行监测、证实并予以明确定价，使更多可观测的变量写进契约，减少劳资双方讨价还价的可能性以及讨价还价成本。

比如法国的劳动合同法明确规定了固定期限和非固定期限劳动合同的适用情况，并对劳动合同的具体时限也提出了相关要求，而我国劳动合同法在这方面的规定就较为笼统，导致双方容易就劳动合同的期限问题产生争议。因此，我们认为应当以政府立法为引领，以行业协会或产业协会为具体实施单位，逐步推进劳资契约的

第七章　劳资契约的第三方实施与效率优化 | 183

细节化、规范化与偏向劳动的刚性特征,不断完善我国劳动合同文本。

然而,有关我国劳动保护程度过高的担忧可能不利于偏向劳动要素的格式化劳资契约的实施。例如,有学者认为,借鉴经济合作与发展组织(OECD)的标准,中国现行的劳动力市场在就业保护上处于较高的水平。如果以同样的标准评价 OECD 国家和中国的就业保护严格程度,中国目前的劳动力市场规制的总体严格程度仅仅低于荷兰和比利时,而高于其他发达国家的水平。[①] 在此情况下,如果实施偏向劳动要素的格式化劳资契约,有可能会进一步降低劳动力市场的灵活性,进而影响其现实中该项对策的推行。我们认为,格式化劳资契约的本质并不是要赋予劳动者诸多额外的权利,只是依据契约精神、通过法律来保护劳动者基于剩余创造应得的剩余分享权,这不是权利的偏向,只是帮助劳动者更好地实现权利。而且,现有研究表明,导致我国劳动力市场缺乏灵活性的原因部分是一体化的劳动关系调整模式。我国现行劳动法围绕劳动关系和劳动者提供了一套系统的法律规则,内容包括合同订立、履行和变更、解雇保护、工作时间、工资、休息休假、安全卫生、职业培训、社会保险等方面,为劳动者提供了全方位的保护。但是忽略了劳动者的异质性,统一实行"一体适用、同等对待"的处理方式。现行劳动法规则中,除了《劳动合同法》设立专节对"非全日制用工"提供了相应的特殊规则外,几乎没有针对特殊劳动者或者特殊用人单位的条款,所有劳动者和用人单位都适用同样的劳动法规则。然而,现实中劳动者的类型多样,让不同劳动者在与用人单位的紧密关系程度、在用人单位中的地位和影响、工作目的、工作内容、工作方式、合同期限、工作年限等方面存在差别,不同类型劳动者享有相同权利、承担相同义务并不妥当。这种无差别的一体化

---

① 都阳:《"十三五"时期就业发展战略研究》,载蔡昉、张车伟主编《中国人口与劳动问题报告 No.16:"十二五"回顾与"十三五"展望》,社会科学文献出版社 2015 年版,第 178—179 页。

调整模式，一方面使许多非典型或者新兴劳动方式无法受劳动法保护；另一方面，又因一旦劳动关系被纳入劳动法调整范围就适用劳动法所有规则，缺乏灵活性，导致许多学者认为中国的劳动保护程度过高。从这一点上来讲，格式化劳资契约的实施也应当视劳动者的具体类型分类实施。

本章小结

本部分内容在第六章的基础上，通过构建数理模型进一步分析了不完全劳资契约第三方实施的具体路径。分析认为，当劳资契约自我执行缺乏效率时，第三方实施可以作为劳资契约自我执行的一种补充，提高劳资契约剩余分配的效率。相对于契约的自我执行而言，第三方实施更多的是一种强制性实施方式，政府作为第三方可以通过强硬的制度安排来弱化因为契约不完全导致的执行效率的缺失。本章的模型分析表明，在适度的制度空间内，政府采取偏向劳动要素的制度安排可以在增加契约总收益的基础上，保证劳资双方都可以从契约实施中获利，或者说不至于比契约的自我实施遭受更大的损失，而政府制度安排的成本也可以在劳资契约的履行中得到补偿。对于我国目前偏向资本的制度环境而言，政府要实现上述三方共赢的局面，一是要把维护劳动者权益放到真正重要的地位；二是要保证制度偏好的适度性，确保资方利益不因政府制度的转向而遭受损失，否则资方将丧失履行劳资契约的激励，导致劳资契约执行效率的缺失。其具体的实施路径为：

第一，事前的劳资契约签订环节，政府可以通过提供格式化的劳资契约来把更多的可被观测到的信息写入劳资契约中，通过降低劳资契约的不完全程度来降低劳资双方的谈判空间，减少不完全劳资契约中的剩余权利，从而减少劳动者因为较低的谈判能力带来的谈判损失。在契约的不完全性不可避免、谈判空间绝对存在、资本占有谈判优势的情况下，要想增加劳动者对契约剩余的分享，可以通过适当的偏向劳动者的制度安排"强力界定"公共领域的权利归属，赋予劳动者某些"特权"，扩大劳动者在劳资谈判中的话语权，提高劳动者谈判能力。而格式化劳资契约的实施，一方面可以保证劳资契约的完全性，在"理性所及"的范围内对相关的权利义务关系和剩余分配做出尽可能详细的安排，缩小劳资双方的谈判空间。另一方面可减少讨价还价的成本，保护弱势一方的利益，最大限度地缩小谈判的范围。通过偏向劳动的制度安排的贯彻与实施，可以在谈判伊始便赋予劳动者一定的"强权"，增强其讨价还价能力，从而提高其契约剩余分享份额。

第二，事后的劳资契约执行阶段，如果针对剩余权利的分配不可避免，那么在劳资双方发生争议时，政府通过制定更加规范、可操作的劳动关系调整制度来提高劳动者的谈判能力，保证劳动者的契约权益。

需要注意的是，在单周期的契约剩余谈判中，劳资双方是一种零和博弈，即一方获取的契约剩余多，就意味着另一方获取的契约剩余少。因此，政府的制度约束必须是一种帕累托改进，即在不导致劳资任何一方契约收益受损的同时，还能提高劳动者的契约剩余。这一方面要求针对劳资关系的存续不是单周期的，而是长期的，另一方面要求在政府的制度约束下，资方从中获取的契约剩余份额不应少于劳资契约自我执行条件下所获取的契约剩余，这也就意味着因为在长期的劳资关系中，劳动者因为增加契约剩余分享份额而获得的激励所带来的契约总产出的增加要足够大。

第八章　构建和谐劳资关系的其他路径

第七章的分析表明，不完全劳资契约框架内，格式化劳资契约可以提高劳动者谈判能力，均衡劳资契约剩余分配，通过保护劳动者权益构建和谐劳资关系。本章着重分析除了格式化劳资契约以外的、构建和谐劳资关系的其他举措。

第一节　纠正制度的资本偏好

作为影响劳动者报酬高低的主要变量，契约剩余分享份额和制度的偏向成正比。在偏好资本的制度环境下，要想提高劳动要素的谈判能力、增加其契约剩余分享份额、提高劳动者报酬也必须要从变革有偏的制度环境开始，通过制定强力界定被置于公共领域的产权归属，来增加劳动要素的谈判能力。

一　转变政府角色

在劳动关系中，政府一直扮演着重要的角色。政府的立场和支持在根本上影响制度环境的要素偏向。要提高劳动者的谈判能力和地位，要求政府在劳资双方的谈判中，更多地维护劳动者的利益和诉求，支持劳动者的合理要求。

纠正资本偏向的制度环境，关键是要扭转传统的经济发展战略，强调经济结构的均衡发展，弱化经济增长对投资和出口的依赖，从根本上改变经济发展方式。而从不完全理论和信息的显示性原理来解释，要建立偏向劳动的制度安排，可以建立偏向劳动要素的格式化劳资契约。一方面,契约条款得以明确规定的格式化契约可以在较大的程度上减少劳资契约的不完全性,在事前对劳资双方之间的权利配置与分享比例进行明确界定,减少事后再谈判的成本;另一方面,偏向劳动的制度安排就如同一种显示性信息机制,这些信息能够使资方不会因为隐瞒私人信息或显示虚假信息而获利,甚至会招致损失,使资方在决策时必须将其考虑在内,这样,资方就没有必要采取种种机会主义行为,忽视劳动者的权益保护。然而这种刚性的格式化契约可能会导致资方事前专用性投资的不足,与其相反,自由雇佣条件下形成的劳资契约相对而言过于灵活,容易带来更多的事后投机行为,不利于保护劳动者权益。因此,格式化契约的偏向程度应该在刚性的保护劳动者权利和保证资方专用性投资水平之间进行权衡取舍。当然,这种偏向劳动的制度设计必然对政府提出了更高的要求,要求政府具有一种"公益精神取向"[①],将保护劳动者权益作为其追求的价值目标。

而改变政府价值取向的根本途径就在于转变唯GDP的干部考核方式,不断完善政绩考核体系。过度追求GDP和经济增长的政府属于增长型的政府,对于增长型政府而言,我国的考核标准具有唯一性,通常采用单一的GDP指标来作为评价增长型政府工作绩效的标准,政府官员的任用、升迁、绩效考核都围绕GDP打转,这导致增长型政府盲目地追求GDP总量的扩张、提高GDP增长速度,形成了对GDP的崇拜,忽视了经济社会的全面发展。然而,地方政府追求经济增长不是坏事情,改革开放以来我国国际竞争力和综合国力的提升均依赖于经济的快速增长,没有经济增长,我们就无法积累起丰富的国民财富,我们就缺乏提高人民群众生活水平的物质

[①] "公益精神取向",正如布坎南所说,在市场组织本身性质里有一样东西,它提示人的利己动机。同时,在政治组织本身性质里也有一样东西,它压制利己动机,并提倡更"崇高"的动机。而公共利益的追求相对应的就要求政府以增加劳动者契约剩余、提高劳动者报酬、改善国民收入分配格局为其价值目标。这种价值取向是在资强劳弱的谈判格局下,实行偏向劳动者这一弱势群体的政府规制的本质要求。

基础。

从 1981 年"人民日益增长的物质文化需要同落后的社会生产之间的矛盾"被确立为我国社会主要矛盾以来，我国政府的主要任务就是解放和发展生产力，就是实现经济增长。为此，在经济发展初始阶段，由于资本要素匮乏、技术水平低下，我们更多的是依靠大量廉价劳动力的投入来推动经济增长，这在一定程度上抑制了劳动工资的上涨空间，但是在资本要素匮乏的要素禀赋结构中，劳动要素对资本要素的替代是符合技术演进规律的，也是劳动供给较为充分的现实反映，它为实现经济的快速增长，实现国民财富的快速扩张做出了重要贡献。

然而，现阶段我国社会的主要矛盾已然改变，我国的发展任务已经不再是单纯的国民财富的累积，也不再追求单纯的经济增长，经济增长要解决的问题也不再是总量不足的问题，更多的是要解决经济增长中积累的结构性问题。2017 年 10 月 18 日，中国共产党第十九次全国代表大会召开，在报告《决胜全面建成小康社会 夺取新时代中国特色社会主义伟大胜利》中明确提到，我国社会的主要矛盾由长期以来的"人民对于经济文化迅速发展的需要同当前经济文化不能满足人民需要的状况之间的矛盾"转变为"人民日益增长的美好生活需要和不平衡不充分的发展之间的矛盾"。主要矛盾的转变意味着我国经济发展的生产力问题已经由原来的总量问题转化成了结构性问题。比较显著的现实是，在经济跨越式发展的背景下，发展的成果并没有实现人人共享，存在着严重的不均衡。反映在收入分配领域，就是前文所述的我国国民收入分配格局失衡，过多地偏向资本。因此，现阶段经济发展的重要任务已经不再是为了增长而增长，而是要推动调整收入分配的要素结构。

伴随着经济发展任务的改变，政府的绩效考核体系也应当随之改变。事实上，自从党的十八大提出共享的发展理念以来，政府的发展理念已经发生了很大的转变，唯 GDP 的考核体系也在不断变化，人民群众是否满意成为考核干部的重要指标，公民评议和群众参与制度已经被纳入新的政府绩效考核体系中来。我们相信，发展理念的转变和政府考核方式的完善有利于我们创造一个更加公平的制度环境，以此来维护劳动者的基本权益。

二 建立偏向劳动要素的制度安排

在资强劳弱的谈判格局下，要纠正偏向资本的制度环境，不是建立起均衡的制度环境，而是要建立偏向劳动要素的制度安排。具体思路有：

第一，加快技术创新，改变现有技术选择。理论上，在一个开放的、竞争的环境中，一国经济的竞争优势应该向具有资源禀赋比较优势的市场或产业领域渗透，同时也应选择最适合本国要素禀赋组合的技术进行生产。按照适宜技术理论，我国理应采取劳动偏向型的技术，然而长期以来，我国的经济增长实际上是建立在劳动力缺乏弹性的基础上的，即由于劳动力的无限供给带来相对低廉的劳动力成本。这种发展方式下，技术进步的速度主要取决于资本的投入，如果我们假设要素的边际成本等于其边际产出，那么此时使用稀缺性要素的技术进步速度更快，因为稀缺性要素的价格高，其边际成本高，相应的其边际产出也高。正因为如此，我国依靠低劳动力成本发展的经济增长方式最终形成了资本偏向型的技术进步，而技术进步的使用偏向决定着要素的相互替代程度，并进一步决定着投入要素的产出。同时，由于我国主要采用从发达国家进口机器设备的技术进步模式，劳动生产率的提高较大程度上依赖机器设备，导致对劳动力的需求逐渐降低，劳动力的要素报酬自然不高。经济实力是决定要素谈判能力的重要因素，偏向型技术进步带来的是资本产出的增加和劳动力产出的不断减少，由此也形成了资强劳弱的谈判能力配置格局。要提高劳动者的谈判能力，就必须改变现有的偏向资本的技术选择，改变主要依靠从发达国家引进机器设备的技术进步模式，加快自主技术创新的步伐，而且，这种创新必须是建立在要素禀赋基础上的创新。世界各国的发展经验均证明：资本偏向型的技术进步抑制劳动要素报酬水平的上涨，而劳动密集型的技术进步则有利于提高劳动要素的报酬水平。按照我国的要素禀赋结构，只有大力开发劳动密集型技术，才能彻底扭转劳动者的弱势地位，增强其谈判能力，增加其剩余分享份额。

第二，改变制度安排的资本偏好。制度变革的关键在于改变对资本的偏好，然而制度变迁的过程是漫长的，短时间内受制于我国经济发展的客观实际，资本的绝对优势地位不易动摇。根据科斯的理论，当谈判成本不为零时，权利尤其是剩余权利的初始界定会对交易效率产生影响。因此，在契约的不完全性不可避免、谈判空间绝对存在、资本占有谈判优势的情况下，要想增加劳动者对契约剩余的分享，可以通过适当的偏向劳动者的制度安排"强力界定"（Umbeck，1977）[1]公共领域的权利归属，赋予劳动者某些特权，扩大劳动者的谈判话语权，提高其谈判能力。比如，我们建立偏向劳动者的格式化劳资契约，一方面，在谈判存在成本的情况下，劳资契约越不完全、谈判空间越大、周期越长或者重复谈判的次数越多，弱势一方即劳动者的利益越容易受到损害。而通过建立规范的格式化劳资契约，在"理性所及"的范围内对相关的权利义务关系做出尽可能详细的安排，可以最大限度地缩小劳资双方讨价还价的范围，从而减少劳动者的谈判成本。另一方面，根据信息的显示性原理，偏向劳动要素的格式化劳资契约的建立，使资方在决策时不能再像不完全劳资契约条件下那样，通过隐瞒私人信息或显示虚假信息而攫取更多的契约剩余，否则可能会遭受更严重的损失。而且，偏向劳动要素的格式化劳资契约本身相当于是在劳资谈判的初始阶段便赋予劳动者一定的"强权"或者是对契约剩余权利的归属做出明确界定，这样可以有效地遏制资方的机会主义行为，从而保护劳动者的权益。然而格式化劳资契约的刚性可能会导致事后灵活性的丧失，因此，格式化契约的度应该在刚性的保护劳动者权利和

---

[1] Umbeck（1977）以美国西部淘金时期的经验事实论证了一个非常著名的口号——强力界定权利（might makes rights）。

促进资方投资效率之间进行权衡取舍。

　　第三，强化第三方参与。事实上，第三方不仅包括政府，还包括行业工会等劳动者集体组织。包括以尼凯尔和安德鲁斯为代表的管理权模型，以及以麦克唐纳和索洛为代表的有效谈判模型等在内的主流经济学均认为：工会以及以工会为代表进行的集体谈判对工资的提高有着重要的影响，但其前提要求工会的集体谈判能力不为零。也即当劳动力市场存在工会组织时，它呈现出双边垄断的特征，这时劳动者的工资水平由垄断双方工会和资方的相对谈判能力高低来决定。如果工会的谈判能力强，则劳动者的工资水平相对较高，如果资方的谈判能力较强，那么劳动者的工资水平便会偏低。然而，在我国，各行业均缺乏完善的工资协商制度，几乎所有行业的劳动合同都是资方单方面起草的，以工会组织为代表的集体谈判制度还没有真正发挥作用。也就是说，存在工会组织的我国的劳动力市场依然是单边的买方垄断市场，资方拥有绝对的控制地位，也获取了绝大部分契约剩余。而要强化工会组织参与集体谈判，提高劳动者的谈判能力及其剩余分享份额，就必须对工会组织进行改革，将工会组织职业化和社会化，以此来强化工会的代表性。同时政府通过建立真正的工资协商制度，赋予工会相关权利，使工会组织作为劳动者的代表积极参与到集体谈判中来，从而改变资方单方面决定权益分配的局面。

　　第四，具体的政策措施。政策是制度的具体体现，在劳资契约的剩余配置上，要建立劳动偏好的制度安排，就必须从制定对劳动者更有利的政策出发，体现出政策的倾斜性。具体而言，可以从以下方面制定相关政策：其一，法律政策上，制定相应的向劳动者倾斜的法律法规，目前我国制定的保护劳动者的法律只有《劳动法》以及作为其补充的《劳动合同法》《劳动争议处理法》《就业促进法》等，其他一些有关劳动者权益的具体问题，也应该制定不同的法律法规来支撑，通过立法对劳动者进行强制保护；其二，推进劳动力市场改革，推行积极的就业政策。包括逐步消除劳动力市场的分割性、改革户籍制度、加强就业立法改革、实施就业专项计划、建立"国家+企业+工会"的三维多层面就业保护体系，等等；其三，社会福利系统向劳动者倾斜。推广公费医疗、职业福利、免费教育和社会养老等福利保障制度，真正把社会福利的模式改变为"普惠制"；其四，收入分配政策向劳动者倾斜。包括不断提高最低工资标准，建立企业职工工资合理增长机制，完善收入分配机制，大力调整财政、税收等宏观政策、充分发挥再分配机制对收入分配的重大调节作用，等等。

第二节 完善各项劳动关系调整制度

一 完善最低工资制度

现有最低工资制度的核心问题在于最低工资的标准。要实现40%的调控目标，最低工资标准还需要进一步提高。按照《最低工资规定》中所强调的，我国最低工资标准在制定时主要参照当地工作人员及其赡养人口的最低生活费用、城镇居民消费价格指数、职工社会保险状况、当地就业状况与经济发展水平。除此之外，要保证最低工资制度发挥保护劳动者权益的基本职能，各地区在制定最低工资标准时还应充分考虑以下因素：第一，要保证最低工资的增长速度与人均 GDP 的增长速度同步；第二，最低工资标准的调整应与劳动生产率的增长相协调；第三，最低工资标准应充分考虑地区价格水平，确保实际最低工资不因物价的上涨而减少；第四，在完善最低工资测算方法时，应当把家庭赡养系数作为重要的指标纳入其中。

最低工资的上涨对劳动者而言无疑是有利的，它是劳动者权益的底线，更高的最低工资意味着劳动者的基本生活得到了更高水平的保障，然而最低工资不是劳动者一方的事情，它同时涉及企业和政府。最低工资标准在充分考虑上述因素的同时，也要与国家发展阶段相适应，不能超越经济的现实性可能条件，充分考虑最低工资上涨是否会给企业、政府造成负担。对于企业而言，最低工资的上涨无疑将弱化企业的人力成本承受能力，进而影响全社会的就业，尤其是在"新常态"时期，由于部分行业产能过剩导致我国就业压力非常大，此时最低工资的过快上涨势必会加剧本就紧张的就业态势。对于政府而言，最低工资制度是政府对劳动力市场价格的一种行政干预，它涉及市场与政府的边界问题，如果政府干预过多，必然导致市场机制在调控劳动力市场价格方面的作用受到限制。因此，在调整最低工资标准时，要兼顾劳动者、企业和政府的三方利益，充分考虑到"新常态"时期企业的劳动力成本承受能力和政府职能，做到适度规模增长。

另外，考虑到宏观调控层面，为切实加强最低工资制度保护劳动者权益的作用，同时最小化最低工资对企业和政府的影响，我们应当构建最低工资制度的评估体系，通过事前评估和事后影响分析，为调整最低工资标准提供更具针对性的指导方案。

二　完善集体谈判和集体合同制度

增强劳方的博弈力量，构建劳资双方公平谈判机制的关键应是建立集体谈判制度，重点在于组建能够真正代表工人利益的组织——工会。我国经济发展的现实告诉我们，我国劳动者工资的上涨速度一直低于GDP的增长速度，其中的原因有很多，重要的一点是在集体谈判制度的建设中，我国工会组织缺乏独立性和代表性，并不能真正代表和维护劳动者权益。集体谈判最终的结果是构建集体合同，集体谈判制度的完善与否直接决定了集体合同制度在调整劳资关系方面的作用大小。甚至可以说，正是因为集体谈判制度不完善，才导致我国签订的集体合同大多流于形式，内容空泛，无法发挥有效作用。而在完善集体谈判制度的过程中，最关键的是要解决集体谈判的主体问题。法律上，工会是代表劳动者与资方进行谈判的合法代表，但是我国《工会法》确立的工会制度不能反映市场经济条件下劳动关系双方利益分化、利益明晰化的要求，工会也无法获得真正的独立地位，难以真正代表职工和企业进行集体谈判并签订集体合同。为此，我国必须重新构建工会制度，塑造适应市场经济和集体合同制度要求的工会，力保工会的独立地位，保证其在集体谈判中真正发挥作用。至于如何改善工会制度，我们认为，可以借鉴国际劳工立法和国际惯例中的有益做法，并结合我国的实际情况做出调整。比如，为保证工会的独立性，我们可以禁止企业行政组建工会，禁止企业的负责人和高级管理人员加入工会，防止工会与企业管理层的角色与职能交叉；建立工会会员权益保障制度，以防止在就业方面发生任何排斥工会的歧视行为；鉴于存在工会干部因为维权而遭到企业打击报复的事件时有发生，我们同时应当建立工会干部权益保障制度。

就集体合同制度而言，其变革的方向应当是：第一，变自上而下的推进方式为自下而上的推进方式，充分考虑到企业员工的实际需求，制定更能反映企业特色、更具实质性内容的集体合同；第二，不仅要把集体合同签订数量与政府政绩相挂钩，同时也要建立相应的评估制度，对各地区集体合同的实践效应进行评估，防止集体合同制度沦为政府政绩的附属品；第三，从全国、产业和企业三个层面同时推进集体合同制度，尤其要充分发挥行业协会、产业协会在推进集体合同制度中的重要作用。

三　完善各种非正式制度

非正式制度作为正式制度的有效补充，在调整劳资关系方面具有重要的作用。然而现阶段我国此类非正式制度存在的典型问题就是供给不足，因此我们要进一步完善各种非正式制度，使其与各种正式制度相结合，更好地发挥调整劳资关系的作用。

第一，重建市场经济体制的劳动关系伦理体系，树立平等的观念。我国已经成功实现从计划经济体制转型为市场经济体制，但是我国劳动关系的转变明显滞后于经济体制的转变，企业尤其是国有企业中的等级观念还比较严重。为了适应经济体制的转变，我们应当适应市场经济体制发展的基本要求，构建与市场经济相适应的劳动关系伦理体系，树立人人平等的观念，从思想上树立全社会和企业内部尊重劳动者权益的意识，充分发挥劳动者的主观能动性、积极性和创造性。

第二，树立等价有偿的劳动观念。在计划经济体制内，劳动者的个人利益、集体利益与国家利益是一致的，经常存在劳动者为了集体和国家利益牺牲个人利益的情况。但是市场经济体制内，无论是企业内部还是整个劳动力市场，劳动力贡献是衡量劳动力价值的最重要标准，这一标准强调劳动者在合法不违规的条件下追逐个人利益的最大化，这就要求劳动者的所有劳动付出都要得到相应的回报，否则劳动者的权益就会受损。要实现劳动者的等价有偿，就要求企业始终贯穿"诚实守信"的道德要求，严格按照各项法律法规的相关规定，切实履行自己的责任和义务。政府和全社会为保证劳资契约的正常执行，应当采取一定的惩罚措施来增加企业失信违约的成本或者采取一定的激励措施来增加企业履行责任的收益，保证劳资契约的自我执行。

第三，树立合作的劳资关系理念。实际生产过程中，劳资双方并不是割裂的，而是大多呈现出"一荣俱荣，一损俱损"的局面，机会主义行为只会损失劳资合作生产的利益，对企业和劳动者的长远发展都不具有任何积极效应。因此，资方在具有充分优势的同时，应当意识到劳资合作的重要性，摒弃劳资对立的传统理念，树立劳资合作的新理念，充分尊重劳动者在契约执行过程中对合作收益的占有，而不是利用自己的优势地位去随意解除劳动关系、侵害劳动者权益。同时，劳动者也不能利用劳资双方之间的信息不对称，肆意采取各种机会主义行为，损害企业的利益。

第四，强调劳资双方的道德义务。道德规范对于调节劳资关系的作用就如同声誉机制对于劳资契约自我实施的作用一样，它不是一种强制性的要求，但具有较大的经济和社会效应。我们要采取多种措施强化劳资双方的道德责任感，用社会道德规范来约束劳资双方的行为，把劳资关系建立在良知的基础上，从而以低成本的方式促进劳资契约的有效执行。

　　第五，建立分类的劳动关系调整制度。如前所述，我国现行的劳动关系调整模式是单一的、一体化的调整模式，该模式忽略了劳动者的异质性，在现行模式下，许多新型的"特殊雇员"无法得到劳动法的保护，权益受到忽视，不利于构建和谐的劳资关系。随着实践中用工形式的不断丰富，劳动权利体系的不断扩张，加上劳动者从属性的程度差异以及用人单位类型的多样化，我国目前对劳动关系法律调整实行的"单一调整"模式已经越来越不适应现实的需要。因此，有必要调整劳动关系调整模式，根据劳动者的异质性对劳动关系实施"分类调整、区别对待"。意大利、瑞士、德国、英国、日本和荷兰等国，就通过民法典或债法典以及其他制度安排，贯彻"分类调整、区别对待"的原则，其中最为典型的是《意大利民法典》有关雇佣和劳动的规定。《意大利民法典》第五编"劳动"前四章有关雇佣和劳动的规定充分体现了分类调整和区别对待的理念和做法。《意大利民法典》不仅从雇员"从属性"的角度将雇佣和劳动关系分为经典的劳动关系、传统的雇佣关系以及特殊的劳动关系给予区别对待；还从雇主角度，根据不同标准，将企业分为"一般企业"和"农业企业"，"企业主"和"小企业主"，加以区别对待；同时，还考虑到特定群体的特殊性，直接在民法典中规定"实习生""家政工"等特殊群体的规则。[①] 改革开放以来，我国劳动力市场发展迅速，劳动力市场规模不断扩大，而且劳动关系的结构和类型日益复杂。劳动力市场的发育以及就业人员的多样性使劳动关系的类型化法律调整不仅可能而且必要，这一方面可以扩大劳动法的覆盖范围，使劳动法覆盖更多群体，另一方面可以提高劳动法规则的灵活性和适应性，合理兼顾雇主和雇员的利益。

[①] 谢增毅：《我国劳动关系法律调整模式的转变》，《中国社会科学》2017 年第 2 期。

第三节 弱化劳资契约的不完全程度

针对劳资契约的不完全造成的契约剩余分配不公，学者们研究的重点也集中在如何消除或者降低契约的不完全性程度。如施瓦茨（Schwartz，1994）从降低缔约成本和证实成本的角度进行了分析，他指出在缔约成本导致了契约不完全的情况下，由于国家立法具有规模经济的优势，因此，在一定条件下，"国家可以通过提供某种形式的默示规则来调整契约当事人的权利和义务"[①]。如果导致契约不完全的原因是证实成本的存在，即缔约各方不会把那些不可证实的条款写入契约，所以在这种情况下国家提供默示规则就是无效的，这时法庭基于某些可证实的条款强制执行契约通常优于提供默示规则。Anderlini、Felli 和 Postlewaite（2003）则指出如果信息不完全是由信息偏在性导致的，那么法庭可以利用自身的权威来均衡信息在契约交易双方之间的分布，比如法庭可以通过否决契约来迫使具有信息优势的一方主动揭示信息。

在信息偏在性造成了契约不完全的情况下，法庭通过否决还是认可契约，可以迫使有信息优势的一方主动揭示信息，从而平衡信息在契约双方之间的分布。Shavell（1980）、Rogerson（1984）等认为可以通过事后的再谈判来弥补由于契约的不完全造成的契约双方利益的不均衡。结合第六章的理论分析，我们认为，事前可以通过制定格式化的劳资契约，事后可以通过完善劳动合同的执行机制，完善包括劳动基准制度、劳动调解制度、劳动仲裁制度和劳动争议制度在内的劳动关系调整机制，提高相关制度的执行力来弱化劳资契约的不完全。关于格式化劳资契约问题已在第六章进行详细阐述，本章主要针对事后如何完善劳动关系调整机制进行相关说明。

[①] 杨瑞龙、聂辉华：《不完全契约理论：一个综述》，《经济研究》2006 年第 2 期。

一 完善劳动合同的执行机制

《劳动合同法》是约束劳资关系的第一道防线，然而我国劳动合同在执行过程中存在多种问题，一方面未签订劳动合同现象较为广泛。未签订劳动合同主要包括入职后未及时订立书面劳动合同、劳动合同期满后未及时续订书面劳动合同两类情形，对于未签订劳动合同的，《劳动合同法》规定用人单位被处以两倍惩罚，可即使是这样严厉的手段，在引发劳动争议的所有案件中涉及未签订劳动合同的纠纷占比接近20%。可见，《劳动合同法》对劳动关系的约束作用有限，其执行过程中存在一定的问题。

另一方面，即使签订了劳动合同，在单边锁定特征较为明显的条件下，劳动合同的执行力大打折扣，存在资方单方面解除劳动合同的现象，导致劳动者权益无法得到有效保障。例如，2014—2016年，在所有解除劳动合同的劳动争议案件中，用人单位单方解除劳动合同的案件共计109247件。以试用期不符合录用条件解除1902件，以严重违反规章制度解除21562件，以严重失职、营私舞弊解除2443件，以与其他用人单位建立劳动关系解除17092件，以医疗期满无法从事原工作4333件，以劳动者不胜任工作解除56028件，以客观情况发生重大变化解除5887件。按照相关法律规定，如果用人单位要以劳动者不胜任工作为由与劳动者解除劳动合同，那么用人单位必须设定有明确的考核标准，然而考核标准怎么定并没有统一、规范，这导致即使法庭对单方解除劳动合同提出了限定条件，但是在制度不完善的条件下，这样的条件并没有起到多大作用，最终考核标准怎么定就成了用人单位一家之言，其单边锁定的特征并没有发生任何改变。

因此，在《劳动合同法》的实施过程中，我们要进一步完善该项法律的相关规定，同时也要提高该项法律的执行力。这就要求我们通过完善《劳动合同法》本身和其他配套法律制度，构建《劳动合同法》的执行机制，提高劳资契约的违约成本，加大对违反劳动合同的惩处力度，增强《劳动合同法》的执行力。

二 推进劳动基准制度建设

一方面，要进一步完善劳动基准制度。现阶段，虽然关于工作收入、工作实践、工作安全与工作卫生条件等基本劳动准则与规范在我国劳动法和相关法律条例中均有涉及，但是我国还尚未制定专门的《劳动基准法》，也没能实现分散立法，劳动基准制度建设尚有待进一步完善。其中的关键问题一是要推进分散立法，针对不同的劳动基准订立专门的劳动基准法，加快《工资法》《工时法》等相关法律的订立；二是要分领域、分行业地推进劳动基准全面立法，从而建立起分行业的、分领域的劳动基准法律制度。

另一方面，关于劳动基准制度的重要问题是提高制度的执行效果。我国现有劳动基准制度的执行效果差强人意，其原因前文已经详述。要提高劳动基准制度的执行效果，就要转变地方政府唯GDP的发展理念，摒弃依靠投资拉动地区经济增长的惯性思维，打破违法企业的保护伞，真正地转变到以人为本的发展理念上来。

三 完善劳动争议处理制度

不完全劳资契约的理论框架内，劳资双方的谈判能力是非均衡的，这导致劳资双方经常针对契约剩余权利和契约剩余的分配产生分歧，进而引发劳动争议。此时，系列的劳动争议制度安排是解决劳动争议、均衡契约剩余权利和契约剩余分配的重要依据。如前文所述，我国的劳动争议体制实行的是"一调一裁二审"的程序，在调解、仲裁与诉讼的实际运行环节中，我国相关法律制度均存在或多或少的问题，因此应进一步完善我国劳动调解制度、劳动仲裁制度与劳动诉讼制度，减少劳动者的讼诉成本，使劳动者维权时做到真正有法可依，并提高法律执行的效率。

一是要完善劳动争议调解制度。劳动调解是解决劳动争议的前置程序，在解决劳动争议方面发挥着巨大的作用。鉴于劳动调解制度存在的诸多问题，应从以下方面着手：第一，细化劳动调解制度的法律规定，针对劳动调解亟待解决的具体问题出台专门的立法意见和建议；第二，统一中央和地方的劳动调解法规，杜绝法律执行时的标准不一问题。

二是要完善劳动仲裁制度。劳动仲裁程序中，仲裁机构的公正性和独立性是保证劳动仲裁公平的必要条件。现阶段，我国的劳动仲裁机构隶属于地方政府，受地方政府管辖，不可避免地会带有浓厚的行政色彩，应加快推广北京市海淀区、朝阳区、顺义区的成功案例，加速建立独立于地方行政部门之外的劳动仲裁机构，解决其人员编制、机构设置等问题，同时赋予劳动争议仲裁委员会独立的财权和事权，推动其实体化建设，以此来保证"三方性原则"的有效实施。

三是要完善劳动争议诉讼制度。第一，我国现行的劳动诉讼属于民事诉讼，涉案数量巨大，积压严重，为及时解决事关劳动者切身利益的问题，提高劳动争议诉讼的效率，可以效仿法国的做法，推行建立独立的劳动法院，同时依据导致劳动争议的多种原因，分设不同类型的审判庭，推动劳动争议诉讼机构的专业化建设和运行。第二，推动建立陪审团制度，加强劳动争议诉讼环节的过程监督。

综上，通过完善系列的劳动关系调整制度，破除"资方强权""资方侵权"的实施空间，推动建立更加均衡、和谐的劳动关系。

第四节　加快推动劳资合作

不完全契约框架内，国家相关法律法规的完善可以有效减弱契约的不完全程度，提高劳动者的谈判能力，均衡劳资契约剩余分配格局。但是市场经济体制又要求我们不能一味地寻求国家的支持，同时也要创新公司治理机制，通过实施员工持股、共同决策等制度来推动劳资合作，实现对企业利润的同创共享。

一　树立共享的发展理念

构建和谐劳资关系是一项长期、艰巨、复杂的任务，要构建和谐的劳资关系，首先需要树立适应于和谐劳资关系的共享的发展理念。

2002年中共十六大已经明确提出，要提高劳动者报酬，让广大劳动者分享改革开放、经济发展的成果。党的十八届五中全会更是把共享与创新、协调、绿色、开放并列为五大发展理念。共享的发展理念要求必须坚持发展为了人民，发展依靠人民，发展成果由人民共享，使人民增强获得感。共享发展的实质是普惠和公平，是中国共产党对共同富裕目标的最新阐释。共同富裕、共享发展原本是我们改革开放的基本目标，也是共产党执政为民的要求。但遗憾的是，在经济发展中，我们在一定时期内却出现了偏离这一目标的现象。其具体表现就是为增长而增长，把增长本身作为经济发展的目标。

人民生活的改善离不开经济的发展和增长，追求经济增长本身并没有错，但如果把增长当作经济工作的主要目标甚至是唯一目标时，劳动者的利益很可能无法得到有效的维护，紧张的劳资关系就成为经济增长的代价。这是因为，保护劳动者权益与经济增长的目标在短期内是矛盾的。如果把经济增长作为首要目标，那么，一切不利于短期经济增长的因素都可能被牺牲，成为增长的代价。显然，在我国的经济发展中就出现了为了经济增长而牺牲劳动者利益的状况。如果说在我们的经济刚刚起步时，为了经济增长，劳动者对于自己的牺牲还能够接受，对政府的选择还能够理解的话，当中国的工业化水平已经达到较高水平之后依然为增长而增长，这种为增长而增长的理念就会引起人们的不满且难以持续。

要保护劳动者契约剩余，构建和谐劳资关系，就要求我们用共享的发展理念取代为增长而增长的发展理念。一方面，政府要改变自己的观念，把构建和谐劳资关系当作一个长期的目标，而不仅仅是在特殊时期安抚劳动者的手段。另一方面，企业也要改变观念，以共赢为目标，兼顾企业利益与劳动者权益，推动劳资合作。

二 实施利润分享计划，拓宽员工持股实施范围

劳动者参与契约收益创造的全过程，分享契约剩余收益也是应有之义。从发达国家的实践来看，利润分享制、所有权和管理权分享都是劳动者分享契约收益的表现形式。利润分享制是指企业所有者和职工共同分享企业利润的一种企业纯收入分配模式，20 世纪六七十年代开始流行，其后因为该制度在协调劳资关系方面的优越表现，成为众多发达国家普遍采用的一种企业内部资本和劳动要素之间的收益分配方式。利润分享制于 20 世纪 60 年代开始在美国流行开来，到 20 世纪末，全美实行利润分享制的企业已经占到 60% 以上。自美国开始，包括法国、英国、日本、德国等在内的发达国家也纷纷开始实行利润分享计划。

我国的员工持股计划是伴随着国有企业的改革进程而产生和发展的，我国在改革开放初期就开始了员工持股制度的探索。1984 年 10 月，国家经济体制改革委员会召开城市经济体制改革试点工作座谈会，提出对城市集体企业和国营小型企业实行股份制改革，并且允许职工投资入股，年终分红。到 1987 年年底，全国共有 3200 多家各类股份制试点企业，其中 86% 的企业实行了员工持股。然而，由于法律法规的不健全，这一轮的员工持股计划出现了众多的问题，如内部职工股超比例、超范围认购等现象，甚至滋生了一系列的腐败问题，发生了群体性事件。从 1993 年开始，政府各部门出台文件，开始有意识地限制员工持股制度，新的员工持股计划方案的审批工作也基本停止。

1994 年 7 月，我国的《公司法》开始实施，国有企业股份制改革和员工持股计划有了法律依据，员工持股又重新开始发展。然而由于当时我国的资本市场不完善，与员工持股计划相配套的法律法规也有待健全，员工在获得股份后即大量抛售，员工持股计划成为一、二级市场套利的工具，也对当时刚诞生不久的证券市场造成了极大冲击。鉴于此，中国证监会于 1998 年叫停了员工持股计划。在之后的十余年间，中国的员工持股计划一直处于停滞状态。

2012年8月5日，中国证监会颁布《上市公司员工持股计划管理暂行办法（征求意见稿）》（以下简称《办法》）。新出台的《办法》中规定了一系列细则用以规范员工持股计划。2014年6月20日中国证监会公布了《关于上市公司实施员工持股计划试点的指导意见》（以下简称《意见》），标志着我国员工持股计划的制度化与正规化。《意见》中明确规定，上市公司实施员工持股计划其目的在于"建立和完善劳动者与所有者的利益共享机制"，这无疑有利于构建和谐的劳资关系。

从现实中上市公司的实践来看，截至2019年12月31日，我国已经有1000多家A股上市公司先后实施了员工持股计划，约占上市公司总数的近三分之一。员工持股后，员工的收入不仅由工资、奖金等直接从公司获得的货币报酬决定，还取决于公司股价的表现。而良好的业绩无疑有利于公司股价的提升，员工也将因此而受益。Conte和Tannenbaum（1978）的研究发现，采用员工持股计划的公司其盈利能力是没有采用员工持股计划公司的1.5倍左右[1]；Rosen和Quarrey（1987）比较了45家采用员工持股计划的公司和与这些同公司同行业的238家没有采用员工持股计划的公司，发现采用员工持股计划的公司有更高的销售增长率[2]；Cohen和Quarrey（1986）的研究也发现，员工持股计划实施后，企业的销售额和就业人数均有显著的增长[3]；Jones和Svejnar（1987）的研究表明，在意大利、法国和英国，员工持股计划的实施均提高了企业的经济产出[4]；Jones和Kato（1995）以日本公司的数据为样本的研究也发现

---

[1] Michael Conte and Arnold Tannenbaum, "Employee – Owned Companies: Is the Difference Measurable", *Academy of Management Review*, Vol. 101, No. 7, 1978, pp. 97 – 102.

[2] Rosen, Corey and Quarrey, Michael, "How Well Is Employee Ownership Working?" *Harvard Business Review*, Vol. 65, No. 5, January 1987, pp. 126 – 132.

[3] A. Cohen and M. Quarrey, "Performance of Employee – Owned Small Companies: A Preliminary Study", *Journal of Small Business Management*, Vol. 24, No. 2, April 1986, pp. 58 – 63.

[4] Saul Estrin, Derek Jones and Jan Svejnar, "The Productivity Effects of Worker Participation: Producer Cooperatives in Western Economies", *Journal of Comparative Economics*, Vol. 11, No. 1, 1987, pp. 40 – 61.

了类似的结论，员工持股计划实施后公司的产出增长了 4%—5%，而且这样的增长能够持续 3—4 年[1]；Chang 等（2015）的研究表明，员工持股通过激励员工的创新能力、增强员工之间的配合等路径，提升了企业的生产效率[2]。我国学者的研究进一步为员工持股的积极效应提供了基于中国情境的证据支持。如黄桂田和张悦（2009）发现在国有企业中，员工持股能够提高企业绩效，员工持股每提高 10% 的持股比例，可以使企业相对行业平均水平提高 4.3% 的每股收益，提高 0.74% 的总资产回报率[3]；沈红波等（2018）的研究进一步表明，在非国有企业中，员工持股对公司业绩的促进作用更加显著。[4]

以上分析均表明，实施员工持股计划有利于加强劳资双方之间的合作，提高劳动者收益。但是我国员工持股计划的实施中还存在一些问题亟待解决。比如，在混合所有制改革中，政策层面上还只是"允许"混合所有制企业发展员工持股，也就是说，发展员工持股仅仅是混合所有制改革的备选项目之一，而非必选项目，由此不可避免地导致现实中员工持股的实施可能会滞后于理论上的需求，制约员工持股积极效应的发挥。因此，如何完善员工持股制度、扩大员工持股范围仍需要深入的研究和实践层面上的创新。

三 建立员工参与决策的管理体制

共同决策机制是一种企业中劳动者积极参与企业经营管理的机制，即劳动者按照既定的法律程序，在一定条件下与投资者一起参与企业经营管理的决策。该制度最早源于德国，德国企业中员工可

---

[1] Derek Jones and Takao Kato, "The Productivity Effects of Employee Stock – Ownership Plans and Bonuses: Evidence from Japanese Panel Data", *The American Economic Review*, Vol. 85, No. 3, 1995, pp. 391 – 414.

[2] Chang Xin, Fu Kangkang, Angie Low and Zhang Wenrui, "Non – executiveEmployee Stock Options and Corporate Innovation", *Journal of Financial Economics*, Vol. 115, No. 1, 2015, pp. 168 – 188.

[3] 黄桂田、张悦：《国有公司员工持股绩效的实证分析》，《经济科学》2009 年第 4 期。

[4] 沈红波、华凌昊、许基集：《国有企业实施员工持股计划的经营绩效：激励相容还是激励不足》，《管理世界》2018 年第 11 期。

以通过以下两种方式来参与企业的共同决策：一是由企业中的劳动者组建职工委员会；二是企业中的劳动者共同推举代表参与监事会。职工委员会是指企业中劳动者组建的参与企业共同决策的机构。职工委员会中的人员是由企业劳动者选举产生，并代表企业全体劳动者参与企业的经营管理。监事会是企业管理的重要机构，由劳动者代表和投资者代表共同组成。相对而言，监事会比职工委员会的权力要大，包括批准企业的经营政策、监督企业的经营管理、任免董事会成员、审查企业的财务、批准投资计划，决定工厂的关闭和迁移，等等。但是职工委员会制度的实行较为普遍，由劳动者共同推选代表参与监事会来实行共同决策的方式相对较少。

总之，共同决策制度鼓励员工投入企业制度变革和组织结构调整之中，使其参与组织变革方案设计的决策过程，这有助于改善"资强劳弱"的地位格局，有效防止企业投资者对劳动者的权利侵害，更好地维护劳动者的权益。与此同时，共同决策制度为劳资双方提供了沟通渠道，促使劳动双方对出现的问题进行协商谈判，有利于劳动者分享契约剩余，促使劳资合作。

职工董事制度、职工监事制度是确保职工群众真正参与到企业管理、监督和决策之中的重要措施，也是共同决策制度在我国劳动关系管理实践中的具体表现形式。职工群众选举自己的代表进入董事会、监事会，从源头参与企业决策，充分表达利益诉求，能够有效落实职工群众知情权、参与权、表达权、监督权，能够有效提升职工劳动者的谈判能力，改变资强劳弱的分配格局。

近年来，随着公司制企业特别是非公有制公司制企业快速发展，职工董事制度、职工监事制度建设取得了长足发展。据统计，截至2015年9月底，全国已建工会的公司制企业建立职工董事制度的有166340家，建立职工监事制度的有161822家，与2010年相比，分别增加了104.3%和100.3%。但是，随着形势的变化和实践的发展，职工董事制度、职工监事制度建设过程中出现了一些新的情况和问题，如还有许多非公有制公司没有建立职工董事制度、职工监事制度，一些企业虽建立了职工董事制度、职工监事制度，却在选举、履职、罢免等具体环节上仍存在许多运行不规范的问题等。因此，2016年12月5日，《中华全国总工会关于加强公司制企业职工董事制度、职工监事制度建设的意见》中对加强公司制企业职工董事制度、职工监事制度建设提出了更具体的要求。但是，我国有关职工董事、职工监事的法律法规缺乏刚性，这严重制约了该制度的推行。例如，我国《公司法》中规定，国有独资公司和两个以上的国有企业或者两个以上的其他国有投资主体投资设立的有限责任公司设董事会，其董事会成员中应当有公司职工代表；股份有限公司设董事会，董事会成员中可以有公司职工代表。对非公有制企业而言，是否建立职工董事制度是一种可选项，而不是必选项，这使该制度在我国的实施范围非常小，全面推行依然面临较大困难。

因此，应进一步完善职工董事、职工监事的制度建设，切实依照法律要求将职工董事制度、职工监事制度写入公司章程，规范职工董事、职工监事的选举、履职、罢免等相关条件，推动职工董事制度、职工监事制度的规范运行。

本章小结

本章内容主要在前文理论分析的基础上，对于如何提高劳动者谈判能力、改善劳资关系提出了一些建议。这些建议包括但不限于：转变政府角色，扭转传统的经济发展战略，强调经济结构的均衡发展，从根本上改变经济发展方式，转变唯GDP的干部考核方式，纠正资本偏向的制度环境；加快技术创新、改变现有技术选择，强化第三方参与，建立偏向劳动的制度安排；完善最低工资制度、集体谈判和集体合同制度；重建市场经济体制的劳动关系伦理体系，树立平等的观念，树立等价有偿的劳动观念，树立合作的劳资关系理念，强调劳资双方的道德义务，完善各种非正式制度；完善劳动合同的执行机制，建立格式化的劳资契约，推进劳动基准制度建设，完善劳动争议处理制度，弱化劳资契约的不完全程度；树立共享的发展理念，加快推动员工持股制度和职工董事、职工监事制度的实施，推动劳资合作，等等。

参考文献

马克思、恩格斯：《马克思恩格斯全集》（第六卷），人民出版社2016年版。

马克思：《资本论》（第一卷），人民出版社2007年版。

[德]马克斯·韦伯：《经济与社会》，林荣远译，商务印书馆1997年版。

[美]巴泽尔：《产权的经济分析》，费方域、段毅才译，上海三联书店出版社1997年版。

[美]查尔斯·林德布洛姆：《政治与市场———世界的政治—经济制度》，王逸舟译，上海人民出版社1992年版。

[美]富兰克·H. 奈特：《风险、不确定性和利润》，王宇、王文玉译，中国人民大学出版社2005年版。

[美]哈特：《产权与企业的性质》，载《企业制度与市场组织：交易费用经济学文选》，盛洪等译，上海三联书店1990年版。

[美]赫伯特·西蒙：《现代决策理论的基石》，杨砾等译，北京经济学院出版社1989年版。

[美]杰克·奈特：《制度与社会冲突》，周伟林译，上海人民出版社2017年版。

[美]康芒斯：《制度经济学》，于树生译，商务印书馆1998年版。

[美]科斯、哈特、斯蒂格利茨等：《契约经济学》，李风圣主译，经济科学出版社2000年版。

[美]R. 科斯、A. 阿尔钦、D. 诺斯等：《财产权利与制度变迁——产权学派与新制度学派译文集》，刘守英等译，上海人

民出版社 1994 年版。

［美］刘易斯·科塞：《社会冲突的功能》，孙立平等译，华夏出版社 1989 年版。

［美］罗纳德·科斯：《企业、市场与法律》，盛洪等译，上海三联书店 1990 年版。

［美］诺思：《制度、制度变迁与经济绩效》，杭行译，上海人民出版社 1994 年版。

［美］乔纳森·特纳：《社会学理论的结构》，邱泽奇等译，华夏出版社 2006 年版。

［美］托马斯·谢林：《冲突的战略》，赵华等译，华夏出版社 2007 年版。

［美］约翰·R. 康芒斯：《集体行动的经济学》，朱飞等译，中国劳动社会保障出版社 2010 年版。

［美］詹姆斯·M. 布坎南：《自由、市场与国家》，吴良健等译，北京经济学院出版社 1988 年版。

［英］亚当·斯密：《国富论》，唐日松译，华夏出版社 2005 年版。

［英］詹姆斯·穆勒：《政治经济学原理》（上），金镝等译，华夏出版社 2009 年版。

白雪洁、李爽：《要素价格扭曲、技术创新模式与中国工业技术进步偏向——基于中介效应模型的分析》，《当代经济科学》2017 年第 1 期。

白重恩、钱震杰：《国民收入的要素分配：统计数据背后的故事》，《经济研究》2009 年第 3 期。

白重恩、钱震杰：《中国工业部门要素分配份额决定因素研究》，《经济研究》2008 年第 8 期。

蔡秀玲、邓春宁：《试论马克思与新制度经济学在雇佣契约理论上的分歧——兼评学术界对〈劳动合同法〉的两种看法》，《福建师范大学学报》（哲学社会科学版）2008 年第 4 期。

曹天予：《劳动产权与中国模式——当代马克思主义在挑战中发

展》，社会科学文献出版社 2006 年版。

曾爱青、刘智勇：《论企业剩余和剩余索取权的界定》，《科技与管理》2005 年第 3 期。

曾庆洪、张新民：《基因、身份、契约：平等劳动权的三重视野》，《西南大学学报》（社会科学版）2016 年第 5 期。

常凯：《WTO、劳工标准与劳工权益保障》，《中国社会科学》2002 年第 1 期。

常凯：《劳动关系·劳动者·劳权》，中国劳动出版社 1995 年版。

常凯：《劳权论——当代中国劳动关系的法律调整研究》，中国劳动社会保障出版社 2004 年版。

晁罡、曹能业：《论中国私营企业家族管理模式对劳资关系的影响》，《华南理工大学学报》（社会科学版）2002 年第 9 期。

陈微波：《论劳动关系的调整机制——以劳动契约与心理契约的融合为视角》，《山东社会科学》2005 年第 1 期。

陈晓菲、李齐、杨伟国：《集体协商的工资效应与非工资效应研究——基于中国雇主—雇员匹配数据》，《中国劳动关系学院学报》2018 年第 6 期。

陈奕名、史健：《劳动契约视角下的劳资关系博弈分析》，《人力资源管理》2014 年第 5 期。

陈志俊：《不完全契约理论述评》，《经济学动态》2000 年第 12 期。

谌新民：《企业内部劳动力市场——一个综合分析框架及其在中国企业的运用》，中国社会科学出版社 2010 年版。

程延园、杨柳：《〈劳动合同法〉实施对我国企业人力资源管理的影响——基于人力资源经理的观点》，《经济理论与经济管理》2010 年第 7 期。

程延园：《集体谈判制度研究》，中国人民大学出版社 2004 年版。

崔之元：《不完全市场与策略性破产——美国破产法第 11 章的历史演变及理论意义》，《经济社会体制比较》1996 年第 1 期。

［美］大卫·M. 科茨、刘祥琪：《新自由主义与长期资本积累的社

会积累结构理论》,《国外理论动态》2004 年第 4 期。

戴建中:《我国私营企业劳资关系研究》,《北京社会科学》2001 年第 2 期。

丁为民:《企业劳动关系与经济绩效的变动》,《福建论坛》(人文社会科学版) 2004 年第 7 期。

都阳、王美艳:《中国最低工资制度的实施状况及其效果》,《中国社会科学院研究生院学报》2008 年第 11 期。

范省伟、白永秀:《劳动力产权的界定、特点及层次性分析》,《当代经济研究》2003 年第 8 期。

高良谋、胡国栋:《模块化生产网络中的劳资关系嬗变——层级分化与协同治理》,《中国工业经济》2012 年第 10 期。

高宣扬:《当代社会理论》,中国人民大学出版社 2005 年版。

龚基云:《转型期中国劳动关系研究》,安徽人民出版社 2006 年版。

郭继强、姚先国:《劳动力产权与国有资产保值增值》,《浙江大学学报》1997 年第 4 期。

郭继强:《专用性资产特性、组织剩余与企业制度》,《经济学家》2005 年第 6 期。

韩兆洲、魏章进、高培:《我国最低工资统计测算模型研究》,《统计研究》2007 年第 8 期。

韩兆洲、魏章进:《最低工资标准:问题与对策研究》,《广东社会科学》2011 年第 1 期。

胡军、朱文胜、庞道满:《劳动契约、交易费用与关系治理——华人家族企业内部治理行为分析》,《暨南学报》(哲学社会科学版) 2002 年第 5 期。

胡宗万:《2016 年最低工资标准地区间协调程度评估研究》,《调研世界》2017 年第 5 期。

黄桂田、张悦:《国有公司员工持股绩效的实证分析》,《经济科学》2009 年第 4 期。

黄锐波:《"劳资冲突理论"的新发展:四个论域的文献综述——兼

议当代中国劳资冲突研究在四个论域的对话》，《中国人力资源开发》2016 年第 5 期。

贾朋、张世伟：《最低工资标准提升的溢出效应》，《统计研究》2013 年第 4 期。

贾文娟：《从劳动过程看资本主义社会的变迁——对新马克思主义劳动过程理论的再分析》，《学术研究》2015 年第 7 期。

金碚主编：《中国企业竞争力报告（2007）——盈利能力与竞争力》，社会科学文献出版社 2007 年版。

金高峰：《谈判能力、个体异质性与农民非农就业收入——基于江苏农村 1889 个样本数据的分析》，《经济问题研究》2013 年第 12 期。

雷钦礼、徐家春：《技术进步偏向、要素配置偏向与我国 TFP 的增长》，《统计研究》2015 年第 8 期。

黎建飞：《从雇佣契约到劳动契约的法理和制度变迁》，《中国法学》2012 年第 6 期。

李稻葵、刘霖林、王红领：《GDP 中劳动份额演变的 U 型规律》，《经济研究》2009 年第 1 期。

李济广：《劳资分配比例的中外比较》，《统计研究》2008 年第 10 期。

李杰：《劳动契约不完全及其关系治理》，《生产力研究》2008 年第 3 期。

李玲娥：《中国现阶段私营企业劳资关系的属性及特点》，《政治经济学评论》2018 年第 5 期。

李敏、张彤：《西方劳资关系冲突管理研究综述》，《华南理工大学学报》（社会科学版）2002 年第 3 期。

李楠、张振华：《制度视角下的中国现阶段劳动收入份额率演变研究》，《求索》2010 年第 7 期。

李清华：《我国国民收入分配格局变迁研究》，《经济问题》2013 年第 8 期。

李荣坦：《中国的劳动收入份额在下降吗——兼论产业结构变化的影响》，《社会科学研究》2015年第4期。

李亚雄：《失范：对当前劳资冲突问题的一种解释》，《社会主义研究》2006年第2期。

李艳、孟凡强、陈军才：《新生代农民工劳资冲突行为决策——基于适应性马尔科夫链的解释》，《西北人口》2019年第1期。

李永杰、魏下海、蓝嘉俊：《工会存在"工资溢价"吗？——来自中国的经验证据》，《华南师范大学学报》（社会科学版）2013年第5期。

梁东黎：《权利不对称情况下的劳动契约运行机制》，《探索与争鸣》2006年第4期。

梁东黎：《斯托尔帕－萨缪尔森定理再研究》，《东南大学学报》（哲学社会科学版）2014年第9期。

林毅夫、苏剑：《论我国经济增长方式的转换》，《管理世界》2007年第11期。

刘彩凤：《〈劳动合同法〉对我国企业解雇成本与雇用行为的影响——来自企业态度的问卷调查》，《经济管理》2008年第2期。

刘成海：《劳资关系与经济增长的实证研究》，《技术经济与管理研究》2016年第10期。

刘传刚、李楠：《劳动契约关系理论新考——基于关系契约理论分析》，《沈阳师范大学学报》（社会科学版）2019年第6期。

刘继臣：《集体协商与集体合同制度》，中国工人出版社1995年版。

刘金祥：《多元化路径——我国劳资关系调整模式的反思和重构》，《社会科学研究》2011年第1期。

刘林平、崔凤国：《转型社会的劳资关系——特征与走向》，《中山大学学报》（社会科学版）2012年第5期。

刘洋：《改制后国有企业的劳动关系：现状、问题与协调治理路径》，《教学与研究》2018年第7期。

刘永新：《论劳资冲突的理论根源及对策》，《经济纵横》2006年第12期。
刘章发、田贵贤：《信息不对称、劳资议价与均衡工资决定》，《经济评论》2017年第4期。
刘长庚、许明、刘一蓓：《员工获得了"公平"的劳动所得吗——基于中国工业企业数据库的测度与验证》，《中国工业经济》2014年第11期。
陆雪琴、章上峰：《技术进步偏向定义及其测度》，《数量经济技术经济研究》2013年第8期。
罗宁、李萍：《劳资关系研究的理论脉络与进展》，《当代财经》2011年第4期。
罗宁：《中国转型期劳资关系冲突与合作研究》，经济科学出版社2010年版。
罗小芳：《我国劳动契约演变的因素分析——兼论我国〈劳动合同法〉的有关问题》，《宏观经济研究》2008年第11期。
吕洁诗：《无固定期限劳动合同对劳资关系的影响》，《当代经济》2017年第3期。
吕景春、王羡、张师岸：《合作型劳动关系：和谐劳动关系的前提》，《光明日报》2015年12月23日15版。
吕景春：《论劳资合作博弈中利益的帕累托改进——基于"和谐劳动关系"的分析视角》，《经济学家》2009年第4期。
马晓波：《劳动力异质性与中国最低工资标准就业效应分析》，《经济与管理》2010年第11期。
米运生、郑秀娟、何柳妮：《不完全契约自我履约机制研究综述》，《商业研究》2015年第11期。
莫旋、刘杰：《中国是否存在工会"工资溢价"效应？——基于工业企业微观数据的分析》，《商业研究》2016年第6期。
莫旋、阳玉香、刘杰：《中国劳动力市场劳资双方议价能力测度》，《经济与管理研究》2017年第4期。

聂辉华、杨其静：《产权理论遭遇的挑战及其演变——基于 2000 年以来的最新文献》，《南开经济研究》2007 年第 8 期。

聂辉华：《交易费用经济学：过去、现在和未来——兼评威廉姆森〈资本主义经济制度〉》，《管理世界》2004 年第 12 期。

聂辉华：《新制度经济学中不完全契约理论的分歧与融合——以威廉姆森和哈特为代表的两种进路》，《中国人民大学学报》2005 年第 1 期。

屈小博：《〈劳动合同法〉的实施有效吗？——来自"中国企业—员工匹配调查（CEES）"的微观证据》，《劳动经济研究》2017 年第 5 期。

任广乾：《风险态度、劳动契约选择与当事人决策行为——基于比较制度实验的研究》，《中南财经政法大学学报》2014 年第 7 期。

任太增、喻璐：《金砖国家国民收入初次分配格局的演变趋势与基本特征》，《经济问题探索》2014 年第 3 期。

任太增：《劳动收入份额、制度羁绊与劳动者的讨价还价能力》，《改革》2010 年第 5 期。

任太增：《政府主导、企业偏向与国民收入分配格局失衡——一个基于三方博弈的分析》，《经济学家》2011 年第 3 期。

阮素梅、蔡超、许启发：《工资谈判与教育回报——基于动态 Mincer 方程的实证研究》，《财贸研究》2015 年第 2 期。

佘云霞：《市场经济国家的集体谈判制度》，中国经济出版社 1999 年版。

沈红波、华凌昊、许基集：《国有企业实施员工持股计划的经营绩效：激励相容还是激励不足》，《管理世界》2018 年第 11 期。

石娟：《我国最低工资标准与就业关系的实证研究》，《当代经济》2009 年第 3 期。

石美遐：《集体合同集体谈判》，法律出版社 1996 年版。

石秀印：《劳动关系：由单边决定、双边决定向三方协和转型》，

《北京工业大学学报》（社会科学版）2008年第6期。

史正富：《劳动、价值和企业所有权——马克思劳动价值论的现代拓展》，《经济研究》2002年第2期。

孙玺：《契约不明视角下劳资关系的政府干预研究》，《商业经济研究》2017年第2期。

孙永生：《合作分享型劳动关系构念内涵理论探析》，《中国劳动关系学院学报》2018年第4期。

田松青：《我国最低工资制度制定及执行中的问题及对策研究》，《北京行政学院学报》2009年第6期。

童乙伦：《基于讨价还价博弈的中国改革逻辑》，博士学位论文，浙江大学，2012年。

涂永前：《经济新常态下劳资政三方关系战略选择与劳资关系的走向——评〈国家、资本、工人与广东地区劳资关系研究〉》，《江汉论坛》2017年第3期。

汪和建：《迈向中国的新经济社会学——交易秩序的结构研究》，中央编译出版社1999年版。

王东静：《也谈劳动力产权》，《经济经纬》1999年第1期。

王飞鹏：《我国劳资冲突的演化过程与解决条件研究——基于利益博弈的视角》，《中国劳动关系学院学报》2012年第4期。

王光荣、李建标：《最低工资制度与劳动契约行为的匹配研究——实验经济学与行为经济学的视角》，《经济与管理研究》2013年第3期。

王珏、王金柱：《双重产权制度和中国经济改革》，《理论前沿》2002年第2期。

王小军：《转型期工人群体性事件的深层次原因及治理》，《理论月刊》2009年第1期。

王永乐、李梅香：《民营企业劳动关系影响因素的实证分析》，《中国劳动关系学院学报》2006年第2期。

吴国东、汪翔：《基于进化博弈的劳资心理契约模式研究》，《当代经济》2017年第9期。

武鹏：《改革开放以来中国经济增长的动力转换过程》，《政治经济学研究》2013年。

席猛、赵曙明：《劳资冲突研究述评：定义、前因及研究新视角》，《管理学报》2014年第3期。

夏小林：《私营部门劳资关系及协调机制》，《管理世界》2004年第6期。

谢海东：《国外劳资关系对企业绩效的影响研究述评》，《外国经济与管理》2006年第9期。

徐泽磊、于桂兰、杨欢：《合作型劳动关系影响因素的分类识别与动态分析——基于复杂网络的视角》，《经济纵横》2019年第12期。

许清清、张衔：《劳资谈判博弈的演化路径与稳定策略》，《统计与决策》2014年第6期。

杨宏利：《本杰明·克莱因不完全契约理论述评》，博士学位论文，山东大学，2012年。

杨俊青：《古典劳资关系理论缺陷及对其的发展与应用研究》，《经济问题》2017年第6期。

杨柳：《法律、管制与声誉约束——基于中国转型期契约治理机制的研究》，博士学位论文，复旦大学，2007年。

杨其静：《企业与合同理论的新阶段：不完全合同理论——兼评Hart的〈企业、合同与财务结构〉》，《管理世界》2005年第2期。

杨其静：《最优的分权和激励安排：一个正式模型》，《南开经济研究》2010年第2期。

杨清涛、张文彩：《现阶段我国私营企业劳资矛盾冲突的原因探析》，《郑州大学学报》（哲学社会科学版）2013年第11期。

杨瑞龙、卢周来：《正式契约的第三方实施与权力最优化——对农民工工资纠纷的契约论解释》，《经济研究》2004年第5期。

杨瑞龙、聂辉华：《不完全契约理论：一个综述》，《经济研究》2006 第 2 期。

杨瑞龙、周业安：《交易费用与企业所有权分配合约的选择》，《经济研究》1998 年第 9 期。

杨咸月：《信息不对称与机制设计理论》，《经济理论与经济管理》2008 年第 2 期。

姚先国、郭东杰：《改制企业劳动关系的实证分析》，《管理世界》2004 年第 5 期。

姚先国、赖普清：《中国劳资关系的城乡户籍差异》，《经济研究》2004 年第 7 期。

姚先国：《劳动力产权与劳动力市场》，浙江大学出版社 2006 年版。

姚先国：《民营经济发展与劳资关系调整》，《浙江社会科学》2005 年第 3 期。

叶迎：《我国劳动力产权的制度变迁与劳动者权益维护》，《生产力研究》2009 年第 13 期。

叶正茂、洪远朋：《关于劳动力产权的探索》，《财经研究》2001 年第 1 期。

易定红、袁青川：《中国工会存在工资溢价吗———基于控制样本选择性偏差的 Blinder – Oaxaca 回归分解》，《经济理论与经济管理》2015 年第 2 期。

游正林：《不平则鸣：关于劳资冲突分析的文献综述》，《学海》2005 年第 8 期。

余泳泽：《改革开放以来中国经济增长动力转换的时空特征》，《数量经济技术经济研究》2015 年第 2 期。

袁凌、李健：《中国企业劳资关系内在属性与冲突处理研究》，《华东经济管理》2010 年第 2 期。

张妮：《群体劳动争议处置中的强制协商问题探讨——兼谈美国集体谈判中强制性条款的借鉴》，《山东社会科学》2018 年第 8 期。

张秋惠、于桂兰：《劳资关系的产权理论演化研究》，《南京农业大学学报》（社会科学版）2010 年第 6 期。

张世伟、杨正雄：《最低工资标准能否促进农民工工资持续增长》，《财经科学》2019 年第 11 期。

张维迎：《企业的企业家——契约理论》，上海人民出版社 1995 年版。

张维迎：《所有制、治理结构及委托代理关系》，《经济研究》1996 年第 9 期。

张屹山、王广亮：《资本的泛化与权力博弈》，《中国工业经济》2004 年第 7 期。

章元、程郁、沈可：《新〈劳动合同法〉与简单劳动力成本——来自城市劳动力市场和中关村企业的双重证据》，《江苏社会科学》2019 年第 3 期。

赵薇：《劳资关系系统模型及其在我国的适用性》，《管理世界》2002 年第 7 期。

赵小仕：《不完全劳动契约的属性研究》，《社会保障研究》2009 年第 3 期。

郑文智、陈金龙、胡三嫚：《劳动契约、员工参与与相互投资型劳动关系》，《管理科学》2012 年第 12 期。

郑文智：《不完全契约下的劳动剩余控制权安排研究》，《湖北经济学院学报》2010 年第 3 期。

钟世川：《技术进步偏向与中国工业行业全要素生产率增长》，《经济学家》2014 年第 7 期。

周道坤：《明晰劳动力产权与深化改革》，《西南师范大学学报》（哲学社会科学版）1998 年第 3 期。

周慧光：《不完全契约理论视角下的农户信用行为研究》，博士学位论文，西北大学，2016 年。

周建国：《不对称权力结构、非均衡契约与劳资冲突》，《广东社会科学》2011 年第 1 期。

周建国:《非均衡契约、劳资冲突及其治理》,《上海交通大学学报》(哲学社会科学版) 2011 年第 1 期。

周建国:《契约失败与劳资冲突》,《学习月刊》2010 年第 7 期。

周其仁:《市场里的企业:一个人力资本与非人力资本的特别合约》,《经济研究》1996 年第 6 期。

周晓光、王美艳:《中国劳资冲突的现状、特征与解决措施——基于 279 个群体性事件的分析》,《学术研究》2015 年第 4 期。

朱海波:《关于北京市企业贯彻实施〈劳动合同法〉情况的调查报告》,《中国工运》2009 年第 4 期。

朱子云:《中国经济增长的动力转换与政策选择》,《数量经济技术经济研究》2017 年第 3 期。

Acemoglu Daron, "Directed Technical Change", *Review of Economic Studies*, Vol. 69, No. 4, 2002.

Aghion Philippe, Dewatripont Mathias and Rey Patrick, "Renegotiation Design with Unverifiable Information", *Econometrica*, Vol. 62, No. 2, March 1994.

Aghion Philippe, Rey Patrick and Dewatripont Mathias, "Transferable Control", *Journal of the European Economic Association*, Vol. 2, No. 1, February 2004.

Bacharach B. Samuel and Lawler J. Edward, "Power and Tactics in Bargaining", *Industrial & Labor Relations Review*, Vol. 34, No. 2, 1981.

Baltagi H. Badi and Rich P. Daniel, "Skill-biased Technical Change in US Manufacturing: A General Index Approach", *Journal of Econometrics*, Vol. 126, No. 2, June 2005.

Bentolina Samuel and Saint-Paul Gilles, "Explaining Movements in Labor Share", Working Paper, No. 9905, 1999.

Bryson Alex, "The Union Membership Wage Premium: An Analysis Using Propensity Score Matching", Discussion Paper No. 530, Centre for Economic Performance, London, 2002.

Buchele Robert and Christiansen Jens, "Labor Relations and Productivity Growth in Advanced Capitalist Economies", *Review of Radical Political Economics*, Vol. 31, No. 1, 1999.

Cappelli Peter and Sherer D. Peter, "Satisfaction, Market Wages and Labor Relations: An Airline Study", *Industrial Relations*, Vol. 29, No. 1, January 1988.

Cassar Vincent and Briner Rob, "Contextualizing the Features of the Psychological Contract: the Case of Malta", *Journal of Managerial Psychology*, Vol. 24, No. 7, September 2009.

Chamberlain, N. W., Kuhn, J. W., *Collective Bargaining*, New York: McGraw – Hill, 1965.

Chang Xin, Fu Kangkang, Low Angie and Zhang Wenrui., "Non – executive Employee Stock Options and Corporate Innovation", *Journal of Financial Economics*, Vol. 115, No. 1, 2015.

Cohen A. and Quarrey M., "Performance of Employee – Owned Small Companies: a Preliminary Study", *Journal of Small Business Management*, Vol. 24, No. 2, April 1986.

Commons, John R., *Institutional Economics: Its Place in Political Economy*, New York: Macmillan, 1934.

Conte Michael and Tannenbaum Arnold, "Employee – Owned Companies: Is the Difference Measurable", *Academy of Management Review*, Vol. 101, No. 7, 1978.

Crawford B. Macphenson, *Democratic Theory*, Oxford: Clarendon Press, 1973.

Devinatz G. Victor, "A Reevaluation of the Trade Union Unity League, 1929 – 1934", *Science & Society*, Vol. 71, No. 1, 2007.

Dow K. Gregory, "Why Capital Hires Labor: A Bargaining Perspective", *The American Economic Review*, Vol. 83, No. 1, 1993.

Dunlop T. John, *Wage Determination Under Trade Unionism*, New York:

Macmillan, 1944.

Edlin S. Aaron and Reichelstein Stefan, "Holdups, Standard Breach Remedies and Optimal Investment", *American Economic Review*, Vol. 86, No. 3, June 1996.

Eggleston Karen, Eric A. Posner and Zeckhauser J. Richard, "Simplicity and Complexity in Contracts", Working Paper, 2000.

Ehrenberg G. Ronald and Smith S. Robert, *Modern Labor Economics: Theory and Public Policy*, Addison Wesley Higher Education, 2000.

Estrin Saul, Jones Derek and Svejnar Jan, "The Productivity Effects of Worker Participation: Producer Cooperatives in Western Economies", *Journal of Comparative Economics*, Vol. 11, No. 1, 1987.

Fama F. Eugene, Jensen C. Michael, "Agency Problem and Residual Claims", *Journal of Law and Economics*, Vol. 26, No. 2, June 1983.

Fogler Robert and Cropanzano Russell, *Organizational Justice and Human Resource Management*, Thousand Oaks: Sage Publications. 1998.

Gordon M. David, *Fat and Mean: The Corporate Squeeze of Working Americans and the Myth of Managerial Downsizing*, New York: The Free Press, 1996.

Gough Jamie, *Work, Locality and the Rhythms of Capital*, London: Taylor and Francis Press, 2013.

Grossman Sanford and Hart Oliver, "The Costs and Benefits of Ownership: A Theory of Vertical and Lateral Integration", *Journal of Political Economy*, Vol. 94, No. 4, August 1986.

Grossman Sanford and Hart Oliver, "Implicit Contracts under Asymmetric Information", *Quarterly Journal of Economics*, Vol. 98, 1983.

Halonen Maija, "Reputation and Allocation of Ownership", *The Economic Journal*, Vol. 481, No. 112, February 2002.

Hart Oliver and Holmstrom Bengt, "A Theory of Firm Scope", NBER Working Paper, No. 14613, 2008.

Hart Oliver and Holmstrom Bengt, "The Theory of Contracts", in T. Bewley (ed.), *Advanced in Economic Theory*, Cambridge University Press, Ch. 3, 1987.

Hart Oliver and John Moore, "Incomplete Contracts and Renegotiation", *Econometrica*, Vol. 56, No. 4, July 1988.

Hart Oliver and John Moore, "Property Rights and Nature of the Firm", *Journal of Political Economy*, Vol. 98, No. 6, January 1990.

Hart Oliver and Moore John, "A Theory of Debt Based on the Inalienability of Human Capital", *Quarterly Journal of Economics*, Vol. 109, No. 4, November 1994.

Hart Oliver and Moore John, "Agreeing Now to Agree Later: Contracts that Rule Out but do not Rule In", Working Paper, 2004.

Hart Oliver and Moore John, "Default and Renegotiation: A Dynamic Model of Debt", *Quarterly Journal of Economics*, Vol. 113, No. 1, February 1998.

Hart Oliver and Moore John, "Foundations of Incomplete Contracts", *Review of Economic Studies*, Vol. 66, No. 1, 1999.

Hart Oliver and Moore John, "On the Design of Hierarchies: Coordination versus Specialization", *Journal of Political Economy*, Vol. 113, No. 4, 2005.

Hart Oliver and Moore John, "The Governance of Exchanges: Members' Cooperatives Versus Outside Ownership", *Oxford Review of Economic Policy*, Vol. 12, No. 4, December 1996,

Hart Oliver, Shleifer Andrei and Vishny Robert, "Proper Scope of Government: Theory and an Application to Prisons", *Quarterly Journal of Economics*, Vol. 112, No. 4, November 1997.

Hart Oliver, "Incomplete Contracts and Public Ownership: Remarks, and an Application to Public – Private Partnerships", Working Paper, 2002.

Hart Oliver, *Firm, Contract and Financial Structure*, Oxford University Press, 1995.

Hebdon Robert and Hyatt Douglas, "The Effects of Industrial Relations Factors on Health and Safety Conflict", *Industrial and Labor relations Review*, Vol. 51, No. 4, July 1998.

Hicks R. John, *The Theory of Wages*, Macmilian and Co. London, 1932.

Holmstrom Bengt, "Moral Hazard and Obesrvability", *Bell Journal of Economics*, No. 13, 1979.

Jones Derek and Kato Takao, "The Productivity Effects of Employee Stock - Ownership Plans and Bonuses: Evidence from Japanese Panel Data", *American Economic Review*, Vol. 85, No. 3, 1995.

Katz C. Harry, "The Decentralization of Collective Bargaining: A Literature Review and Comparative Analysis", *Industrial& Labor Relations Review*, Vol. 47, No. 1, October 1993.

Klein Benjamin and Leffler Keith, "The Role of Market Forces in Assuring Contractual Performance", *The Journal of Political Economy*, Vol. 89, No. 4, August 1981.

Klein Benjamin, "Contracting Cost and Residual Claims - The Separation of Ownership and Control", *Journal of Law and Economics*, Vol. 26, No. 2, 1983.

Klump Rainer, McAdam Peter and Willman Alpo, "Factor Substitution and Factor - Augmenting Technical Progress in the United States: A Normalized Supply - Side System Approach", *Review of Economics and Statistics*, Vol. 89, No. 1, February 2007.

Livernash E. Robert, "The Relation of Power to the Structure and Process of Collective Bargaining", *Journal of Law& Economics*, No. 6, 1963.

Mcdonald M. Ian and Solow M. Robert, "Wage Bargaining and Employment", *American Economic Review*, Vol. 71, 1981.

Millward J. Lynne and Hopkins J. Lee, "Psychological Contracts, Organizational and Job Commitment", *Journal of Applied Social Psychology*, Vol. 28, No. 16, August 1998.

North Douglass, *Institutions, Institutional Change and Economic Performance*, Cambridge: Cambridge University Press, 1990.

Paul Grout, "Investment and Wages in the Absence of Binding Contracts: a Nash Bargaining Approach", *Econometrica*, Vol. 52, No. 2, 1984.

Pringle Tim, "Trade Unions in China: The Challenge of Labour Unrest", *Routledge Chapman & Hall*, Vol. 224, No. 1, January 2011.

Robinson L. Sandra, Kraatz S. Matthew and Rousseau M. Denise, "Changing Obligations and the Psychological Contract: A Longitudinal Study", *The Academy of Management Journal*, Vol. 37, No. 1, Feb. 1994.

Rosen Corey and Quarrey Michael, "How Well Is Employee Ownership Working?", *Harvard Business Review*, Vol. 65, No. 5, January 1987.

Rubin Z. Jeffrey and Brown R. Bert, "The Social Psychology of Bargaining and Negotiation", *Administrative Science Quarterly*, Vol. 21, No. 3, 1975.

Samuelson A. Paul, "Wage and Interest: A Modern Dissection of Marxian economic Models", *American Economic Review*, Vol. 47, No. 10, 1957.

Schwartz Alan, "Relational Contracts in the Courts: an Analysis of Incomplete Contracts and Judicial Strategies", *Journal of Legal Studies*, Vol. 21, No. 2, June 1992.

Segal Ilya, "Complexity and Renegotiation: A Foundation for Incomplete Contracts", *Review of Economic Studies*, No. 66, 1999.

Singh Nirvikar, *The Impact of International Labor Standards: A Survey of Economic Theory*, Department of Economics, University of California, Santa Cruz., October 2001.

Srinivasan R. and Phansalkar J. , "Residual Claims In Co - operatives: Design Issues", *Annuals of Public and Cooperation Economics*, Vol. 74, No. 3, October 2003.

Sumner H. Slichler, "The Impact of Social Security Legislation Upon Mobility and Enterprise", *American Economic Review*, Vol. 30, No. 1, 1940.

Tirole Jean, "Incomplete Contracts: Where Do We Stand?" *Econometrica*, Vol. 67, No. 4, 1999.

Tirole Jean, "Procurement and Renegotiation", *Journal of Political Economy*, Vol. 94, No. 2, 1986.

Tirole Jean, *The Theory of Industrial Organization*, Cambridge: The MIT Press, 1988.

Umbeck John, "The California Gold Rush: A Study of Emerging Property Rights", *Exploration in Economic History*, Vol. 14, No. 3, July 1977.

Vilares Hugo and Portugal Pedro, "Labor Unions, Union Density and the Union Wage Premium", *Economic Bulletin &Financial Stability Report Articles*, December 2013.

Walsh Frank, "The Union Wage Effect and Ability Bias: Evidence from Ireland", *Economics Letters*, Vol. 119, No. 3, 2013.